人 民 法 庭 研 究 丛 书

依法治国与人民法庭建设

【第一卷】

主　编：杜万华

副主编：付子堂　程新文　曹守晔　王中伟

厦门大学出版社
XIAMEN UNIVERSITY PRESS
国家一级出版社
全国百佳图书出版单位

图书在版编目(CIP)数据

依法治国与人民法庭建设:第一卷/杜万华主编. —厦门:厦门大学出版社，2017.10
（人民法庭研究丛书）
ISBN 978-7-5615-6676-3

Ⅰ．①依… Ⅱ．①杜… Ⅲ．①法院－工作经验－中国－文集 Ⅳ．①D926.2

中国版本图书馆 CIP 数据核字(2017)第 227783 号

出 版 人	蒋东明
责任编辑	邓 臻
封面设计	李嘉彬
技术编辑	许克华

出版发行　**厦门大学出版社**
社　　址　厦门市软件园二期望海路 39 号
邮政编码　361008
总 编 办　0592-2182177　0592-2181406(传真)
营销中心　0592-2184458　0592-2181365
网　　址　http://www.xmupress.com
邮　　箱　xmup@xmupress.com
印　　刷　厦门集大印刷厂

开本　787mm×1092mm　1/16
插页　2
印张　17.5
字数　360 千字
版次　2017 年 10 月第 1 版
印次　2017 年 10 月第 1 次印刷
定价　88.00 元

本书如有印装质量问题请直接寄承印厂调换

厦门大学出版社
微信二维码

厦门大学出版社
微博二维码

致首届人民法庭建设高层论坛的贺信

值此首届人民法庭建设高层论坛开幕之际,我谨代表最高人民法院向论坛的召开致以热烈的祝贺,并通过论坛向奋斗在人民法庭工作一线的全体干警表示亲切的慰问,向长期以来关心支持人民法庭工作的有关部门和社会各界表示衷心的感谢!

党的十八大以来,以习近平同志为总书记的党中央高度重视法治建设。习近平总书记围绕全面推进依法治国发表了一系列重要论述,为建设中国特色社会主义法治体系、建设社会主义法治国家指明了方向。党的十八届三中、四中全会就全面深化改革、全面推进依法治国相继作出重大部署,法治建设进入了新的历史时期。在这种背景下,人民法院工作面临的机遇前所未有、挑战前所未有。人民法庭作为基层法院的派出机构,是人民法院的最基层单位,既处在践行司法为民的最前沿,也处在化解矛盾纠纷的第一线,在创新社会治理中承担着重要职责。全面加强人民法庭建设,对于维护社会大局稳定,促进社会公平正义,保障人民安居乐业,都具有十分重要的意义。

近年来,随着司法实践特别是人民法庭工作的不断发展,人民法庭理论研究日益深入,形成了许多有价值的理论成果,推动了人民法庭工作发展。首届人民法庭建设高层论坛以人民法庭建设为主题,就人民法庭建设和改革工作进行深入讨论,很有意义。希望论坛坚持以问题为导向,坚持理论联系实际,围绕主题深入研讨,运用马克思主义立场、观点、方法研究解决问题,为推动人民法庭工作改革发展提供智力支持。要深入研究人民法庭在落实"四个全面"战略布局中的职能定位,积极探索新形势下人民法庭服务群众的有效形式,围绕人民法庭如何更加有效参与县域治理、继承发扬"马锡五审判方式"、大力推行巡回审判、全面深化司法公开、创新司法为民方式等切实加强理论研究和实践探索,充分发挥人民法庭的独特优势和作用,让司法更加贴近人民群众。各级人民法院要进一步加强理论建设,通过专题研讨、案例研究、联合攻关、设立研究基地等方式,切实加强与高校科研院所的交流合作,在交流沟通中达成共识、形成合力,为落实"四个全面"战略布局,实现中华民族伟大复兴的中国梦贡献力量!

预祝论坛取得圆满成功!

最高人民法院院长　周　强

2015 年 3 月 25 日

"依法治国与人民法庭建设"

——首届人民法庭建设高层论坛论文集

卷 首 语

人民法庭,作为人民法院的最基层单位,处在践行司法为民公正司法的最前沿,奋战在多元化解矛盾定分止争的第一线,代表着国家依法独立公正行使审判权,履行着积极参与基层社会治理的重要职能。人民法庭建设,对进一步落实"四个全面"战略布局,特别是全面依法治国,让司法更加贴近人民群众,服务人民群众,不断满足人民群众日益增长的多元化司法需求,对维护社会大局稳定,促进社会公平正义,保障人民安居乐业,促进经济社会健康发展,具有十分重要的意义。

习近平总书记指出,"坚持和发展中国特色社会主义是理论和实践的双重探索"。在这样一个社会大变革的时代,要想做好新形势下人民法庭工作,必须加强理论学习和研究,以科学的理论武装思想、指导实践。经批准,2014年6月27日,中国首个"人民法庭研究中心"在西南政法大学正式成立。最高人民法院民事审判第一庭、中国应用法学研究所、重庆市高级人民法院、西南政法大学为"中心"常务理事单位,共同签署《"人民法庭研究中心"协同创新框架协议》,通过"强强联合",多方协同创新,旨在打破高校教学研究与司法实务之间的壁垒,整合各自优势,共同推动司法实务界与高校科研院所的交流合作,达成共识,形成合力,以期通过对我国人民法庭建设中发现的实践与理论问题进行系统研究,发挥高端智库作用,促进司法改革,推动基层法治建设,实现司法公正,从而为实现中华民族伟大复兴的中国梦贡献力量。

正是基于这样的考虑,也是为了贯彻2014年最高人民法院在山东济南召开的第三次全国人民法庭工作会议精神,2015年3月,经最高人民法院批准,首届人民法庭建设高层论坛以"依法治国与人民法庭建设"为主题在重庆隆重举行。本次论坛得到了最高人民法院党组高度重视,周强院长专门作出重要批示,希望论坛坚持以问题为导向,坚持理论联系实际,围绕主题深入探讨,运用马克思主义立场、观点、方法研究解决问题,为推动人民法庭工作改革发展提供智力支持,从而为人民法庭理论研究指明了方向。全国各级法院广大法官、法学理论界的专家学者投稿踊跃,积极为我国人民法庭建设与发展把脉问诊、建言献策、凝神聚力,围绕"人民法庭功能及转型""人民法庭建设""人民法庭职业保障"以及"人民法庭审判机制"等主题,探讨人民法庭建设的理论与实践,总结改革中出现的新情况、新动向、新问题,从方法与路径等方面对人民法庭建设进行全方位讨论,本次论坛共收到征文883篇,"好中选优"评选出一等奖10篇,二等奖20篇,三等奖30篇,优秀奖40篇,集中展示了当代人民法庭建设方面的最新理论成果和研究动向。期待人民法庭建设高层论坛论文集成为法庭理论研究领域的品牌项目,在探索中前行、在传承中创新、在实践中升华。

为了更好地研究当代中国基层的司法实践,抓住我国法治建设进程中具有基础性、根本性和战略性的基层社会治理问题,将法学理论研究与解决我国基层法治建设面临的主要问题结合起来,分析和把握我国基层法治发展的本质特点与基本规律,非常有必要集中展示当代人民法庭建设领域优秀理论成果、更好发挥好科学理论对司法实践的引领、推动作用,培养优秀的法律人才,加强理论服务实践的凝聚力、向心力和影响力,人民法庭研究中心决定将本次论坛中涌现出来的优秀学术成果予以结集出版,有利于不断提高人民法庭的审判工作的水平,有利于创新人民法庭服务群众的有效形式,有利于人民法庭更贴近人民、方便群众,以优异的工作来回应社会的需求。千里之行始于足下。我非常期待"人民法庭研究"品牌系列,从首届论坛开始,把握时代脉搏、勇于责任担当,一步一个脚印地坚实走下去,在我国司法实践的沃土上不断锻炼与成长,成为我国法治建设的一个高端品牌和"常青树",让人民法庭发挥司法改革"实验田"和司法为民"排头兵"作用,成为"开放、透明、便民"的阳光司法平台,更好地发挥桥梁纽带和司法保障作用,将司法的公平正义和人文关怀的阳光,播撒到广大人民群众的心田。

最高人民法院审判委员会专职委员、大法官　杜万华

摘　　要

　　推进法治中国建设、实现国家治理体系和治理能力现代化是党的十八届三中全会所确定的全面深化改革的总目标。在十八届四中全会上，中央以依法治国为主题，对全面推进依法治国进行战略部署，将依法治国推向新的高潮。人民法庭作为司法为民的最前沿、化解矛盾的第一线，在基层政权建设和基层社会治理中具有重要的制度优势，是人民法院参与依法治国、推进法治中国建设的重要平台。在废除了农业税、国家采取"工业支援农业、城市反哺农村"的政策、政府在乡镇基层的工作重点从资源的汲取动员向"多予少取"提供公共服务的方向转变等宏观背景之下，人民法庭建设又开始面临新的课题或挑战。

　　在此背景下，最高人民法院民一庭、中国应用法学研究所、重庆市高级人民法院、西南政法大学于 2014 年 6 月在西南政法大学设立人民法庭研究中心。该中心立足西部、辐射全国，整合理论与实务两方面的优势力量，全面开展人民法庭理论与实务研究，为人民法庭建设与改革提供坚实的理论和智力支持，发挥人民法庭在地方法治建设和基层社会治理中的作用。具体而言，人民法庭研究中心的研究任务是：促进人民法庭现代化、规范化、标准化建设；提升人民法庭的司法能力；鼓励基层人民法庭自主创新；强化人民法庭在地方法治建设和基层社会治理中的作用；开展前瞻性研究，提升人民法庭的适应性；促进法学教学与研究的革新。2014 年 10 月，经最高人民法院批准，人民法庭研究中心决定召开首届人民法庭建设高层论坛，并以"依法治国与人民法庭建设"为主题进行征文。截至 2014 年 12 月 10 日，共收到来自全国各地法院及高校投稿 883 篇。随后，人民法庭研究中心组成评审委员会，评选出 100 篇获奖论文。

　　2015 年 3 月 28 日，首届人民法庭建设高层论坛在西南政法大学举行。100 余位来自全国各地法院代表以及相关领域的专家学者齐聚参加论坛。论坛还对本次论坛100 篇获奖论文作者进行了表彰。其中部分优秀理论成果入编本论文集《依法治国与人民法庭建设》。

　　出版《依法治国与人民法庭建设》，旨在探讨人民法庭建设的理论与实践，总结改革中出现的新情况、新问题，从方法与路径等方面对人民法庭建设进行全方位的讨论,为人民法庭建设与改革提供坚实的理论和智力支持,发挥人民法庭在地方法治建设和基层社会治理中的作用。同时,这紧扣依法治国的中心和加强人民法庭工作的需要,对维护基层社会稳定、依法保障和促进经济社会健康发展方面有着重要意义。《依法治国与人民法庭建设》围绕人民法庭功能及转型、人民法庭建设、人民法庭职业保障、人民法庭审判机制这四个方面的议题,从100篇获奖论文中收录18篇作为代表性成果予以刊载,同时还收录2篇专家稿件。其中,收录人民法庭功能及转型文章8篇,收录人民法庭建设文章6篇,收录人民法庭职业保障文章2篇,收录人民法庭审判机制文章4篇。

《依法治国与人民法庭建设》从内容上可以分为四编。

第一编　人民法庭功能及转型

人民法庭功能及转型是当前人民法庭整体研究中重要的领域,事关人民法庭在基层纠纷解决机制的定位。第一章是对人民法庭功能及转型的总体把握,主要对人民法庭发挥作用的方式及其在基层社会治理中所占有的位置,在不同历史阶段的情况进行研究。人民法庭在功能发挥上应当与乡土生活秩序相契合,并与日常工作模式保持平衡。指出人民法庭由"全能型"向"纠纷型"转变过程中,基于便民、为民理念基础上,需要应用法庭内与法庭外、程序内与程序外等制度及工作环节之间壁垒、灵活多样地处理解决纠纷的方法,以便更好地解决纠纷。

第二章内容是认识乡土社会中的人民法庭。当今中国社会从本质上认识仍然为乡土社会,乡土社会中的人民法庭具有明显的乡土特质,其功能和运作体现了浓郁的乡土色彩,因此在司法改革中需要谨慎对待人民法庭。

第三章指出,人民法庭对乡土社会的根源性依附决定了其运行和发展必须得承接地气。当下,在法官职能纯化或泛化、"国家法律规则"与"乡土民间法"适用、程序正义与实质正义、法官职业化与非职业化等领域,"乡土正义"与"法律正义"之间必须做出调整,打破过去长期保持纠纷解决单一化、规则化、精英化的惯有模式,缩小司法的高度专业化与法律实施的大众化差距。

第四章研究发现,在新形势下,城市人民法庭逐步发展壮大,其与乡村人民法庭的特点迥异。寻找一个适应多数城市的人民法庭的共同定位,是本文的主旨。在我国,城市法庭发展呈现出以下三个特点:所辖区域经济发达,诉讼标的额大;群众法律意识较强,司法需求较旺;专业法庭数量增多,发展趋势明显。相应的,案多人少的矛盾突出,法官职业保障亟待加强。围绕定位于人民群众矛盾纠纷的裁判基地、定位于公民法治理念的教育基地、定位于专业法官的培养基地、定位于司法改革的实践基地,加强精神文化建设和法庭基础设施建设,加快"三区一平台"建设。

第五章人民法庭的职能定位是设置人民法庭的前提条件,人民法庭职能大体上可以分为司法职能、交叉职能、分外职能,通过以黔南州人民法庭的数据为载体,反映出当下人民法庭司法职能弱化、交叉职能扩展、分外职能被增加的问题。通过对问卷调查和专家访问分析，人民法庭的司法职能应当加强，交叉职能应当固化，分外职能应当摒弃。

第六章着眼于凉山彝族自治州少数民族地域文化的差异性特征，以分布于凉山彝区、藏区、汉区的86个人民法庭为研究对象，通过数据统计、实地走访、问卷调查、调研座谈等形式，探索少数民族地区人民法庭的职能改革。立足于彝区、藏区、汉区人民法庭的客观实际，构建"三优化、四削弱、五加强、六增加"的"3+4+5+6"人民法庭职能新模式，以优化法庭布局实现全覆盖为基础，以"电子法务"平台为支撑，全面构建人民法庭司法便民、案件快速处理、诉非衔接联动化解纠纷同时兼顾法治宣传、维权与维稳并重的人民法庭职能新模式。

第七章就人民法庭的宣传教育工作进行总结。通过分析调查问卷，反映人民法庭宣传供需矛盾突出，主要在于思维模式不当，宣传与审判脱节；工作方式不当，要求与实践背离；职能定位不明，与其他机构混同。郫县法院依托法庭职能创新，以宣传随案说法为参与基层社会管理的着力点，将法治宣传与辖区特点、传统文化、社会心理有机结合，创新宣传方式、拓展宣传渠道、打造宣传平台，从而实现法治宣传教育的最佳效果。

第八章通过样本分析方法，探讨人民法庭的设置原则即"两便原则"的经济目标下，东中西地区人民法庭布局的可能方案。人民法庭的设置往往与最佳布局有一定差距，存在诸多不合理之处，主要存在距离法院机关过近，偏离乡镇的中心区，法庭辖区大小不均，个别乡镇一镇两庭，法庭名称未予调整。从设置模式上看，主要存在"一镇一庭""多镇一庭""中心法庭"等模式。坚持两便原则，就是要对成本和收益进行考虑。人民法庭的布局要在经济学目标的指引下，结合各地诉讼成本和审判成本，确定最佳的法庭设置模式。人民法庭的布局，需要根据东中西部的地区差异有针对性的划设标准。东部地区侧重降低审判成本，中部地区同等关注审、诉成本，西部地区偏重降低诉讼成本。

第二编　人民法庭建设

人民法庭的建设主要针对人民法庭在运行过程中相应的工作机制的构建，以便更好地提高人民法庭工作的效率，提高人民法庭工作的群众满意程度，更好实现接近司法的正义。第九章旨在探索建立乡土社会环境下民俗习惯司法运用的"情理诊断"机制。以"乡村法官"翟树全、A市法院52个人民法庭五年间民事受案情况、法官运用民俗习惯状况等为研究样本，运用实证、回应型法学的研究方法，理性分析人民法庭运用民俗习惯裁判案件的现实需求。从作为事实的民俗习惯、作为证据的民俗习惯和作为法的民俗习惯三个层面出发，以旨在实现人民法庭司法裁判情理法统一为切入点，提出了民俗习惯介入民事审判的"情理诊断"机制，包括民俗习惯识别、判断、否弃的主体架构机理、情理要素"投射"机理、主体架构人员组成、民俗习惯运用的法官思维模式、"情理诊断"对接程序与"德"字人员筛选机制,并配套设计了以"德"为主题的人员筛选考评表。

第十章旨在结合现状对乡土法庭调解制度提出完善建议。着重考察了"乡土社会——法庭调解——大调解格局"的三元互动机能,指出在乡村社会语境下法庭调解须扮演好"审判调解"和"综治调解"的双重角色,并重点阐述了由此衍生的诉讼维度、社会维度、综治维度、技术维度。在四种维度分析下,厘清人民法庭调解存在的问题,包括法庭调解对乡土性关注不足,乡土社会元素与法庭调解的融合性不强,法庭调解与大调解格局的契合性不足,乡土调解技术手段不够完善。进一步,基层诉讼调解需要吸收乡土知识体系中的有益元素;充分培育新兴乡土社会调解参与元素;人民法庭要扮演好调解两种角色;寻求乡土法庭调解的技术支撑;全面实现四个维度的互融互通。

第十一章着力规范和完善基层法官庭外调查制度。通过实证调查及查阅档案的方式,对基层法官庭外调查笔录进行统计分析,归纳总结了法官庭外调查运用的必要性,以及在司法实践中出现的种种弊端。最后提出了现阶段应当限缩法官依职权调查取证,扩大依申请调查取证,法官通过依申请调查取证的途径化解法院面临的现实困境,并就如何规范基层法官庭外调查提出了独到的见解和建议:从调查原则、审批程序、依申请调查、依职权调查、质证程序、救济程序六个方面进行了规范。

第十二章探索要素式审判在海事法院派出法庭的具体实践应用。首先阐述了推行要素式审判的原因和要素式审判契合审判方式改革的方向。最后以海上人身损害赔偿案件为例,展示了要素式审判类案构建及个案实践过程。具体,要素式审判可以通过诉讼要素表,保证立案指引的统一,提高当事人有效参与诉讼的程度;通过操作意见,保证裁判标准的统一,提高审判质效;将来还可以通过要素式裁判文书,保证判决书的可读性,充分发挥判决书对社会行为的指引、规范功能。

第十三章探索完善人民法庭巡回审判机制。从实践和历史维度,分析巡回法庭制度优点与弊端。巡回审判在我国存在政治基础、社会基础、司法实践基础,其应用具有必然性。巡回审判制度作为回应型司法与自治型司法之间存在冲突。通过完善巡回审判制度,处理好社会期待与司法限度、便民诉讼与程序公正、能动举措与司法资源、司法服务与司法中立的关系,实现法律的教育、预测和规范功能。

第十四章探索"法治枫桥经验"在乡土社会中人民法庭中的应用。党中央已提出了"法治枫桥经验"的要求与内容,其正在乡土法治的推进中发挥独特的作用。走过早期契合、历史衰落与当代勃兴的一波三折的历程,枫桥经验在不断自我革新不断历史扬弃中对人民法庭体系建设与改革一直产生广泛而深刻的影响。当代人民法庭体系建设应坚持"法治枫桥经验"的指导,全面走出两便原则下的混乱与迷离,明确并加强基层法治体系建设方向,在推行乡土法治中发挥应有的积极作用。

第三编　人民法庭职业保障

　　人民法庭职业保障是推进人民法庭工作有序开展的基石。在法官执业的过程中,应当给予法官相应的保障,包括执业保障和安全保障,进而更好让大部分人民法庭的法官安心工作,更好地服务基层民众。第十五章采用抽样及文献研究的方法,以15位模范基层法庭法官的先进事迹为切入点,观察他们的工作和生活,设身处地地感知和总结人民法庭法官所面临的执业困境,探索人民法庭职业保障机制。人民法庭法官执业困境,包括人、财、物向基层倾斜的政策落实不够到位,人情、金钱、关系的干扰如影随形,"案多人少"与"压力型体制"推动力基层法庭法官忙碌,现行法官薪酬制度未能公平体现法官劳动强度,司法过程政治化导致基层法庭和法官难以独立,陷入了"新乡土中国"的困境。为解除基层人民法庭法官的后顾之忧,需要推动基层人民法庭法官职业保障构建。

　　第十六章以湖南省H市51个法庭为样本,在应然与实然之间探索人民法庭法官安全保障机制。法庭法官应当享有崇高的地位与尊严,然而法庭法官流失严重,法庭法官一不小心就成了"出气筒",其生命健康权被侵害,人格尊严被侮辱、被诽谤,自己及其近亲属均被威胁,法庭法官的权利还被忽略,就连自身权利都得不到有效保障。究其原因,从《法官法》到司法解释执行力均不强,从历史到现实法治均薄弱,从法庭法官权利不被重视到当事人误解法律等等因素导致攻击法庭法官事件屡屡发生。要让法庭法官有安全保障,就要让法律成为法庭法官的"护身符",并让法庭法官有足够的保障机制,同时,让法治思维成为国民的意识形态。

第四编　人民法庭审判机制

　　人民法庭审判机制是司改背景下人民法庭整体运行机制改革中重点和关键。在司法改革的背景下,需要对人民法庭审判机制的变革方向进行探讨,以期结合司法改革有关措施,推动人民法庭审判运行机制进一步完善,以便更好地服务群众。

　　第十七章,探索在自贸区法庭建立运行与国际化、法治化的自贸试验区建设相适应的司法体制机制。自贸区人民庭集中审理浦东新区法院管辖的涉自贸试验区改革创新民商事案件,是新型人民法庭,是司法改革的"试验田"。自贸区人民法庭围绕审判、创新、研究、培训四项职能,积极推进自贸区法庭审判组织建设、司法资源配置、审判权运行机制、法官职业化建设、人员分类管理、司法公开及纠纷多元解决等方面的综合改革创新。

　　第十八章以调研的方式进行定量分析,测算员额制改革后法庭人案矛盾的具体程度,分析影响案件办理效率的因素以及审判团队模式可能存在的问题,进而提出适合人民法庭的改革建议。提出司法改革的"两步走"设想,即先进行审判权运行机制改革,再进行法官员额制改革;完善以法官为中心的审判团队构建模式;完善以法官为中心的扁平化的审判权运行模式;完善以法官为中心的激励机制。

第十九章选择了数据化分析的路径,以北京市法院系统人民法庭为蓝本,挖掘数据之间的内在联系,提出人民法庭工作机制改革的建议。通过对北京市远郊、近郊、城区人民法庭适用简易程序、案件调解和撤诉情况的分析,人民法庭在法庭布局、人力资源配置、审判工作机制等都存在问题。人民法庭的审判工作机制在前述三个方面都需要重新构建。

第二十章以东莞第一法院人民法庭工作实践为视角,探索人民法庭改革的进路。东莞第一法院人民法庭具有以下特色:法庭设置低职高配,队伍年轻素质高;坚持以案配人,倾斜法庭人员配置;案件占比高且类型多样,专业法庭特色明显;进行改革探索,输出司法经验;财政基建市镇两级统筹,强化保障。但也存在不少问题,法官职业期待与实践角色存在差距,审判工作繁重与职业保障偏低的冲突,司法管理行政化与审判执行专业化的不适应,法庭布局设置与诉讼规模匹配失衡,物质保障地方化与司法角色的冲突。具体而言,法庭改革需要立足我国国情和区域实际,优化人民法庭布局与规模,实行差异化发展;明确职能定位,兼顾专业化与基层诉求;实行审判与行政的相对分离,让庭长回归法官角色;立足现行法官体系,推动审判权运行机制改革;建立符合职业特点的等级晋升制度,让优秀法官扎根基层;健全审判质效评估机制,推进考评科学化;肯定优秀的实践经验,纳入改革予以推广;落实增量改革,加强经费保障与基础建设。

人民法庭建设将何去何从?这个问题值得我们深思。乡土社会中的人民法庭具有明显的乡土特质,其功能和运作体现了浓郁的乡土色彩。尽管国际环境、政治体制、经济发展、社会条件等因素,中国社会的治理表面上呈现与传统的断裂状态,但中国社会本质上仍然属于乡土社会,人民法庭的司法活动仍根植于乡土社会中。我国现代社会的社会秩序的形成离不开国家法律,也离不开习惯法,人民法庭解决纠纷时既根据国家法律,也依据、参考乡土的习惯法。在当下全面深化人民法院改革时,我们更需要谨慎对待乡土社会中的人民法庭。

《依法治国与人民法庭建设》由"人民法庭研究中心"编撰,是首届人民法庭高层论坛的最重要的成果之一,也是人民法庭建设研究系列成果的第一卷。在此,感谢最高人民法院民一庭、中国应用法学研究所、重庆市高级人民法院对"人民法庭研究中心"工作的支持,感谢各位作者的无私贡献。《依法治国与人民法庭建设》的出版也凝聚着"人民法庭研究中心"多位老师及研究生助理的心血。后续,"人民法庭研究中心"将围绕为人民法庭建设与改革提供坚实的理论和智力支持,继续开展人民法庭高层论坛活动,期待联合学界、实务界及社会力量,"立足基层,推动法治,影响社会",努力使之成为中国基层司法研究的思想库。

目　　录

第四编　人民法庭审判机制

第一编

人民法庭功能及转型

第 一 章

人民法庭审判工作的转型

王亚新[*]

　　我国自 20 世纪 50 年代在《法院组织法》中确立人民法庭作为基层法院派出机构的制度以来,构成了法院系统基础的这一机构,通过处理解决人们日常生活中发生的矛盾纠纷,在国家权力深入基层社会的动员和治理过程中一直发挥着某种程度的重要作用。不过,人民法庭发挥作用的方式及其在基层社会治理中所占有的位置,于不同的历史阶段上又呈现出种种的差异或区别。在人民公社时期,派出法庭的一般设置方式是在生产小队和大队以上的公社层次设一名往往称为"司法助理员"的专职人员,编制上属于公社干部,其处理解决民事纠纷的调解及审判等业务则受基层法院指导。到了改革开放时期,经过农村承包制改革带来的人民公社解体及乡镇政府复建,人民法庭的设置又实行过"一乡一庭"、即政策上力争每个乡镇都设有法庭的阶段。在这个发展阶段,人民法庭的数量有了很大增长,据称高峰时曾达到过近三万个之多。不过,多数法庭只有一名或两名审判人员,即所谓"一人庭"或"二人庭"大量存在。而且,当时虽然已经开始出现把法庭工作人员的编制统一收归基层法院的动向,但大多数法庭办公条件仍由乡镇提供。人员编制归属于乡镇政府。工资待遇等由乡镇财政负责。法庭人员除审判业务之外,还必须承担大量的乡镇日常工作或必须服从乡镇的中心工作。人民法庭这样的位置及工作方式在当时的条件下自有其合理性,也发挥了相应的功能作用。无论是提供纠纷处理解决的司法服务还是随"全能型"的国家权力深入基层参与动员和资源汲取,当时的人民法庭所具有的一个重要特点,就在于能够"嵌入"乡土社会的日常生活当中。法庭设置在距离上与一般村民更相接近,法庭工作人员也往往居家于乡间,除了审判业务,还常年在农村"摸爬滚打"地参与各种中心工作,对当地民风民俗非常熟悉。

　　从"公社司法助理员"开始,尤其是以"一乡一庭"为代表的乡镇派出法庭设置模

---

　　[*]　清华大学法学院教授,博士生导师。

式,绝不仅仅只有机构分布或组织方式上的含义。不妨说,这种设置模式从机构或组织的方面反映了我国历史上长时期以来基层司法存在并发挥作用的一种形态。大致按乡镇行政区划设置并在人事和财政上隶属或依存于乡镇政府的人民法庭,在功能上是作为党和政府组织、动员或介入乡村社会的一个环节而存在的。法庭的这种功能一方面体现于日常的审判业务中,通过对乡村纠纷的处理解决来实现,另一方面也由法官经常需要参加与乡镇机构各种"中心工作"有关的其他非审判性质的活动而直接表现出来。在发挥功能的方式方法上,法庭的审判同其他非审判的活动之间也有许多共通或类似之处,如不是被动消极地等待当事人提起诉讼而经常是主动介入,"送法上门";不是"坐堂问案",而是在"群众路线"等口号的指导下深入纠纷现场进行调查,广泛并尽可能地使用调解,等等。基层司法的这样一种形态以"马锡五审判方式"等模式化的概念来标识,被视为曾经代表了我国民事诉讼最基本的性质和特点。

但是,自 20 世纪 80 年代后期以来由法院系统内部启动的"民事、经济审判方式改革",首先在大城市和沿海的经济发达地区开始改变了民事司法的这种形态。然后种种涉及从民事诉讼实际运作到法学界及一般人观念的变化逐渐波及影响到中西部农村地域的基层法院,尤其是县城里法院的经济和民事审判庭。到了 20 世纪 90 年代后期,连设置在乡镇层级的派出法庭都卷入了这一变革的浪潮之中。随着对审判工作专业性和规范性的认识加深以及各方面的条件变化,人民法庭通过把人员编制收归基层法院、撤并法庭减少设置个数、加强硬软件建设、规范诉讼审判程序等等措施或方式,开始走上了正规化或职业化的道路。这样的方针政策在最高人民法院1999 年发布的《关于人民法庭若干问题的规定》及 2005 年的《关于全面加强人民法庭工作的决定》等司法文件中都有集中的体现。对于这个变化,完全可以理解为人民法庭制度的一次重大转型。在这一过程中,人民法庭的硬软件建设得到高度重视和长足进步,法庭审判业务的专业性和规范性也有了很大程度的加强。可以认为,以法庭撤并作为象征,在最基层的人民法庭,也开始发生了从主动积极地参与治理转向相对单纯的对纠纷做事后处理解决的变化,甚至可被理解为"国家"减轻对"社会"生活介入力度或深度的一种表现。在农村税费改革、农业税的废止以及"工业反哺农业、城市反哺农村"等近几年来大的政策变动背景下,与乡镇政府机构的职能从能动的或"压力型"的催征税费、发展经济等向主要为所辖的农村地域提供公共物品或服务的转变相一致,派出法庭的这种转型趋势还有进一步发展或加速的可能。

人民法庭的位置及功能的这种变化意味着农村地区治理机制内部的分工深化和在纠纷解决方面治理方式的专业化。就这种趋势与农村地区的法律服务之间关系而言,法庭通过诉讼审判进行的纠纷处理解决使用自成体系的程序技术来操作,而且在功能上也同国家追求的其他政策目标有所分化的状况,一般来讲是有利于法律服务发展的。具体到法庭设置的个数及地点与诉讼代理的关系来讲,少量的法庭集中于若干中心乡镇导致了收结案数量的集约,为农村的诉讼代理提供了规模化且可能扩展的空间；而同样与法庭管辖地扩大及法官居住与出勤样式等地理位置的改变相关联，以"坐堂问案"为特点的审判方式变化更是构成了促使专业的诉讼代理增加的实质性因素。与此相对，在法庭设置采取"一乡一庭"模式的时候，这些对于扩展法律服务规模来说是比较有利的条件都不存在。

不过另一方面，随着法庭设置收缩集中到若干中心乡镇，法庭工作人员不再居家于乡村，而是每周或每天从城里到乡镇通勤上班。法庭的审判业务也与乡镇工作有了明确分工，人民法庭表现出逐渐与乡村的日常生活"脱嵌"的倾向。过分的"集约化"或向少数中心的过度"收缩"也可能使派出法庭便于当事人接近或其"便民"的功能受到一定阻碍；而强调主要由当事人举证并对诉讼结果负责、法官则"坐堂问案"以保持中立的审判方式转变，对于农村地区的许多当事人来说，却往往也意味着诉讼成本的增加和重新去适应这种审判方式的负担。如有些学者所指出或批评的那样，农村税费改革后，乡镇政府等基层政权机构出现了与基层社会生活相疏离而"悬浮"于其上或其外等趋势。在这种一般的情形之下，法庭工作存在上述那样的现象就很容易理解了。与此相关的则是人民法庭与民众之间的距离过于拉开而造成司法服务质量有所下降、法庭工作"单打独斗"有时难以从根本上解决纠纷等问题有所抬头。

笔者前些年从事实证调研时发现，不少地区的基层法院早已开始出现对这种趋势进行调整的动向。例如，东北地区一个相对而言是地广人稀的县域，其法院在20世纪90年代还下辖8个派出法庭，后来撤并为两个法庭，之后居住于边远地区的农民进行诉讼变得非常不方便。为了解决这个问题，该法院从2004年开始组建巡回法庭，受理位于该县较偏远位置的十三个乡镇"事实清楚、权利和义务关系明确、可直接适用简易程序审理"的民事案件。巡回法庭在广大农村地域设立了15个巡回审判点，采取电话预约和当场受理等方式立案，定期在各点之间巡回，采用的审判方式也更加灵活。按照接受访谈的法官表述就是，"如果群众通过热线电话等方式向法官提出需要办案服务，接到电话后，巡回法庭的法官会立即驱车赶往当事人所在地了解情况，符合收案条件的，电话传唤另一方当事人，现场解决纷争，及时化解矛盾"。具有类似情形的另一例则为江西某县法院下辖的一个法庭。该法庭1998年曾被"上收"到县城内，后来因县人大向法院就这种做法不方便当事人诉讼的问题提出质疑，到2004年才重新派驻乡镇。下到乡镇后，在新任庭长的主导下该法庭实施了一套紧密联系人民调解员的方法，其主要内容是跳过乡镇司法助理员这一级，直接与所管辖乡镇内所有46个村庄的人民调解员取得并保持紧密的联系。法庭掌握了各村调解员的通信录，发给每人一个便民卡，上面记载了法庭的办公电话和欢迎调解员与法院沟通反馈信息等宣传内容。法庭还为调解员提供了培训，通过人民调解网络实行"预约立案"，邀请调解员参加一些案件的调解，不定期地去各村巡回，等等。实施这套方法进行审判的结果，就是2004年与该法庭派驻到乡镇之前的2003年相比，受理的民事诉讼案件从127件上升到155件，诉讼代理率则从约46％下降到29％，调解结案率也从大约 57％上升为 66％左右。

总之，到了今天，在废除了农业税、国家采取"工业支援农业、城市反哺农村"的政策、政府在乡镇基层的工作重点从资源的汲取动员向"多予少取"提供公共服务的方向转变等宏观背景之下，人民法庭又开始面临新的课题或挑战。从各地的经验介绍来看，不少地区的人民法庭广泛联系辖区的村委会、人民调解委员会及村庄里其他社会力量，建立司法协理网络，形成能够深入乡村生活内在脉络去处理解决具体纠纷的联动机制。通过在法庭驻地之外的乡镇设立联系点和定期不定期且多目的多功能的巡回办案等方法，人民法庭的审判业务有效地打通了法庭内和法庭外、诉讼内和诉讼外等一些可能妨碍妥善处理纠纷或影响其解决成效的壁垒，在许多个案矛盾的化解中实现了法律效果和社会效果的有机统一。通过这个过程，法庭工作在坚持程序正义与实质正义并重的前提下，呈现出某些与乡土社会生活内在韵律或节奏合拍的特点。例如，法庭的审判工作不仅有规范的开庭审理，也可能采取打破时间、空间和程序环节等方面的限制而显得灵活多样的处理方法。在巡回办案或深入纠纷发生现场时，法庭工作人员往往不辞辛苦，不受"朝九晚五"正规上班期间或周末休息日的制约，而处理纠纷的办案办公现场则可能是田边地角、村头山上，或者任何方便纠纷处理解决的场所。在经过辖区内若干村庄的一次次巡回办案中，有限的时间内法庭审判人员能够从事的工作就包括若干个不同案件的分别开庭、立案前询问、送达、执行通知、对人民调解的指导及参与调解、接受法律咨询并了解可能生成诉讼案件的纠纷苗头，涉及多种多样的业务。这些做法不仅因贴近村民的日常生活而极大地方便了当事人，而且也有切实提高法庭各项工作效率及司法服务质量之功用。在维持平时工作节奏和根据程序一般规定收案办案的同时，人民法庭在司法为民的理念指导下进一步探索这些工作方法，可以理解为重新"嵌入"或回到基层社会生活秩序而不是"悬浮"在这种秩序之上的一种努力。在实际效果上，也得到了基层民众广泛的欢迎和赞扬。

人民法庭在工作方式上所做的这些探索，因为与基层司法的内在规律相契合而显得弥足珍贵。不过，在社会生活各方面的条件已经有很大改变的情况下，这种努力当然并不意味着回到作为某种"全能型"的国家权力试图对基层社会加以全面掌控的状态。妥善处理解决乡村日常生活中发生的种种纠纷矛盾，今天已成为国家向社会和基层广大民众提供的一项公共服务，而如何切实地提高其质量和效率则是人民法庭的职责所在。法庭工作深入或内在于乡村生活秩序的努力也应主要以司法服务质量及效率的提高作为限度。在此意义上，审判业务的专业性、规范性以及司法与其他国家机构的分工，在人民法庭工作的种种创新性探索中仍应当得到坚持和发展。为此，对于各种"突破"或"模糊"法庭内与法庭外、程序内与程序外等制度及工作环节之间壁垒、灵活多样地处理解决纠纷的方法，亦有必要在"度"或分寸等方面做恰当的把握，并注意在其与常规或日常的工作状态之间保持平衡。这也是使各种意在创新的尝试或探索获得长效性或者上升到制度层面的可靠保证。另外,鼓励和支持人民法庭尝试种种"便民""为民"而努力提高基层司法服务质量的措施,还意味着必须尽可能地将法院有限的资源向最为基础的层级做倾斜式的配置,应当注重派出法庭的硬软件建设,关心基层审判第一线干警并努力为他们排忧解难。

第二章

乡土社会中的人民法庭

高其才[①]

在我看来,当今中国社会从本质上认识仍然是乡土社会,乡土社会中的人民法庭具有明显的乡土特质,其功能和运作体现了浓郁的乡土色彩,因此在司法改革中需要谨慎对待人民法庭。

一

费孝通先生在《乡土中国》中提出了"乡土中国"的概念,对中国传统基层社会的性质进行了探讨。[②]

国内学术界关于中国乡土社会研究的成果丰硕,对乡土社会的社会治理、规范类型、纠纷解决有较全面的分析;对中国农村社会的现代化发展的讨论也颇为热烈。关于"乡土"问题的研究已经成为一个热门的主题,研究中国社会乡土性质的文章和著作相当丰富。在社会学类著作中专门以乡土社会为题进行研究的主要有费孝通的《乡土中国》和《乡土重建》、胡潇的《世纪之交的乡土中国》、贺雪峰的《新乡土中国》等。据费孝通先生的观察和概括,中国社会的基层是乡土性的,乡土社会的生活是富于地方性的,这又是一个"没有陌生人的社会"。在这样的社会里,法律是用不上的,社会秩序主要靠老人的权威、教化以及乡民对于社区中规矩的熟悉和他们服膺于传

[①] 清华大学法学院教授,博士生导师。

[②] 《乡土中国》是费孝通先生在 20 世纪 40 年代后期,根据他在西南联大和云南大学所讲"乡村社会学"一课的内容而写成的,1947 年结集出版。《乡土中国》围绕着中国基层社会的乡土性质,以"乡土本色"、"文字下乡"、"再论文字下乡"、"差序格局"、"系维着私人的道德"、"家族"、"男女有别"、"礼治秩序"、"无讼"、"无为政治"、"长老统治"、"血缘和地缘"、"名实的分离"、"从欲望到需要"等 14 篇短小的论文,从不同角度与层次勾画乡土社会的面貌,全面展示了中国传统社会的社会状况,提炼出了一些至今被广泛引用的"乡土社会""差序格局""礼治秩序""长老统治"等基本概念。详见费孝通:《乡土中国》,三联书店 1985 年版。

统的习惯来保证。[1] 中国乡土社会结构有其深厚根基。同西方的传统农耕社会相比较,中国的农耕社会不仅历史悠久,而且形成了超稳定的乡土社会结构。中国乡土社会结构的深厚根基深藏于农耕经济中,其特点可以简要概括为如下三个方面:其一,自给自足、自我延续的自然经济;其二,农耕经济与农耕文化相互融合,强化了乡土社会结构的固滞性;其三,血缘关系与地缘关系融为一体,乡土社会家族化。[2] 近20年来,中国农村社会生活的变迁早已为人乐道,而乡村社会秩序的现代转型却远非易事。人民公社体制对乡村社会现代性的迟滞,也同时体现在乡村社会生活和社会心理的深层,事实上滞留了传统宗法秩序得以复活的大部分固有因素和社会资源。[3]综观这些数量惊人的论著,其主要观点的交集和分梳表现如下:其一,学界对中国传统社会的乡土性质持一致看法;其二,对近代以来,特别是新中国建立后至今的社会变迁后的性质和样貌有不同的看法,故对于当今中国社会的乡土性质的判断产生了分歧;其三,在中国乡土社会转型的方向和途径方面争论不休,难有定见。

在这些年的田野调查和研究中,我感到当今的中国社会本质上仍然属于乡土社会。在我看来,当今的中国社会虽然工业文明有了一定的发展,现代城市的规模越来越大,商业文明也有某种程度的体现,但是从社会结构、治理体系、基本规范、思维方式等方面进行整体衡量,当代中国社会仍然是乡土社会。

当然,由于国际环境、政治体制、经济发展、社会条件等因素,中国社会的治理表面上呈现与传统的断裂状态,但基于中华文化的韧性、包容特质,就其实态而言,我认为还是接续、连续的,具有内在一致性。

二

《人民法院组织法》第19条规定:"基层人民法院根据地区、人口和案件情况可以设立若干人民法庭。人民法庭是基层人民法院的组成部分。人民法庭是基层人民法院的组成部分,它的判决和裁定就是基层人民法院的判决和裁定。"人民法庭是按照"便于群众参与诉讼,便于人民法院审理案件"的原则和"面向农村、面向群众、面向基

① 费孝通:《乡土中国》,三联书店1985年版,第4~7页。
② 周运清:《中国农耕经济变革与乡土社会结构转型的推进——中国社会结构的原型与演化》,载《社会科学研究》1999第5期。
③ 林少敏:《从'乡土'走向'现代'——中国农村社会秩序的变迁与选择》,载《东南学术》1999年第6期。

层"的要求设立的。① 人民法庭植根于我国的乡土社会之中。

在中国社会进行现代化建设和依法治国、建设社会主义法治国家的社会背景下，中国的农村社会和社会治理发生着明显的变化，利益呈现多元化、观念表现多样性、发展出现不平衡，法律对资源分配、冲突解决、秩序维持日益重要，农民的法律诉求增多，农村基层司法和人民法庭的社会地位不断提高、社会功能逐渐扩大。中国的问题仍然主要是农村问题；作为基层人民法院的派出机构，人民法庭与普通民众距离最近，直接影响着普通百姓的生产、生活；法律与社会现实之间的错综复杂的关系，往往在人民法庭有更为直接、生动、鲜明的反映和体现；对当代中国的法治发展最具有理论意义的和最具有挑战性的一系列问题在基层司法和人民法庭表现最为突出和显著。

从田野调查观察，我认为人民法庭具有自己鲜明的特点，②它不完全同于正式制度层面所要求的状态，也有异于应然层面的现代化司法所要求的形态。面对以现代化为趋向的司法改革的强势话语和制度要求，它采取了一种"形式主义"策略，对其采取了一种"或附和或创新或隐退或反抗"的态度。总结起来具有如下特点：在司法过程开始的立案环节上，人民法庭的法官为了应对乡民的现实需求和自身利益的需要，尽量规避制度的约束，采取一些变通的方式。在司法过程的进行中，在调查取证方面，法官采取的是一种"主动为常态，被动为例外"的策略；在事实认定过程中，采取的是一种实用的经验方法，偏爱言词证据，并依据自身的经验对案件事实进行"加工"；在法律适用方面，法官反复权衡法律、司法解释以及民间习惯法，小心谨慎地选择适用，务求"法律效果与社会效果"以及"情、理、法"的统一；在结案方式方面，形成的是一种"调解为主，判决为辅"的格局；在庭审方式上，法官选取的是"法官＋庭下"为中心的模式。在司法过程的结束环节，法官需要慎防当事人上诉、上访；在执行方面，为了应对"执行难"的问题，法官摸索出一些实用的举措。人民法庭在司法过程中除了审判以外还要承担诸多其他任务。在司法过程中，法官对待程序的原则是"实体为重，程序为次"，把程序作为解决问题的手段。

---

① 《最高人民法院关于全面加强人民法庭工作的决定》(2005 年 9 月 28 日)指出："人民法庭是基层人民法院的派出机构和组成部分，代表国家依法行使审判权，它作出的裁判就是基层人民法院的裁判。人民法庭是党通过司法途径保持同人民群众密切联系的桥梁和纽带，是展示国家司法权威和提高司法公信力的重要窗口。人民法庭处在维护社会稳定的第一线，处于化解和调处矛盾纠纷的前沿，促进经济和社会发展、维护社会稳定的责任重大。只有不断增强司法能力，提高司法水平，人民法庭才能依法妥善处理和化解各种社会矛盾，推进基层社会主义民主法制建设的进程，维护社会的公平和正义。因此，全面加强人民法庭建设，对巩固党的执政基础，推动社会主义物质文明、政治文明和精神文明建设，构建社会主义和谐社会，具有十分重要的意义。"

② 可参见高其才、周伟平、姜振业著：《乡土司法——社会变迁中的杨村人民法庭实证分析》，法律出版社 2009 年版。高其才、黄宇宁、赵彩凤著：《基层司法——社会转型时期的三十二个先进人民法庭实证研究》，法律出版社 2009 年版。

对人民法庭司法过程再进行总结、抽象,可以发现其如下特征:第一,从司法主体方面分析看,司法主体的类型是非职业化、大众化的法官;从司法主体的原则看,法官的原则是"重实体、重结果,轻程序、轻过程",以解决问题为首要,落实规则为次要;从司法主体的手段上分析,法官倚重的是自己积累的司法经验;从司法主体的角色看,法官须同时扮演"为民做主、为中心工作服务、为己谋利"三种角色。第二,从司法的对象看,主要针对的是农村基层一般乡民之间的"家长里短"式的传统型纠纷。第三,从司法的功能看,法官要以便民的原则来解决纠纷,又要以务实的方式来维护稳定,还要以得力的手段来树立和维护政府的权威。第四,从司法的目的看,法官须追求"法律效果和社会效果"以及"情、理、法"的完美统一。

由人民法庭所处的社会特点和人民法庭的具体功能所决定,我们将人民法庭的司法定性为乡土司法,即是指由转型期乡土社会中非职业化、大众化的法官,应对乡民的现实需求,在自身的有限的法律知识结构和丰富的社会经验基础上,在长时间解决乡土社会"家长里短"式传统型纠纷的司法活动中,自发的摸索、总结而形成的一套针对性和实用性较强的包括理念、心理、行为以及技术在内的司法形态。它的主体是非专业化的、大众化的法官,它适用的场域是转型期乡土社会以及相对特定的案件类型,它的性质兼具司法权、行政权和立法权的特性,它的功能不但在于稳妥的解决乡民之间的纠纷,更在于维护社会的稳定和政府的权威以及对乡民的生活秩序的建构产生积极的意义和影响。

人民法庭的乡土司法具有明显的乡土性,它孕育和根植于当地农村这块特定的土壤上,是转型期乡土社会中的产物,随着乡土社会内生力量的推动和外生力量的催化,不断地调整和适应。乡土司法是在长时段的司法活动中逐渐形成的。它的产生源于乡民的需要,是法官主动长时间探索的结晶,要靠法官自身在实践中主动的观察、思考、摸索和总结。乡土司法是由大众化的法官在转型期乡土社会背景下,在充分考虑并认同乡民的实际心理和需求的前提下,依靠自身的经验智慧,摸索总结出来的一条方便的解决纠纷的路径,具有较强的针对性和实用性。

三

我国现代社会的社会秩序的形成离不开国家法律,也离不开习惯法。[①] 在中国传统的乡土社会,国家行政力量对乡土社会的控制并不十分深入,社会秩序主要通过

---

① 本文所指的习惯法为独立于国家制定法之外,依据某种社会权威和社会组织,具有一定的强制性的行为规范的总和。参见高其才:《中国习惯法论(修订版)》,中国法制出版社 2008 版,第 3 页。

习惯法进行自治而形成、维持。① 由乡土性所决定、受传统的影响，在当今中国社会，人民法庭解决纠纷时既根据国家法律，也依据、参考乡土的习惯法，我国各级法院对此一直持肯定、承认、支持和实行的态度、立场。在全面推进依法治国的今天，这一点仍然没有根本的变化。

《最高人民法院关于进一步加强新形势下人民法庭工作的若干意见》（法发〔2014〕21号）指出，人民法庭应当积极总结不同类型案件的特点，在法律规定框架内，恰当借助乡规民约，尊重善良风俗和社情民意，创新调解工作方法，力求从根源上彻底化解矛盾。最高人民法院院长周强走进陕西富县直罗镇当事人家中走访时表示，"群众说事、法官说法"机制把法治思维、法治手段和村民自治结合起来，把法律和道德、乡规民俗结合起来，有利于矛盾纠纷的化解，是通过法治手段加强乡村治理的有效形式，要大力推广这种做法。②

人民法庭的日常运行与功能实现充分体现了这一点。如2013年3月11日早上，广西壮族自治区蒙山县人民法院夏宜法庭庭长温建松早早带领全庭法官到瑶乡村寨开展普法活动。经过一个多小时的山路颠簸，法官们来到了夏宜瑶族乡六洛村六杉组。"做好村民的矛盾化解工作，不能照本宣科讲法律，还要讲究'草根'智慧，用群众信服和感受得到的'草根语言'、'草根做派'，解决当事人之间的心结。"离开的路上，温建松对记者说。蒙山法院院长张勇说："法官'接地气'，百姓才能顺气。法官要熟悉瑶族同胞风土人情、生活习惯，提高排查化解民间纠纷的能力，更好地维护瑶乡的和谐稳定。"蒙山法院院长、庭长的这一认识是有感而发的经验之谈，符合我国社会的实际状况。③

而在民族文化古朴浓郁的贵州省榕江县，世代居住在这里的苗族、侗族群众流行着唱民歌的传统。千百年来，寨子里的青年男女就是唱着民歌携手走进婚姻殿堂的。如今，榕江县人民法院寨蒿人民法庭将这种群众喜闻乐见的形式运用到了纠纷化解中，以款款山歌和民俗情愫打动夫妻不再离异，兄弟不再反目，邻里不再纷争。"这是由'案结了事'向'案结事好'审理模式的转变。"记者采访中，当地一些法律工作者认为，榕江法院用富有地方特色、群众能接受的沟通形式来代替法律严肃的面孔，不失

---

① 黄宗智通过满铁资料来考察分析清代基层治理模式，认为清代基层治理进路主要表现为"集权的简约化治理"。在这种治理模式下，帝国一方面将行政权威聚集在中央，另一方面则采取一种简约化的正式官僚机构（只到县一级），帝国的力量无法深入控制基层社会，不得不依赖准官员和纠纷解决机制进行治理的半正式的简约行政进路。参见［美］黄宗智：《过去与现在：中国民事法律实践的探索》，法律出版社2009年版，第78页。

② 参见宁杰：《扩大司法民主 促进公正司法》，载《人民法院报》2014年7月19日。

③ 费文彬、桂西、覃奇峰：《沉下身 沉下心 沉下力——广西蒙山法院深入一线对接群众司法需求见闻》，载《人民法院报》2013年4月3日。

为司法领域落实群众路线一个有益的尝试。[①]

　　而在四川剑阁法院开封法庭庭长郭兴利看来,人民法庭必须依靠地方有威望的人士:"靠群众做群众的工作,事半功倍,没有他们,我啥事也做不了,啥事也做不好。"郭兴利认为,无论当事人怎么"犟",他总有信服的人,让这些人来做工作,要容易得多。每次外出办案,老郭随身都带着一件"法宝"——一个小小的笔记本。翻开泛黄的笔记本,上面记满了辖区内所有村组干部、当地有威望的长者、七十岁以上老人的名字,每到一处审理或执行案子,郭兴利都会从裤兜里掏出这个小本子,邀请这些"名人"参与案件的审理与执行。[②]

　　这些虽然为个例但是具有一定的普遍性。实践表明,人民法庭须"接地气"、人民法庭法官既要懂法律,也要须知民情,讲究"草根智慧"、说"草根语言",行"草根做派"。因此,人民法庭与乡土社会密切相关,其设立在乡土社会,依靠乡土社会的长者,依据包括乡土规范在内的规范解决乡土社会的纠纷,满足乡土社会民众的需要,维持乡土社会的秩序。唯其如此,人民法庭才受到民众的欢迎,具有社会活力,发挥积极功能,否则人民法庭的存在价值就会大打折扣,严重影响司法为民目标的实现,不仅解决纠纷存在困难,司法参与社会治理、推进社会发展的功能也可能受到影响。[③]

四

　　为此,在全面深化人民法院改革时,我们需要谨慎对待乡土社会中的人民法庭。

　　司法改革是要解决司法实践中存在的问题。《最高人民法院关于全面深化人民法院改革的意见——人民法院第四个五年改革纲要(2014—2018)》(法发〔2015〕3号)确立了全面深化人民法院改革的总体思路,即:紧紧围绕让人民群众在每一个司法案件中感受到公平正义的目标,始终坚持司法为民、公正司法工作主线,着力解决影响司法公正、制约司法能力的深层次问题,确保人民法院依法独立公正行使审判权,不断提高司法公信力,促进国家治理体系和治理能力现代化,到2018年初步建成具有中国特色的社会主义审判权力运行体系,逐步建立公正、高效、权威的社会主义

---

　　① 李阳、金晶、顾业成:《侗乡苗寨唱响"好声音"——贵州省榕江县法院"民歌法庭"普法解纷纪事》,载《人民法院报》2013年6月21日。

　　② 聂敏宁、何伟、苟宇:《"背篼法官":肩负公平正义——记心系群众的好法官、四川剑阁法院开封法庭庭长郭兴利》,载《人民法院报》2013年9月1日。

　　③ 《最高人民法院关于全面加强人民法庭工作的决定》(2005年9月28日)指出:"加强人民法庭工作的基本任务是,遵循审判规律,规范审判管理,完善审判制度,稳定法官队伍,提高整体素质,优化法庭布局,加强基础建设,落实经费保障,为构建社会主义和谐社会,促进城乡经济社会发展、民主政治和精神文明建设提供有力的司法保障。"

司法制度,为实现"两个一百年"奋斗目标、实现中华民族伟大复兴的中国梦提供强有力的司法保障。《最高人民法院关于全面深化人民法院改革的意见》提出了全面深化人民法院改革的5项基本原则,并围绕建成具有中国特色的社会主义审判权力运行体系这一关键目标,提出了7个方面65项司法改革举措,涉及法院组织体系、司法管辖制度、法官履职保障、审判权力运行、法院人事管理等各个层面,并设定了具体的路线图和时间表。

关于人民法庭,《最高人民法院关于全面深化人民法院改革的意见》强调要完善人民法庭制度。优化人民法庭的区域布局和人员比例。积极推进以中心法庭为主、社区法庭和巡回审判点为辅的法庭布局形式。根据辖区实际情况,完善人民法庭便民立案机制。优化人民法庭人员构成。有序推进人民法庭之间、人民法庭和基层人民法院其他庭室之间的人员交流。

全面深化人民法院改革,需要进行法院管理体制改革。这方面的改革内容包括推动省级以下法院人财物统一管理改革,推动建立省级以下地方法院人员编制统一管理、法官统一由省级提名、管理并按法定程序任免、地方法院经费省级统一管理的机制,探索实行法院司法行政事务管理权和审判权的相对分离。人民法庭地处基层,面对乡民,服务大众,与基层乡镇的联系十分紧密。人民法庭如何既保持司法的独立性、中立性,又得到地方的支持和配合服务于乡村社会,这是在司法改革过程中需要谨慎对待的。

全面深化人民法院改革,需要进行法院人事管理制度改革。这方面的改革内容包括坚持以审判为中心、以法官为重心,全面推进法院人员的正规化、专业化、职业化建设,推动法院人员分类管理制度改革,建立法官员额制度,改革法官选任制度,在国家和省一级分别设立由法官代表和社会有关人员参与的法官遴选委员会,实现法官遴选机制与法定任免机制的有效衔接。人民法庭的法官承担的职责要求其具有全面的纠纷解决能力,既理解国家法律规范,也明晰地方生活特点。在司法改革中,稳定现有的人民法庭法官、选拔合适法官成为人民法庭法官是一个重要的问题。既尊重人民法庭法官的正规化、专业化、职业化,也考虑人民法庭法官的大众化、乡土性特点,这是司法改革中需要认真探索的。

全面深化人民法院改革,需要恰当处理统一性与地方性的关系。我认为,人民法庭作为基层人民法院的组成部分有其特殊性,全面深化人民法院改革必须找准问题,并保持其特质,尊重其特点,坚持本土性,固守本根精神;司法改革需要脚踏实地、实事求是的进行,力戒形式主义,不宜一刀切、简单化、理想性。

在我看来,我国需要建设混元司法,即建设具有中华文化特质、适应现代社会发展的司法,建设常道、中和、平衡、适度、端正的司法。人民法庭最宜朝此发展。

第三章

"乡土正义"与"法律正义"的张力之间：
人民法庭的功能定位探析

熊大胜[*]　方　磊[**]

引　言

　　1954 年《人民法院组织法》建立了我国人民法庭制度,历经 60 多年实践证明,人民法庭在化解基层矛盾纠纷、推进乡村法治化建设、推动中国法治进程的道路上润物无声,居功至伟。据 2011 年《中国法律年鉴》及相关数据统计,全国基层人民法庭有 12000 个,全国 90％的民商事案件一审在基层法院,而这 90％的一审民商事案件中又有 70％在基层人民法庭。[①] 基层人民法庭直面乡村社会,身处法治建设的最前沿,是中国司法的基础。经过 36 年来的改革开放,现在的中国社会已经到了从传统社会向现代社会转型的关键时期,社会经济、社会阶层和文化意识均发生了显著的变化,现代中国乡村社会也正在接受变迁的洗礼,传统乡村秩序"礼""俗"的基础开始动摇,纠纷诉诸法律的情况与日俱增。然而,传统社会下的纠纷解决方式并未彻底消失,相反还占据较大比例,由此形成了转型乡土社会[②]的纠纷形态与解决机制。人民法庭根植于基层,积极推动着法律"进入"广袤乡村社会并真切"嵌入"乡土社会秩序,从而以法治秩序来替代乡土秩序,用"法律正义"来改变或取代"乡土正义"。然而恰恰相反,"法律正义"非但没能取代乡土正义具象化为乡村百姓心目中的法律意识和正义观念,却导致两者之间的张力呈拉锯之势,司法无法满足乡村百姓的正义期望,乡村百姓也无法真正认识和理解司法正义的精神和内涵。乡土社会背景的长期存在,使

---

　　[*]　海南省昌江黎族自治县人民法院院长。
　　[**]　海南省昌江黎族自治县人民法院书记员。
　　[①]　参见《中国法律年鉴》(2011),法律出版社 2011 年版。
　　[②]　"乡土社会"概念源自费孝通先生 1947 年出版的《乡土中国》,主要是指中国最基层的社会,即广大的乡村社会。

人民法庭作为中国司法的根基,如何以改革的精神,理性审视自身的角色和功能定位以及法治在不同地域、不同制度环境下的真实样态等实际问题,如何更好地承接地气发挥人民法庭的审判职能作用,法官又该如何将乡土社会的现实因素考量合理地融入司法过程,既考虑中国现代法治文明的建构实践维度的渐进性,同时又考虑到空间维度的本土化问题尤其是农村乡土社会的法治化问题。[①] 寻求平衡点,以弥合民众期盼的"乡土正义"与国家制定实施的"法律正义"之间的张力,真正实现发挥人民法庭在国家法治化建设中的特殊作用,为乡村法治建设提供有力的司法保障和优质的法律服务。

一、聚焦与认知:"乡土正义"与"法律正义"之辨

究竟什么是"乡土正义"和"法律正义",主要取决于对正义的理解。但是长期以来,关于正义都未曾有过明确的界定,查究词源,"正义"自古就是一个高度抽象、内涵丰富的词,但其基本含义是规范、公正。如此一来,"乡土正义"或"法律正义"的共同意境也应是规范和公正。但在中国的语境中,正义不像西方思想家对正义理性的界定,它不是单指法律所彰显的正义观,而它是一种以人情为基础,以伦理为本位的正义观。[②] 而乡土正义在这方面体现得更为明显,因为乡土正义是形成并发展于熟人与半熟人之间以人情、伦理为纽带的乡土社会,普通乡民惯常以自己朴素的意识、感觉和价值以及内心的正义诉求来评价法庭或法院对涉己涉他纠纷的处理,当司法判决与他们的感觉和判断相违背时,他们就会直观地觉得法院是不公正的,法律是不可靠,不可信的,因为他们对法律或法治所要彰显的"正义"是通过一个个具体鲜活的案例来认知的,只有契合了民情民意的法律和判决才能被广大民众所接受,从而形成了区别于市民社会形态上的"乡土正义"。因此,笔者将"乡土正义"归结为:乡土社会结构中,广大乡民通过情理正义、主观正义、感官正义、直接正义、人情正义、伦理正义等等朴素的正义观处理纠纷进而判断和认知公平正义,并深深根植于乡民的精神观念和社会生活之中,绵延传递,世代相传,从而被认同、被反复适用,存在高度的稳定性、延续性、权威性和群众认同性,[③]成了维持乡土社会秩序的基础力量。而"法律正义"

---

① 参见刘武俊:《享受法律:一个法律人的思想手记》,法律出版社 2003 年版,第 83 页。
② 参见王铭铭、王斯福:《乡土社会的秩序、公正与权威》,中国政法大学出版社 1997 年版。
③ 参见田成有:《法律社会学的原理与运用》,中国检察出版社 2002 年版。

则是相对于自然正义而言,主要包含了立法正义、司法正义和执法正义。[1] 对于人民法庭而言,"法律正义"就是"司法正义"。比较来看,"司法正义"的实现是通过特定的主体:司法者(法官)＋严格的司法程序＋审判＋裁判来实现正义。

由此可见,二者之间有着显著的区别。(1)二者形成和发展的基础不同。前者形成于特定的乡土社会领域,发展于"熟人或半熟人社会"人情伦理的既定格局中,属于乡土社会的本土资源;后者形成和发展于国家经济、文化、社会、生活各方面发展的法治需要以及权利保护意识保护日渐提高,相对于"乡土社会"而言,后者属于外来资源。(2)二者涵盖的价值评价内容不同。前者是地方性知识的集合形式,是自发的本土文化的伦理道德之凝练。其没有统一的规则表达与明确的道义说理,而是在一方水土的具体情境中,对多种利益的朴素正义观。[2] 其涵盖的价值评价更为宽泛。而后者限于法律自身内容的局限性,其往往只包含了权利保护与权益救济(具体说是物质权益与精神权益),其价值评价较为窄小。(3)二者实现方式不同。前者主要是利用世代沿袭的村规民约、风土民俗、人情伦理等为评价标准,通过约定俗成的共识实现规范秩序。后者则是通过正确引用法律,严格使用程序实现公正审判。(4)二者现实运行状况不同。前者是产生并发展于既定的乡土社会格局中,是该格局成员的共识,其被广大乡民在处理纠纷时作为第一选择,仅适用于固定的场域。后者是国家宏观层面的综合考量,其突出共性,忽略了不同地域、不同制度环境的个性,往往被乡民在处理纠纷时作为最后一种选择,其适用于全国各阶层、各领域。

"乡土正义"属于"民间正义"的范畴,其具有局限性、地域性、随意性、分散性等特征,[3]与严肃规范的"法律正义"之间时有冲突,作为基层人民法庭面临这种情况更为突出,因为纠纷一旦进入法庭诉讼,乡民们关心的并不是既有实体法和程序法的内容规定,而是通过对具体案例的亲身观察来体会与认知法律,他们真正关心的是纠纷的处理结果是否符合他们心中正义的诉求。长此以往,在一些封闭的乡村部落,乡民们

---

[1] 对于"法律正义"的讨论是一项精深的理论研究,周旺生先生认为"法律正义也是一种正义,但它不是一般的正义,而是解决国家和社会生活基本问题的、世俗化的正义,是正义中的基本正义。法律正义也是一种法律规范,它以正义为内核,是法律规范体系中区别于恶法的良规良法。"引自周旺生:《论作为第三种规范的法律正义》,载《政治论坛》2003年第3期;张恒山先生则认为"人们所企图解释的法律正义实际上就是法律的一种状态和性质。法的本体正义是指人们为了通过法实现一种理想的、正义的社会生活状态而要求作为法的本体的法律规则系统应当具有的、给予人们的一些基本的需求的性状。对法的本体正义的追求,根源于对社会生活状态的正义性的追求。"引自张恒山:《法理要论》,北京大学出版社2002年版。两位先生对法律正义做了完全不同的两种界定,一种认为法律正义是一种法律规范,而另一种则认为法律正义是法本身的一种性状。尽管如此,国内法学界一致认为法律正义包括两方面:法的形式正义和法的实质正义。引自李慧兰:《湘潭大学学报(哲学社会科学版)》,载《研究生论丛》2005年5月。

[2] 栗峥:《村落纠纷中的正义呈现》,载《社会科学期刊》2010年第2期。

[3] 李然、张赫:《浅谈乡土社会中的正义观》,载《中共青岛市委党校青岛行政学院学报》2007年第6期。

依靠着自身的"正义观"自决自裁处理很多纠纷,其威慑力和执行力有甚至超过或完全取代法律的作用。但是寄希望以此实现乡村社会的法治化治理并非上良之策。在全面推进依法治国,建设社会主义法治国家的道路上,要实现社会各个地区,各个领域有法可依,建立起现代法律规则框架下统一的法律秩序则是必然选择,将国家司法资源更多地输送到乡村社会则是当然选择。但是过分地强调"法律正义"也非理性选择,毕竟中国乡村面积占到全国面积的90%以上,乡村人口占到了80%以上,大多数人相当长一段时期内还是处于乡土社会中。况且无论是"乡土正义"还是"法律正义",均是追求公平正义,只是彼此判断标准和适用范围不相同罢了。尤其是独具乡土司法特性的基层人民法庭,为了更好地将司法输送到广袤的乡村社会,应避免不切实际的理想主义和浪漫主义。在转型期的中国乡村,司法正义要更好输送并非取决于法制是否完善或先进,而在于司法能否与特定区域的民俗民情相契合,能否被广大民众所接受,让他们讨回自己心中的"说法",满足村民的乡土正义情结和利益要求,让司法能够真正在广大乡村社会落地生根。

二、纠结与彷徨:当前人民法庭运行困境分析

(一)司法职能纯化或泛化之矛盾困境

人民法庭自1954年确立并运作至今,其职能定位处于不断的嬗变之中:1963年,最高人民法院制定的《人民法庭工作试行办法(草稿)》确定诉讼事务与非诉事务并重的职能定位。其中规定人民法庭的职能除了审理一般的民事案件和轻微的刑事案件外,还包括指导人民调解委员会的工作,进行政策、法律、法令宣传,处理人民来信来访,办理基层人民法院交办的事项。1999年,最高人民法院颁布的《关于人民法庭若干问题的规定》则进行了调整,转向了以审判执行为重心。调整主要内容有:(1)除了审理民事案件和刑事自诉案件,有条件的地方还可以审理经济案件;(2)增加了执行案件的职能;(3)指导人民调解委员会和办理基层人民法院交办的其他事项的职能予以保留;(4)取消政策、法律、法令宣传和处理人民群众来访的职能。2005年,最高人民法院颁布的《关于全面加强人民法庭工作的决定》再一次明晰人民法庭的核心职能是审判执行工作。即"人民法庭不得超越审判职权参与行政执法活动、地方经济事务和其他与审判无关的事务"。由此可见,司法解释意旨纯化人民法庭的司法职能,即履行审判职权,化解矛盾纠纷。时至今日,"审判执行工作"已然成为人民法庭的核心职能。在能动司法的司法理念之下,尽管我们也强调"人民法庭可以通过审判案件、开展法治宣传教育、提出司法建议等方式,参与社会治安综合治理",但这充其

量只是审判职能的前后延伸而已。① 近些年,随着社会经济、文化和政治的快速发展,人民法庭的职能也随之变化。从国家制度设计的层面上分析,人民法庭的司法职能由单纯的审判职能衍生出了多项职能,甚至出现了削足适履地去承担一些无关的职能,如经济建设(招商引资、扶贫)、行政执法(协助征收)或其他的社会职能。关于人民法庭司法职能,有学者认为,法庭的基本功能主要包括解决纠纷、配置权力、维护法律,设置司法功能的唯一目的在于解决纠纷,稳定社会;还有一种观点认为,司法不仅仅在解决争议上发挥功能,而且还施展着维护分权体制的宪政功能。② 尽管观点不一,但可以达成共识的是解决纠纷是人民法庭的主要功能。但是从司法实践的层面观察,传统的观念对人民法庭职能纯化是一个巨大冲击,人民法庭在更多的情况下承担着职能泛化的角色,除了承担司法职能,还要参与党政的各类活动,如招商引资、扶贫、计划生育、治安等等。并且还得接受与行政机关一致的目标管理责任制考核,如"行风评比""招商指标评比"等。当然司法职能泛化与纯化的矛盾并不单指人民法庭,还包括了基层法院。如不能有效理顺人民法庭职能纯化与泛化的冲突,人民法庭自身发展将成问题,遑论全面实现司法功能,推行规则之治。③

(二)"国家法律规则"与"乡土民间法"适用之矛盾冲突

众所周知,国家法律规则是国家制定、颁布和施行的具有强制性和普遍性的法律规则。而"乡土民间法"主要是特指存在于一定乡土社会结构和领域中,它由相传已久的人情、礼俗、宗法、村规和习惯等构成,在一定范围内具有约束力的社会规范,其具有明显的乡土性、地域性、自发性、内控性。由于其代表或满足了一定区域、一定人员的纠纷需求,具备了存在的合理价值、生存时间和空间而得以长期存在。从法律渊源发展看,国家法并不是社会唯一和全部的法律,大范围存在的乡土民间法与国家法之间形成了互动共生的关系。民间法可弥补国家法的隙缝,并可适时转化为国家法。乡民们在面临冲突和纠纷时,第一选择是以"情和礼俗"为主要的民间法,而不是国家法。在复杂多元的社会状态下,多元规范或多元秩序是客观存在的基本事实,并非万能的法律并不能理所当然地解决所有的矛盾和纠纷,在当代最发达国家,国家法也不是解决纠纷的唯一法律,在正式的法律之外尚有大量的非正式法律存在。如此一来,"国家法律规则"与"乡土民间法"的矛盾和冲突必然无法避免。从法律形成方式和社

---

① 参见杨建明:《和谐社会视野下人民法庭职能重心定位的迷失与回归》,http://vip. chinalawinfo. com/newlaw2002/slc/SLC. asp? Db=art&Gid=335580648,于2014年11月25日访问。

② 湖南省高级人民法院课题组:《解析困扰人民法庭推进规则之治的冲突关系》,载《人民司法》2006年第9期。

③ 湖南省高级人民法院课题组:《解析困扰人民法庭推进规则之治的冲突关系》,载《人民司法》2006年第9期。

会交往规则确立的条件看,侧重以城市社会的社会关系和交往规则确定的法律规则,其本身就蕴含了国家法与民间法矛盾冲突的先天可能性。而这种冲突在广袤的乡村社会中,更易察看。

【材料一】江苏省某基层法院在办理一起离婚析产执行案件中,为了执行因为一个马桶,遭遇了巨大的阻力,当地近百名村民的阻挠,执行人员甚至被围困两个多小时。缘何一个价值100元左右的马桶却无法执行到位。原来,法院的判决和执行触犯了当地习俗。即当地女儿出嫁,陪嫁"三圆一响",其中的"一圆"便是"子孙桶"(即马桶),寓意子孙繁衍生息,人丁兴旺。此风俗代代沿袭,相传至今。一旦从男方家拿走"子孙桶",就意味着男方家要断子绝孙。

【材料二】电影《马背上的法庭》曾有这样一个案例:甲户人家的猪拱了乙户人家的祖坟,乙要求甲赔一头猪并出资做一场法事。双方发生纠纷诉至法庭,该案先由年轻法官阿洛以封建迷信为由,不予处理。随后甲乙双方矛盾冲突升级,即将引发一场械斗。法官老冯接手处理,并就地开庭处理,要求被告接受原告的要求,遭到被告拒绝。此时,法官老冯想好计策,当场宣布让原告的猪去拱被告家的祖坟,双方互补相欠。法官老冯的话刺激了被告,声称以死相护自家祖坟。老冯巧妙地抓住时机做工作,从风俗习惯的角度进行说服和劝说,最终和谐处理了纠纷,化解了一场械斗。

上述两个材料的事实在我们的生活中随时可见,国家法律与乡土民间法的冲突在社会生活的方方面面均有体现,既有其深度也有其广度。但是,国家法律自上而下的强制推行,在一定程度上轻视了民间法的地位和影响,使二者间的冲突时常存在。以海南外嫁女为例,在海南的农村中,村民自治组织按照乡规民约将外嫁女的分配利益予以排除,如在土地征用费收益分配上,外嫁女不享有其经济份额。一些外嫁女法律意识觉醒后,诉至法院或法庭要求分配利益。这类案件涉及利益复杂,法院或法庭一旦受理,面临重新分配的问题极易引发群体诉讼,倘若轻率下判则又面临村民集体抵制的执行困境。此时此刻,正当的选择理应先"法律"后"习惯",然而司法实践尚无法做到如此,形成适用的矛盾冲突。

(三)程序正义与实质正义的矛盾冲突

程序正义与实质正义的矛盾冲突是司法领域长期密不可分又互相纠缠的问题。现代司法的基本特征是程序正当下的正义实现。但是无论理论与司法实践如何强调程序正义的重要性,由于人民法庭所处环境的特殊性,当事人均为乡村社会的乡民们,他们不关心也无法真正理解"谁主张、谁举证""举证时效"等程序性权利的内容,更不在乎如何通过程序的正当性来实现自己的实体权利,进而实现实质正义,他们关心的是最终的处理结果是否符合他们心中的乡土正义观情结。众所周知,程序与效率是一个矛盾体,过多的程序会增加乡民们的负累,使其疲于应付。他们只希望能够得到一个既快又好,省时省力的实惠的司法结果和期望的正义。另外,农村纠纷大多是因小事、琐事引起的纠纷,实质正义的实现也不必非经烦琐的诉讼程序不可,这种这样注重时效、实效的变通做法被认为是违背了程序正义的要求,失去了程序制约的实质正义,两者之间相互冲突,互为障碍。

【材料三】甘肃省某基层人民法庭处理的一起人身损害赔偿纠纷案例。原告A家耕地被被告B的耕牛践踏毁坏,于是原告A将耕牛牵回自己家中。被告B到原告A家索要,期间因赔偿问题发生争吵打架。被告B将原告A头部打伤,造成原告A医疗费、护理费、营养费、交通费等损失。原告A多次到乡派出所、村委会、司法所反映要求解决无果,致使两家矛盾越积越深。后诉至法庭。审理中,被告委托代理人提出原告A的起诉已过诉讼时效,法庭理应判决驳回原告的诉讼请求。经审查,原告A起诉确已过一年的时效期限,也无时效中断、中止、延长的事由出现,应依法判决驳回原告A的诉讼请求。但鉴于此案的其他因素考量,合议庭决议主持调解,但被告B坚决不同意。经多次反复做工作,最终达成调解。

此案件,原告讨回了心中的说法,被告受到了处罚,实现了乡民心中的"正义",无疑是法律效果与社会效果统一的成功案例。但是,如果从程序正当的角度看,法官却明显违背了法律的程序规定,以牺牲程序正义来实现实质正义。因为严格按照法律的规定,诉讼时效超过就应驳回起诉。程序正义与实质正义的冲突矛盾在基层人法庭中是普遍存在的,在实现实质正义的过程中该不该以牺牲程序正义为代价,如何弥合两者之间的矛盾冲突,值得我们深思。

(四)法官职业化与非职业化之矛盾冲突

若干年前,关于法官职业化的问题讨论早已如火如荼,学界和司法界业已达成共识,法官职业化的方向和趋势是必然的。2002年实行的国家统一司法考试则拉开了中国法官职业化进程的帷幕。同年,最高人民法院颁布的《关于加强法官队伍职业化建设的若干意见》则再次对法官职业化建设加以肯定和明确。该意见提出:"法官职业化,即法官以行使国家审判权为专门职业,并具备独特的职业意识、职业技能、职业道德和职业地位。""法官职业化和精英化"是实现现代司法的基本要求,也是推进未来司法改革重要内容。但是此种要求却与基层人民法庭的实际司法情况不相一致,甚至出现了矛盾冲突。职业化和精英化能否在幅员辽阔且地域间经济、文化发展极不平衡地区落实?对于经济发达的一线、二线城市或沿海地区,法官职业化和精英化不在话下。但是在广大的乡村社会,法官的职业化和精英化缺乏基础基本的条件,举步维艰,其局限性是显而易见的。城市和农村之间,发达的东部地区与欠发达的西部地区地区之间,县城与乡镇对司法的要求也是不完全相同的。从人民法庭或基层法院的人员来源上看,我国法官职业化的推进与人民法庭"断层"相冲突。基层法庭由于工作压力大、待遇差等职业条件限制,导致高素质专业的法律人才不愿意到基层法院和法庭工作。从乡土社会纠纷解决的实际需求看,由于乡民们的文化水平低、法律知识欠缺,纠纷的良好解决需要的是既懂法又熟悉乡村风俗,懂做群众工作的人,既能做法律的传播者、纠纷的裁判者又能做乡民的沟通者和知心人。职业化和精英化的法官未必能担当此任。如果不顾当前司法的地域性差异的现实,强行在基层人民法院人民法庭推行法官职业化与精英化是很不理性和不现实的。

三、承接地气:转型社会中人民法庭的前进之路

中国基层人民法庭的司法实践实际上处于一种两难的困境之中:一方面,老百姓感觉"打官司"难;另一方面,基层法官也感觉办案难,无论是司法资源配置、法律程序规制、审判方式运用等都处于一种"两难"困境之中而举步维艰。十八届四中全会提出了加大推行人民法庭建设,争做司法改革的试验田。现代法律是以人民主权和公民权利的理想原则为基础的,而广袤的乡土社会则仍然按照长期历史形成的传统加以治理,与现代法治不相一致,甚至是格格不入。可是现代国家建构不能将传统的乡土社会置于现代法治体系之外,形成一个个服膺于传统规则的"土围子"。① 基层人民法庭则是推倒"土围子",将乡土社会尽快纳入现代法治体系的有力推手。因此无论当下还是未来,人民法庭的存在和发展的根源性依附决定了其必须得承接地气,其是缩小司法的高度专业化与法律实施的大众化差距的不二选择,才能尽早让人民法庭或基层法院由"精密司法"的判决车间转变为"民主司法"的公开领域,从"专业人士的特有剧场"转变为"易于民众参与的广场",进而快速高效地推行基层法治。②

(一)理性看待法庭的功能变化:从单一走向多元

对于人民法庭的功能与发展方向不应单纯地以法治化的固定模式和目标位参照和评价标准,而是应考虑乡村的实情实理。人民法庭的基本功能主要包括:(1)依法审理刑事案件,打击、惩治犯罪,维护社会稳定。(2)能动处理民商事案件,化解民间纠纷,促进社会和谐。(3)努力破解执行难题,最大限度地保障双方当事人的合法权益,实现法律效果与社会效果的统一。延伸功能主要有参与社会管理(维稳、普法)等。

伴随社会经济的深入发展,基层社会的利益格局、经济结构、意识形态等层面进行着一场广泛而深刻的转轨与变革。随之而来的是,基层法院的司法理念、权力运作、功能选择以及角色定位等方面的变迁与整合,其功能区间已从传统纠纷解决向维护政治安定、调整经济结构、参与社会管理、平衡群体利益、促进社会和谐等多向度功

---

① 参见徐勇:《现代国家乡土社会与制度建构》,中国物资出版社2009年版,第254页。
② 参见唐闻声、薛忠勋:《乡村治理中的司法经验》,载《人民法院报》2012年7月13日第5版。

能体系发展。[1] 从制度维度或法治维度而言,人民法庭是纠纷的解决者。全国有约 12000 个基层人民法庭,全国 90% 的民商事案件一审在基层法院,而这 90% 的一审民商事案件中又有 70% 在基层人民法庭。从空间维度而言,转型期的基层社会,利益群体多元化,诸如环境污染、强制拆迁、食品安全等公众性事件、群体性纠纷频繁发生,在其他社会控制力量式微的情况下,要消解基层乡村社会的不安因素,法庭必然会扮演着越来越重要的角色,通过裁判实现对社会的规则治理。从宪政角度而言,法庭是稳定秩序的政治安定者。人民法庭作为国家政权运作机制的重要组成部分,不可能超脱于政治,相反还深深地嵌入在国家政治结构中,天生具备了政治性功能。"司法在中国从一开始就具有一种政治性功能,独立于常规司法强调的解决纠纷与规则治理以外的功能"。[2] 况且国家权力结构在运行的过程中不单单只需要裁判,尚需基层人民法庭承担更多国家治理和社会治理的功能。人民法庭 2/3 以上均处于乡镇,与乡、镇政府均隶属于国家权力延伸的末端。人民法庭在实行社会治理的工程中也并没有与国家权力机构形成泾渭分明的区分。相反,在长期的协调与配合中,人民法庭与一般的国家权力机构在乡村社会的实践逻辑已稳定,并在相互之间形成了稳定的政治生态链,如果将法庭的功能单一的确定为"司法审判",势必会破坏这种稳定的政治生态链,陷法庭于被动和孤立。人民法庭在基层社会的功能无法仅仅具备现代法治意义上的单一功能,而是逐渐走向多功能区间。如图 3-1 所示。

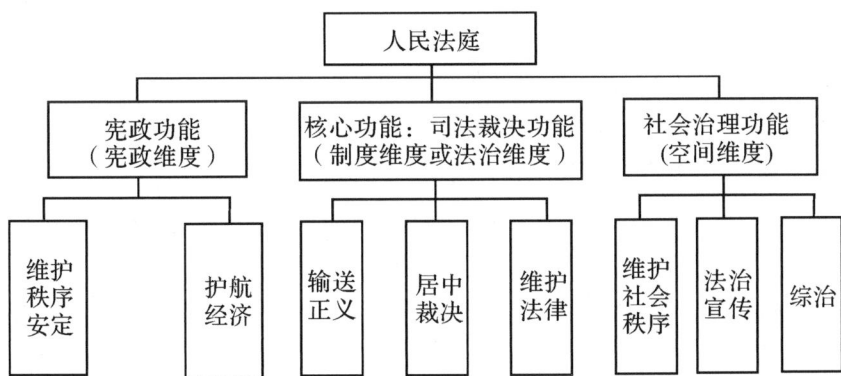

图 3-1　人民法庭功能多样

(二)辩证看待乡土社会的纠纷解决与规则之治

现代法治的核心是规则之治。但是在有固定关系格局和利益格局的乡土社会

---

① 参见邬耀广、周强:《基层法院在转型社会中的角色回归——兼论符合司法规律的民事审判权运行方式》,载《探索社会主义司法规律与完善民商事法律制度研究——全国法院第 23 届学术讨论会获奖论文集(上)》2011 年。

② 参见苏力:《送法下乡——中国基层司法制度研究》,北京大学出版社 2011 年版,第 15 页。

中,法庭司法作为外来力量,被当然地排除在外。意图以完整的规则之治来解决乡土社会的纠纷,以外来力量强行加入其固定格局中,就不得不做出改变,改变依靠国家强制力的生硬和格式化。现代司法制度想要完全依赖规则之治来实现实质正义尚有难度。人民法庭和基层法院应注重纠纷解决,而不是规则治理。[①] 我们应该辩证地看待人民法庭纠纷解决与规则之治。国家制定法与农村实际情况的脱节,造成法庭法官更关注纠纷解决。尽管法庭法官接触案件的法律适用较为简单,但要处理得当,法官就必须调动和运用其个人的智慧来在某些法律规则之外或法律不够明晰的地方作出努力。诚然,法庭法官应更多关注的是实用理性,以结果导向、以个案导向,而不是单纯的以原则导向和规则为导向。加之,我国法律规则体系主要是以城市社会的交往规则为主导,并以此为标准普遍适用于全国。但中国幅员广大,各地域的政治、经济、文化发展不平衡,使全国性规则适用的普适性欠缺,造成了东部与西部的差异、沿海与内陆的差异、城市与乡村的差异,甚至是基层法院与法庭的差异。有学者曾分析:“我们现代的法律制度包括宪法、行政法、民法、诉讼法等许多门类,它们被设计来调整社会生活的各个领域。问题在于,这里不但没有融入我们的历史,我们的经验,反倒常常与我们‘固有的’文化价值相悖。于是,当我们最后不得不接受这套法律制度时候,立即就陷入到无可解脱的精神困境里面。我们不是渐渐失去了对法律的信任,而是一开始就不能信任这法律。因为它与我们五千年来一贯遵行的价值相悖,与我们有着同样长久之传统的文化格格不入。”[②]因此,迫使法庭法官应更关注地方性规则,甚至放弃全国规则,选用地方性规则。如果死板地以法律规则来就案判案,格式化地套用法律规则来裁决纷争,最终必然会出现“医生没有错,病人却死了”的窘状。法庭以解决纠纷来推动乡村司法并不必然地具象化为乡民们心中的法律意识与观念,也不能必然地逻辑推演出乡民们全面地接受法律正义之精要。加上乡民自身乡土正义情结观的影响,迫使法庭法官必须关注的是解决具体问题,关注结果的正当性和合法性,关注这一结果能否与民情民意相契合,能否与天理人情、正式法律权力结构体系相兼容。边缘的乡土社会背景下,法律运行的实效并不在于背后有何其巨大的强制力为保障,而在于乡民们对法律是否能够完全的信任和依靠,其中的基础又在于法律规则对民俗、伦理、道德等乡村纠纷解决规则的尊重和同化。笼统地引介具有普遍真理性的司法原则和司法知识,而不是对症下药,那么即使有普适的真理,这

---

① 参见苏力:《农村基层法院的纠纷解决与规则之治》,载《北大法律评论》1999 年第二卷第一辑,第 97 页。

② [美]哈罗德·J.伯尔曼著,梁治平译:《法律与宗教》,中国政法大学出版社 2003 版,第 12~13 页。

个真理也会在特定语境中失去其可能具有的"真理性"。① 因此,规则之治只是解决纠纷的手段,化解纠纷、实现和谐才是法庭的最终司法目标。对转型期人民法庭的定位必须站在社会现代化的大背景下,并将全国性法律规则与农村等基层社会长期以来形成的大量道德原则、是非标准、民俗习惯等相糅合的基础上来进行。"任何法律制度和司法实务的根本目的都不应当是为了确立一种权威化的思想,而是为了解决实际问题,调整社会关系,使人们比较协调,达到制度上的正义。"②

(三)冷静看待法官角色定位:脱离"专业化、精英化"的惯常逻辑

打造"专业化""精英化"的法官队伍是当下和未来司法领域的重要任务,这是现代法治的必然要求。但是对于乡土社会背景下的基层司法而言,未必合适。因此,我们必须冷静看待。打造专业化、精英化的法官队伍固然重要,但是一味注重于此,而忽略人民法庭乡村司法的特性,执着于法律规则,也势必会造成"英雄无用武之地"的尴尬之境。很多人都在指责基层法官专业素质低、缺乏理想法官的气质和能力。笔者承认批评是对的,但又都是不讲道理的,或许基层法官和"精英"二字尚有差距,但大多数基层法官也希冀做一名"职业法官""精英法官""高高在上的法官""法律帝国的王侯",但每一个人的言行均不能离开他所生存的土壤,否则只是"空中楼阁"。人民法庭法官所处的特定的制度空间和时空背景决定了其对法律的理解以及对法律的实施不能拘泥于对理想型法官的模塑,某种程度上对社会性知识的了解比法律素养更重要。③ 如何将法律文本中的"死法"变成现实生活中的"活法",进而给群众一个满意的"说法",成为司法遭遇的最现实、最严肃的拷问。西方法治社会的经验表明,法官职业化、专业化的不良后果也是明显的,导致法官职业群体的封闭,法官与社会民众疏离。据此所作出的判决很难获得社会的正当性,最终将削弱法官角色的社会支持。我国虽然还没有形成高度的法官职业化和专业化,但是自 2002 年司法考试制度实施以来,更多的大学生进入法院走上法官岗位,呈现出"学生当法官"的现象。这些"学生当法官"虽然有扎实的法学理论知识,但往往缺乏乡村社会知识,缺乏乡村司法经验,很难有效地化解矛盾纠纷。因此,乡村司法应力戒"机械司法"和"秀才办案"。由于基层人民法庭承担了多项功能,具体到法官个人更像是一个无所不能的"全能型"人才,游走于"法官、行政官、'村官'"的角色之中。乡土社会的特殊现实要求人民法庭的法官们必须在国家法与民间法之间扮演法官、行政官和"村官"的不同扮相和角色,以满足乡土司法的需要。

---

① 参见苏力:《农村基层法院的纠纷解决与规则之治》,载《北大法律评论》1999 年第二卷第一辑,第 96 页。

② 参见苏力:《秋菊的困惑和山杠爷的悲剧》,中国政法大学出版社 1996 年版,第 28 页。

③ 参见唐闻声、薛忠勋:《乡村治理中的司法经验》,载《人民法院报》2012 年 7 月 13 日第 5 版。

乡土社会民众对法庭法官现实期望主要是：善于化解纠纷——化解矛盾又不伤面子；善于审案——在法律与民俗间熟练游走；善于说话——释法答疑做到通俗易懂；善于办事——灵活利用乡土自身资源。专业化、精英化不应该被狭隘地被认为是专业知识多深厚、学历多高等方面，对于人民法庭而言，能够有坚定的法律信仰，通晓当地风俗习惯，能够以用群众认同的态度倾听诉求、用群众认可的方式查清事实、用群众接受的语言诠释法理、用群众信服的方法化解纠纷①的人也应是"专业化、精英化"的范畴，甚至更为专业化和精英化。笔者认为，法庭法官在办理案件的过程中，不仅要看到乡土正义的存在，而且必须在法律许可的范围内尊重社会存在的乡土正义，逐步将现代法治和谐地融入乡土社会的生活情境，融入乡土的正义观念。应避免过左地强调和推重"专业化、精英化"的错误逻辑，相反，应更加注重打造其"乡土性"，更接地气地化解纠纷，落实规则。前文中已论述人民法庭的功能已由单一走向多元化，那么基层法官的塑造也势必与此一致。(1)做好法律逻辑下的"法律人"：为一名法官，就应该严格以法律规定为审案基准，运用法律思维和逻辑智慧去认定事实、厘定法律关系，做好法律传播的"布道者"，最终实现司法的公正。(2)做好乡土逻辑下的"社会人"：从社会学角度分析，绝大多数法庭的法官都在自己家乡的法院或法庭中工作，于是乎，法庭法官的身份就具有双重性，既是法律的布道者和捍卫者，又是当地的准乡民。因此，其思维逻辑的起点则是乡土社会的"社会人或乡民"。法官对案件裁判的出发点也是社会人。其必须考虑到乡民的实际要求，解决乡民所面临的现实纠纷与实际问题，不仅要看到乡土正义的存在，而且还必须在法律许可的范围内尊重社会存在的乡土正义。农村有句俗话叫"一代官司三代仇"，如果法庭法官脱离社会人的固有角色，简单的一纸判决，于法官而言省心省力，但乡民们或许就会因为矛盾而有心结致使老死不相往来。因此，法庭法官在做好法律人的前提下，要积极充当好社会人的角色，最终在"案结"的同时兼收"事了"和"人和"之效。(3)做好政法逻辑下的"父母官"：法官在广大乡民眼中也多为"官员"。因此亲民形象的凸显，是法官个人高大形象的一种彰显，这在一定程度上增强了乡民的"清官意识"，既做"清官"，又做"亲官"。(4)考虑引进"治安法官"。在英国，治安法官存在的数量远远多于职业法官。治安法官没有任何学历要求，也无须资格认证，非职业化的法官可以成为法院职业化大格局中的必要补充，有助于推动司法的大众化和平民化。基于我国地域广阔，且地域差异较大，风情民俗各有迥异，为了更好地解决基层纠纷，在司法为民、司法便民的理念之下引入治安法官的角色，既能扩大普通民众参与司法，推进司法平民化，又能缓解基层司法资源不足的掣肘。

---

① 陈燕萍工作法研究小组：《情法辉映，曲直可鉴——陈燕萍工作法研究报告》，载江苏法院网，下载日期：2014 年 11 月。

结　语

　　乡土社会中根据长期的风俗习惯建立起的秩序往往比国家的法律规范更具有威慑力和执行力,但是习惯毕竟不是法律,在功能上替代不了法律,仅依靠个人治理社会必然产生很多弊端。① 但是如何克服法律秩序、法律正义与法律适用在乡土社会中的"水土不服"现象,尽早促成"乡土正义"与现代法律规范之"正义"的衔接与融合才是农村法治建设必须解决的时代课题。② 中国现代法治文明的建构既要重视实践维度的渐进性,同时也应关注空间维度的本土化问题尤其是农村乡土社会的法治化问题。③ 在社会转型的特殊时期,"乡土正义"与"法律正义"的张力势必会逐渐拉锯,人民法庭对乡土社会的根源性依附决定了其运行和发展必须得承接地气,其是缩小司法的高度专业化与法律实施的大众化差距的不二选择,才能尽早让人民法庭或基层法院由"精密司法"的判决车间转变为"民主司法"的公开领域,从"专业人士的特有剧场"转变为"易于民众参与的广场"④,构建具有中国特色的公正、高效权威的人民法庭审判职能和制度。

---

　　①　参见厉旖旎:《浅议乡土正义与现代法律规则的偏差》,载《云南社会主义学院学报》2012 年第 5 期。

　　②　参见唐喜政:《现代法与乡土社会的融合:农村法治建设必须解决的时代课题》,载《郑州轻工业学院学报》2010 年第 1 期。

　　③　参见刘武俊:《享受法律:一个法律人的思想手记》,法律出版社 2003 年版,第 188 页。

　　④　参见唐闻声、薛忠勋:《乡村治理中的司法经验》,载《人民法院报》2012 年 7 月 13 日第 5 版。

第 四 章

论新形势下城市人民法庭的定位与建设

北京市朝阳区人民法院民事调研组[*]

　　自党的十八大以来,党中央的一系列重大改革、重大举措都与人民法院审判工作密切相关,既是指导和推动全面推进依法治国、建设社会主义法治国家的纲领性文件,也是人民法院充分发挥审判职能,积极投身全面推进依法治国伟大实践的行动指南。全面推进依法治国,贯彻落实党的十八大和十八届三中、四中全会精神,人民法院的使命神圣、责任重大,只有自觉融入全面推进依法治国的总体布局之中,人民法院才能更好地发挥审判职能作用,才能有效推动社会主义法治体系和社会主义法治国家的建设。

　　在此背景下如何做好新形势下的审判工作,已成为各级人民法院各项工作的重点。人民法庭作为基层人民法院的派出机构,是各项司法改革措施的着力点和攻坚点。由于我国各地区经济发展不统一,人民法庭的建设工作所面临的困境与标准亦存在不同。

　　从人民法庭所在区域划分,大致可分为城市人民法庭与城镇、乡村人民法庭。两者在区域经济发展、法庭基础设施、外部司法环境、法官队伍建设等方面均存在明显差异。新形势下进行城市人民法庭建设工作的同时,如何求同存异,寻找一个适应多数城市的人民法庭的共同定位,探索一条适合多数城市的人民法庭模式化、标准化建设思路,满足新形势下人民群众的司法需求,需要我们认真思考。同时,人民法庭主要从事民事审判工作。因此,本文将以民事审判为界限,研究城市人民法庭的定位与建设。

---

　　* 调研组撰稿人:俞里江,男,1977 年 11 月出生,北京市朝阳区人民法院亚运村法庭庭长;路航,男,1987 年 4 月出生,北京市朝阳区人民法院亚运村法庭法官助理。

一、人民法庭的建设历程和特点

(一)人民法庭的建设历程

早在抗日战争和解放战争时期,为方便人民群众参加诉讼,方便人民法院审理案件,在根据地和解放区就开始建立了巡回法庭和专门人民法庭,并且在实践中形成了独特的审判方式——马锡五审判方式。在新中国成立后,人民法庭建设不断加强。1953年第二届全国司法会议决议提出,县人民法院逐步普遍建立巡回法庭。1954年《人民法院组织法》进一步规定,基层人民法院根据地区、人口和案件的情况可以设立若干人民法庭,作为基层人民法院的组成部分。1963年最高人民法院制定下发了《人民法庭工作试行办法(草案)》,明确了人民法庭的职责范围,使法庭工作前进了一大步。1984年中共中央5号文件指出,要进一步重视基层组织的建设,特别要充实和加强人民法庭的力量。1998年最高人民法院在北京召开了全国人民法庭工作会议,2000年和2004年分别在长春和济南召开了全国法院加强基层建设工作会议,2005年在广东佛山召开全国人民法庭工作会议,先后颁布《关于进一步加强人民法院基层建设的决定》和《关于全面加强人民法庭工作的决定》,加强人民法庭工作已成为加强人民法院基层建设的重中之重。2014年7月8日在山东济南召开第三次全国人民法庭工作会议,会议全面总结了2006年以来人民法庭工作,研究部署当前和今后一个时期人民法庭工作,全面提升人民法庭工作水平。

在此背景下,人民法庭的建设取得了可喜的进展,审判质量、效率进一步提高、审判作风进一步改善,一些长期困扰人民法庭工作的问题和困难正在逐步得以解决,党的十八大以来,深一轮的司法体制改革已经开启,人民法庭的现代化、规范化、标准化建设工作面临良好的发展机遇。

(二)人民法庭的三个重要特点

人民法庭是基层人民法院的派出机构和组成部分,"是人民法院基层的基层,是深化司法体制改革关键的关键,在国家和社会治理特别是县域治理中承担着重大责任,任务艰巨"。

[①]人民法庭庭训是"公正、廉洁、为民",设置宗旨是紧紧围绕"面向农村、面向群众、面向基层"三个面向要求,始终坚持"便于当事人诉讼,便于人民法院依法独立、公正和高效的行使审判权"的"两便原则"。与院机关的传统审判庭室相比,人民法庭有

---

① 《人民法院报》:《最高人民法院院长周强2014年7月8日在第三次全国人民法庭工作会议上的讲话》。

以下三个重要特点：

1.处于司法的最前端，展示司法理念为民。相比较人民法院，人民法庭更为直接地面对广大人民群众、更为直接地处理人民群众的纠纷和矛盾、更为直接地接受人民群众的监督，是人民法院面向人民群众的"直接窗口"。这个"窗口"展示的是我国人民法院的整体形象，直接关系到人民群众对法院工作的公信度和满意度，人民群众更多的是通过身边的"窗口"来了解司法工作的发展，通过"窗口"后的司法工作人员来感受社会的公平正义。

2.以两便原则为指导，体现司法活动便民。"便于当事人诉讼，便于人民法院依法独立、公正和高效行使审判权"的两便原则，是我国人民司法工作的优良传统，是人民法庭审判工作的指导原则。人民法庭的设置初衷主要就是便民利民，包括人民法庭设置于城市社区、乡镇农村，选址设立的位置尽量接近人民，便于人民群众诉权的行使和减少当事人的长途奔波，以及巡回审判、就地办案等司法活动上的便民。坚持两便原则可以有效减少当事人诉累，实现让人民群众在每一件案件中都感受到公平正义的目标。人民法庭工作的开展要紧紧围绕两便原则，把司法为民的宗旨落实到定纷止争和化解矛盾的过程中。

3.审结最大量的案件，落实司法结果公正。社会经济的飞速发展和人民法治观念的不断提高，使人民法院成为处理社会矛盾纠纷的最后一道关口，大量案件涌入法院，使案件数量激增，形成"诉讼爆炸"的局面。在迅速增长的案件背后，人民法庭承担了大量民事案件的审理。以2013年北京市朝阳区人民法院为例，朝阳法院全院民口共审结案件30540件，派出法庭审结了其中的22298件，占民口结案总数的73%。人民法庭通过公正高效地审理大量案件，确保了国家法律的贯彻实施，有力维护了社会公平正义，使人民群众的合理利益得到保护。

(三)城市人民法庭的特点

城市人民法庭作为城市基层法院派驻各辖区、街道的审判部门，不仅具有一般人民法庭的特点，同时还因城市辖区的经济发展水平、人民群众文化程度等因素而呈现出新的特点。

1.所辖区域经济发达，诉讼标的额大。2008年以前，广州市所辖基层法院受案诉讼标的金额为600万元以下，北京市所辖基层法院受案诉讼标的额为500万元以下。但随着社会经济的发展，大中城市的经济水平增长迅速，房价、物价及居民收入均明显高于农村地区。为了适应经济发展的需要，2008年最高人民法院下发了关于调整高级人民法院和中级人民法院管辖第一审民商事案件标准的通知，明确将北京、上海、广州等大城市的基层法院管辖争议标的金额提高到5000万以下，并确定婚姻、家庭、继承、物业、人身损害赔偿、交通事故、劳动争议、群体性纠纷类案件原则上由基层法院审理。

短短几年时间,基层法院受案标的额提高了 10 倍,民事审判工作的重心也进一步下移。城市人民法庭作为传统民事案件审理的主力军,在处理案件尤其是在婚姻家庭类案件时,不少案件诉讼标的额达千万甚至更高,受案标的额增高趋势十分明显。

2. 群众法律意识较强,司法需求较旺。区域经济越发达,居民文化程度、法律意识越高。虽然近年来我国一直在努力缩小城乡差距,但不可否认这是一项长期且艰巨的任务。直辖市、省会城市的经济发展水平、居民文化程度均远高于一般城市及县乡,城市居民的法律需求、法律意识也高于农村,据我们调查,北京很多社区、机关、企事业单位、学校都定期邀请法律专业人员进行法治宣讲。以朝阳法院 7 个派出法庭为例,每个法庭平均每月赴辖区、学校进行法律宣讲 2.5 次,做客普法电台栏目 2 次,相当于法庭每周都有法官对人民群众进行普法宣传,从这一方面可以看出城市居民的巨大司法需求。

同时,在发生矛盾纠纷时城市居民选择诉讼途径的比例较高,大量纠纷转化为诉讼案件涌入人民法院,这也是我国目前大城市诉讼案件数量增长巨大的主要原因。以北京市朝阳区人民法院为例,近年来,朝阳法院收案量和结案量继续呈强增长态势,连续四年位居全市基层法院首位。2012 年全院收案数量达到 60670 件,在首都法院历史上首次突破六万件,收案数、结案数、全院人均结案数均居北京基层法院之首。在全部民事案件中,7 个派出法庭的收案量几乎占据了朝阳法院全部收案总量的四分之三。

表 4-1 北京市朝阳区人民法院派出法庭近 5 年民事收案量统计

单位:件

年度新收案件数	2010 年	2011 年	2012 年	2013 年	2014 年 1 至 11 月
派出法庭收案总数	24853	24438	24091	22264	24753
民口收案总数	34110	31674	32276	30811	33607
所占比例	72.9%	77.2%	74.6%	72.3%	73.7%

民事案件类型较多、情况复杂多变,文化程度较高的当事人不仅关注实体结果的公正与否,也更加在意程序上是否存在瑕疵。这就对城市人民法庭的法官能力提出了更高的要求。

3. 专业法庭数量增多,发展趋势明显。人民法庭审理案件的范围,一般限于婚姻、家庭、继承、交通事故、人身损害赔偿等传统民事案件。近年来,随着辖区发展的不同特点,不少省市法院根据自身辖区情况建立了具有专业特色的人民法庭,极大方便了人民群众诉讼。

比如 2012 年 6 月,福建省厦门市海沧区人民法院成立涉台法庭,厦门市各区的大部分一审涉台案件将在海沧区法院审理,终审在厦门中院审理,这是全国第一家成立的涉台案件专业派出法庭。北京市海淀区人民法院为了适应新形势的需要,在 2013 年 4 月 26 日正式成立了北京市第一家以审理知识产权案件为主的派出法庭——中关村人民法庭,其审理案件的范围包括:集中审理媒体、网络侵犯人格权案件,特许经营案件以及其他部分知识产权案件,法庭试行"三审合一",审理涉及知识产权的刑事和行政案件,同时中关村街道辖区的部分民事案件也纳入了审理范围;北京市顺义区人民法院针对城乡一体化进行中产生的涉拆迁问题,为了及时处理拆迁过程中产生的各类纠纷,在北京市首次设立"拆迁临时法庭",临时法庭处理所涉纠纷涵盖农村房屋买卖、分家析产、继承、相邻关系等数个类型,为拆迁工作的顺利开展提供了有力的司法保障。①

专业法庭的成立,能够有效利用、优化整合区域知识经济资源,充分发挥专业审判优势,提高审判效率,化解矛盾纠纷。

二、新形势下城市人民法庭的定位

(一)对新形势下司法环境的分析

随着社会和经济的不断发展,新形势下城市人民法庭的司法环境主要体现了三方面特点。

1. 城市化进程不断加快

随着我国经济高速发展,处在城市边缘的农村逐渐融入城市发展规划中去,多数地方出现了"农村变城市""小城市变大城市",以及"城中村"②的现象。本届政府又明确提出了城镇化的发展目标。在此过程中涉及各种利益调整,人民群众对人民法院保护其合法的人身财产权益有诸多要求和期待,使人民法院紧张的审判资源面临更加严峻的挑战。如何有效化解城市化进程中的社会矛盾和纠纷,积极稳妥地推进城市化进程,有效满足广大人民群众日渐增大的司法需求,是摆在人民法院面前的一个难题。

① 相关报道来源于《人民法院报》、中国法院网。
② 百度百科:从狭义上说,城中村是指农村村落在城市化进程中,由于全部或大部分耕地被征用,农民转为居民后仍在原村落居住而演变成的居民区,亦称为"都市里的村庄"。从广义上说,城中村是指在城市高速发展的进程中,滞后于时代发展步伐、游离于现代城市管理之外、生活水平低下的居民区。

2. 司法体制改革不断深入

继十五大报告提出"推进司法改革,从制度上保证司法机关依法独立公正地行使审判权和检察权"以后,十六大报告将"推进司法改革"演变成"推进司法体制改革",十七大报告提出了"深化司法体制改革"的要求,2012 年 11 月召开的党的十八大再一次强调"进一步深化司法体制改革",对全面推进依法治国作出重大部署,强调把法治作为治国理政的基本方式。2013 年 11 月召开的党的十八大三中全会,通过了《中国中央关于全面深化改革若干重大问题的决定》,对加强社会主义民主政治制度建设和推进法治中国建设提出明确要求。2014 年 10 月召开的党的十八届四中全会首次以全会的形式专题研究部署全面推进依法治国这一基本治国方略,通过了《中共中央关于全面推进依法治国若干重大问题的决定》,明确提出了全面推进依法治国的指导思想、总目标和五大基本原则。我国的司法体制改革在不断深入过程中。

3. 网络新媒体技术不断更新

随着网络办公、网络贸易、网络银行、网络购物、网络社区、网络学校、网络医院等的兴起,互联网被称为 21 世纪最耀眼的传播媒体,它集文字、声音、视频等多种形式为一体,从传播途径、速度、空间等方面比传统的报刊、广播、电视等媒体更加强大,对社会生产生活带来了巨大变革,也对司法工作产生了深刻影响。从宏观来看,网络信息与司法业务的加速融合,在推动司法公开、保证司法公正、促进司法为民、规范司法管理等方面都发挥着更加重要的作用,借助于互联网,人民法院的各项工作都可达到事半功倍的效果,如全面推进的司法公开三大平台建设;从微观来看,任何司法个案的审判执行情况,任何法院工作人员的言行举止,任何司法信息的发布披露,都可能引起群众的高度关注,都可能成为舆论焦点和公众话题,甚至可能被误读、被炒作。周强院长曾强调,自媒体的发展,人人皆可为记者,法官的一言一行、法官与当事人的每次接触,都可能因各种因素成为舆论关注的焦点。①

(二)新形势下城市人民法庭的四个定位

结合党的十八大以来对司法工作提出的新要求,人民法庭作为人民法院"基层的基层",新形势下应当在坚持"两便"原则的基础上,积极延伸审判职能,通过开展法治宣传、诉前调解等活动,不断满足人民群众日益增长的司法需求,"进一步发挥人民法庭便民的独特优势,当好司法为民排头兵"。② 我们认为,城市人民法庭应当把握以

---

① 《人民法院报》:最高人民法院院长周强在 2013 年 7 月全国高级法院院长座谈会上的讲话。
② 《人民法院报》:中央政治局委员、中央政法委书记孟建柱同志在第三次全国人民法庭工作会议上的讲话。

下四个定位：

1. 定位于人民群众矛盾纠纷的裁判基地

人民法庭的核心工作是审判,审判权的本质就是判断权,人民法庭通过行使审判职能来调节和平衡各种利益关系,最大限度化解社会矛盾纠纷。

当前社会矛盾多发、贫富差距较大,法院收案数量长期居高不下并呈连年攀升趋势。在城市区域,据统计,基层法院受理案件占总量的 60％以上,而人民法庭的收案量占人民法院收案量的比例基本上在 50％左右,个别法院甚至在 75％左右。从数据上来看,人民法庭已经成为大量矛盾纠纷的解决地。

以北京市朝阳区人民法院为例,7 个派出法庭自 2010 年以来,近 5 年审结的总数分别占据民口结案总数的 73％、77％、75％、73％、74％,结案所占比例长期居高不下,派出法庭平均每年审结约 24000 件案件,有效地化解了人民群众的矛盾,维护了辖区的稳定。

2. 定位于公民法治理念的教育基地

党的十八届四中全会公报提出,要推动全社会树立法治意识,深入开展法治宣传教育,把法治教育纳入国民教育体系和精神文明创建内容。

人民法庭是基层人民法院根据地区、人口、案件等情况在辖区内设立的,其职能除了审理辖区案件以外,还担负着辖区内普法教育、法治宣传等多项功能,这些都是人民法庭与法院其他业务庭室的区别。人民法庭与群众接触最多、最直接,是服务人民群众、宣传法治理念最好的窗口,通过公开审判、判后答疑、以案释法等方式,发挥好法律的评价和指引作用,增强人民群众的法治意识,引导群众养成办事依法、遇事找法、解决问题用法、化解矛盾靠法的良好习惯和法治思维。

以上海市嘉定区人民法院为例,该法院下设南翔、安亭、嘉北、嘉中 4 个派出法庭,在 2013 年共开展巡回审判 70 多次。以北京市朝阳区人民法院亚运村法庭为例,在 2013 年以多种形式开展法治宣传教育活动,累计开展主题公众开放日活动 2 次,模拟法庭 2 次,群众公开庭 5 次、专栏文章 12 篇,9 次专题讲座,5 次做客广播电台和电视台,15 次前往社区、学校进行法治宣讲。实际上这仍不能满足人民群众旺盛的司法需求。

当前我国处于第六个法治宣传教育五年规划(2011—2015)的后期阶段,人民法庭作为普法宣传的基层阵地,要实施好、贯彻好中央的法治宣传教育规划,切实贯彻落实四中全会的精神,积极蓬勃地开展法治宣讲活动,广泛传播法律知识,提高全民法律意识和法治理念,促进社会主义法治体系建设,使法律成为社会各界的共同信念和基本准则。

3.定位于专业法官的培养基地

随着以公正与效率为主题的司法制度改革的不断深入,司法活动正逐步变得越来越专业化和技能化,人民法庭工作的主客观条件都发生了很大变化,集中体现在案件类型更多、审理难度更大、工作任务更重以及队伍年轻化等方面,对法官司法能力、法庭管理理念都提出了更高的要求和挑战。这必然要求有与之相适应的高素质、高度专业化的法官来操持这项特殊的社会活动。

在锻炼培养专业型法官方面,人民法庭有很强的基层优势,包括平台优势和资源优势,它承担了最大量民事案件的审理,能直接把握社会发展中涌现出的涉法纠纷新情况、新动态,引导法官对某领域的典型案例和具体个案深入研究,锻炼法官的专业审判驾驭能力和娴熟的法律适用能力。

以北京市朝阳法院为例,为不断适应发展形势的变化和人民群众的司法需求,进一步促进队伍司法能力和审判质效的提升,在充分论证的基础上设置了民口三级调研机制,即核心调研组由民口部分庭室庭长或主管调研工作的副庭长组成,负责实施重点调研课题;骨干调研组由近年来在调研工作中表现较为突出的青年法官为主,具体开展调研任务的调查、统计、撰写、编辑工作;庭室调研组由各庭室结合自身情况成立调研小组从事调研工作。从人员组成来看,其中80%的成员均来自于人民法庭。自三级调研组成立以来,取得了一系列成绩,2014年11月由民口三级调研组参与编写的《人民法庭民事审判实务问答》一书由法律出版社正式出版。

随着司法改革的深入,法官员额制将对法官队伍提出更高的遴选要求。人民法庭要定位于成为专业法官的培养基地,要利用好法官的学历优势,服务好法官发展司法能力,培养一批在特定审判领域内理论素养高、实践经验足、能办精品案件的专家型法官,培养一批在审判业务、队伍建设方面积极开展调查研究、组织课题攻关、学术成果丰硕的研究型法官,培养和储备一批审判经验丰富、指导方法有效、工作热情较高的教学型法官,"真正让人民法庭成为审判骨干的成长基地、领导干部的选拔基地和晋职人员的培训基地"。[①]

4.定位于司法改革的实践基地

人民法庭是基层中的基层,是深化司法体制改革关键的关键。推进司法改革要从人民法庭改起,把法庭作为改革的"试验田"[②],把法治顶层设计的各项措施在基层落实落细。

---

① 《人民法院报》:中央政治局委员、中央政法委书记孟建柱同志在第三次全国人民法庭工作会议上的讲话。

② 最高人民法院院长周强在第三次全国人民法庭工作会议上的讲话。

从人员力量较强、工作机制成熟的人民法庭进行试点,把适用普通程序审理的案件,选取经验丰富的法官担任主审法官,配备必要数量的法官助理和书记员等审判辅助人员,组建审判团队,积极探索建立主审法官办案责任制;落实裁判文书公开、庭审公开、审判流程公开的各项要求,完善人民法庭审判管理机制,建立科学合理的评估指标体系,防止不合理的设计因素影响人民法庭工作开展。

人民法庭是各项司法改革措施的着力点和攻坚点。司法改革的各项措施,需要人民法庭去落实。随着司法改革试点工作进入实施阶段,落实到人民法庭的各项举措也逐渐曾多,这个过程中要充分发挥好人民法庭体量小、灵活度高的优势,在尊重司法规律的前提下开展好各项试点工作,在实践中总结经验,先行先试,对效果显著、切实有效的各项举措积极推进,为相关改革在法院系统铺开积累经验。

三、新形势下城市人民法庭的建设

当前,我国正处于全面建成小康社会和推进依法治国、全面深化改革的新阶段,人民法庭工作正处于科学发展的关键时期,新形势下城市人民法庭的建设要抓住司法体制改革的有利契机,从精神文化建设和基础设施建设两方面入手进行。

(一)城市人民法庭的现状

1.部分城市人民法庭的建设现状。近年来,人民法庭的建设工作不断深入。党委、政府加大了对人民法庭建设工作的支持力度,从经费、人员、编制等方面加大了投入和保障,城市人民法庭的建设工作出现了欣欣向荣的局面。

表 4-2 我国个别城市面积、人口、法院及法庭数量统计表

	面积 (×100km²)	常住人口 (×100万)	区县法院数量 (个)	派出法庭 (个)
北京	164.11	20.7	16	69
天津	119.47	14	12	65
上海	65.01	23.81	18	36
广州	74.34	12.8	12	27

以北京、天津、上海和广州的人民法庭建设工作为例。截至 2013 年初,北京市面积 16411 平方公里,辖区人口已达 2070 万人,全市 16 个区县级法院,共设置了 69 个派出法庭(目前正式对外办公的有 61 个),2012 年在山区农村新设 6 个人民法庭,并对 33 个人民法庭进行了改扩建,便利了群众诉讼,改善了群众诉讼条件;天津市面积 11947 平方公里,常住人口已达 1400 万人,全市 12 个区县级法院,共设置了 65 个派

出法庭,2012年新建改建了43个人民法庭,并大力推行社区法庭、巡回法庭、假日法庭、诉讼服务站等便民利民措施;上海市面积6501平方公里,常住人口总数已达2381万人,全市17个区县级法院和1个海事法院,共设置了36个派出法庭,2012年增设了2个人民法庭,同时积极推进诉调对接、立案、执行等职能向人民法庭延伸;广州市面积7434平方公里,常住人口已达1280万人,全市12个区县级法院,共设置了27个人民法庭,在省会城市的人民法庭建设工作中走在了前列。

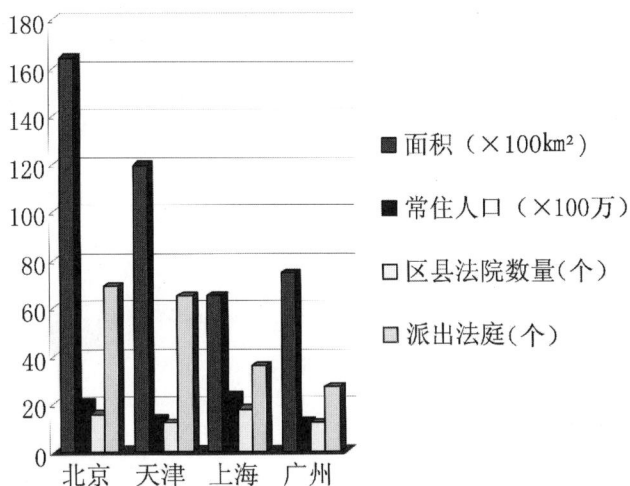

图4-1 我国城市面积、人口、法院及法庭数量分布示意图

2010年11月1日起,正式实行《人民法院法庭建设标准》从法庭房屋建筑、场地和建筑设备三部分规范了人民法院今后一段时间审判法庭和人民法庭的建设工作。虽然人民法庭的建设工作受到了越来越多的重视,但是不少人民法庭的基础设施建设仍存在基础差、底子薄、欠账多的问题,真正达到《人民法院法庭建设标准》要求的人民法庭实际只占很小的比例。

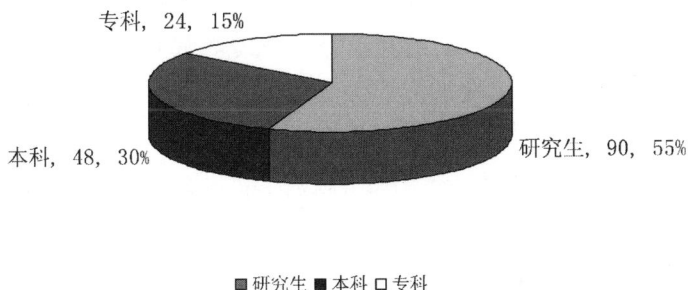

图4-2 北京市朝阳区人民法院派出法庭人员学历分布图

2.法庭审判队伍构成现状。随着诉讼案件数量的快速增长,法官的审判任务越来越重。为了缓解案多人少的尖锐矛盾,一大批具有专业知识的法学毕业生不断充实到了基层法官队伍,逐渐成长为法院各项工作中的中坚力量。青年法官大多集中在审判一线,审判一线法官大多集中在人民法庭。

以北京市朝阳区人民法院全部派出法庭人员学历和年龄为例,派出法庭共计161名法官,其中,具有硕士研究生学历(含在职研究生和党校学历)有90人,占派出法庭法官的56%;本科学历(含在职本科和党校)有48人,占30%;专科学历有24人,占14%。一线审判人员高学历化、专业化趋势十分明显。

对比北京周边的河北省三河市燕郊人民法庭,该法庭辖区面积124.8平方公里,常住人口30万人,流动人口29万人,全庭干警共有20人,平均年龄31岁,其中具有硕士学历的1人,本科学历的15人,专科学历的4人。

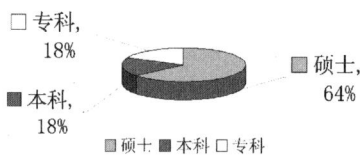

图 4-3 双桥法庭

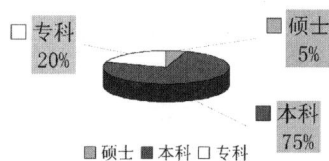

图 4-4 燕郊法庭

双桥法庭辖区离燕郊法庭辖区较近,可以对比该两个法庭的学历情况。

通过对比可以看出,双桥法庭中硕士学历占据了较高的比例,燕郊法庭中本科学历所占比例较大,北京市人民法庭的学历优势明显。一般来说,一个地区、城市经济水平越发达,人民法庭组成人员的学历往往越高,其专业化程度也就越强。同时,根据统计,朝阳法院全部派出法庭法官(含事业编和聘用制书记员)的平均年龄为30.3岁,人民法庭队伍年轻化趋势十分明显。

3. 当前城市人民法庭普遍面临的几个问题

当前人民法庭普遍存在三方面的问题。一是案多人少的矛盾较为突出。例如上海市嘉定区人民法院四个派出法庭有审判人员20名,占全院干警总数的8.3%,审结案件数却占全院审结案件数的28.81%(2012年数据);二是人民法庭法官疲于办案。比如朝阳区人民法院派出法庭有审判权的审判人员共84名,2013年共审结22298件案件,审均结案率266件,远高于全院平均水平,法官工作压力大;三是人民法庭法官职业保障有待加强。人民法庭地处基层,警力安保力量较为薄弱,大多数当事人能够遵守法庭秩序,但个别当事人辱骂、威胁法官的现象仍有发生,法官出于工作繁忙、警力薄弱、强制措施手续烦琐等原因,选择隐忍当事人个别的不当行为。这些问题都是新形势下人民法庭建设工作中亟须解决的。

（二）人民法庭精神文化的发展与建设

法庭精神文化对法庭建设具有积极的推动作用。在新形势下人民法庭各项工作能不能上一个新台阶,首先在于是否具备现代化的司法意识和理念,说到底就是能否铸造一种先进的法庭文化。法庭文化是法官群体的共同价值观念,是法庭全体成员参与审判与管理实践的结果。因此,法庭文化的建设工作,必须从能够引导法官的自觉公正行为出发,从能够培育法官的法律思维、法律语言、审判技能出发,从激发法官的积极性、主动性、创造性出发,最大限度地促进审判工作的发展。

1. 在新形势下传统老民事审判精神的继承与发展。传统老民事精神形成的最直接渊源是人民法庭在审判实践中逐渐形成的"马锡五审判方式",即在长期的民事审判工作中,从众多的民事审判人员身上和众多的民事案件审理中归纳总结的,以忠于职守、埋头苦干、任劳任怨、依靠群众、调查研究、深入实际、化解纠纷、"代执行"、心系百姓为实质内容的一种传统民事司法理念,也是民事审判人员思想品质和民事案件审理过程中办案理念的综合体。长期以来,人民法庭不断坚持和延续着老民事精神,提升了法院在人民群众中的地位和形象,收到了良好的法律效果和社会效果。

随着我国经济社会的快速发展和人民群众法治意识的不断增强,尤其是考虑到城市人民法庭在新形势下的功能定位,我们认为传统老民事审判精神已不能涵盖当前城市人民法庭民事审判工作的新局面,针对当前日益繁重复杂的民事审判任务,新形势下的民事审判工作应在不断挖掘、弘扬传统老民事审判精神的同时,进一步融合司法实践中新情况、新问题,总结新的民事审判精神。

(1)坚持法治精神。法治精神是全面推进依法治国的巨大动力,其价值追求是公平正义,在民事审判中的体现就是司法公正与司法公信。党的十五大提出"依法治国"方略,十七大提出"弘扬法治精神",十八大提出"不断提高司法公信力"和"不断开创依法治国新局面"的新形势下,法治建设工作逐渐从法律制度层面深入到法治精神的内涵。司法公信力来自于民事审判忠诚于法律,来自于司法公正。

(2)秉承科学精神。科学精神的核心是实事求是,灵魂是改革创新。民事审判工作是从证据推断、作出相应裁判的过程,这种活动是秉承科学精神、尊重司法规律的行为。由于法律具有滞后性,这就要求法官在新问题面前,要善于在原有的法律规定基础上妥善创新。

(3)融入人文精神。人文精神的含义是重视人的价值,尊重人的尊严和权利,其核心是以人为本。在中国古代,就有司法活动应当坚持以人为本的思想,西周的"明德慎罚"思想、儒家阐发的"仁政"思想以及"亲亲得相首匿"、矜恤老幼妇残、慎待死刑等司法原则与制度对后世司法理念与实践的发展具有深远意义,司法中体现人文精神的内容日益丰富。现代民事审判是一项调节当事人之间利益分配的活动,通过适用和解释法律来化解当事人之间的矛盾纠纷,以此实现维护人民群众合法利益,满足人民群众法律需求的目的。在民事审判中,弘扬人文精神有助于提升司法亲和力和司法公信力。

2.人民法庭精神文化建设的具体内容。精神在文化的土壤内成长,贯穿于文化始终,但反过来,又对文化的发展有很大的影响。从城市人民法庭的民事审判精神出发,应该做好三方面的文化建设。

(1)加强法治文化建设。人民法庭的审判活动是普及和推广法律知识的平台,通过审判活动来教育公民自觉地遵守法律,有助于公民法律意识的提高和良好法治环境的营造。新形势下法治建设工作面临着人们日益增长的司法需求同有限的司法资源之间的矛盾,要解决好这一问题,关键是要在审判工作与推进法治文化建设之间寻求一个最佳的结合点和平衡点,开拓出法治文化建设工作的新思路,在做好法律宣传、诉讼指导、普法讲座、人民调解指导工作、巡回审判、庭审观摩等传统活动的同时,加强与新闻媒体的沟通和网络媒体的运用,通过媒体对个案审判活动和法院其它方面工作进行宣传,切实落实好人民陪审员制度和公开庭审活动,以审判活动为依托进一步促进法治文化建设工作纵深发展。

(2)加强审判文化建设。人民法庭的工作是以审判为中心,法庭文化建设应突出浓厚的审判特色,审判文化建设要围绕法官进行。在注重审判质效的同时,着力于提升法官的可持续发展能力。从组织需求、岗位需求和个人需求等多方面入手,加快"学习型法庭"的建设和"专家型法官"的培养,陶冶法官情操,加强法官修养,从根源上提高法官防腐拒变的能力,杜绝司法腐败,保证司法公正的实现。

(3)加强人本文化建设。以人为本是文化建设的重要原则,新形势下人民法庭在文化建设中要做到以群众为本和以法官为本。要打造以群众为本的为民文化,完善为民机制,创新为民举措,深化为民理念,尊重群众主体地位,推出包括立案引导、诉前调解、审判公开等行之有效的便民利民制度,推出片区法官、社区法官等品牌服务,定期举办"法律文化活动节","司法爱民月"、和"法庭开放日"等活动,倾听群众对法庭工作的意见和建议,切实加强和改进涉及民生问题案件的审判工作,着力解决人民群众最关心、最直接、最现实的利益问题。通过长期的熏陶,使为民司法成为法官的自觉行为。要打造以法官为本的管理文化,尊重法官,强化服务,在管理中注重通过服务为法官减负减压;依靠法官,民主管理,积极搭建法官会议等以法官为主体的审判工作交流平台,增强审判管理的民主性;爱护法官,科学管理,建立信访剥离机制,让法官能更加心无旁骛地办案。

(三)人民法庭基础设施建设

随着社会不断地改革与发展,人民群众法律意识和司法需求的不断增强,人民法庭建设的现状逐渐不能满足人民群众的期望和要求,因此各级法院都开始注重人民法庭的建设。以北京市朝阳区人民法院为例,近年来以"注重服务大局,推进选址改造工作""注重司法为民,突出便民设计理念""注重便利审判,实现优势资源互补""注重素质培养,营造法庭特色文化"的"四个注重"为思路,大力推进人民法庭基础设施建设。

我们认为,围绕人民法庭的四个定位,从实际需求出发,人民法庭应该做好"三区一平台"的设置建设工作。

1.建设当事人诉讼服务区。人民法庭是人民法院司法工作的一面镜子,设置人民法庭的初衷在于便于当事人参加诉讼,建设好当事人诉讼服务区,做好当事人诉讼服务工作,对于缓和社会矛盾、改善基层干群关系有着重要的作用。

(1)建设立案点服务区。立案是当事人进行诉讼程序所接触的第一个环节,是人民法庭向当事人展示司法形象的第一个窗口。为了给当事人提供快捷高效的立案服务,人民法庭应多举并措,积极探索预约立案、网络立案等措施,切实做好当事人立案服务工作。主要内容应当包括立案窗口"一站式"[①]服务、立案文件格式化指导、推进网络立案建设工作、研究推进智能立案系统[②]等。

(2)建设诉讼安检、等待区。当前社会处于转型期,各种社会矛盾突出,部分法院曾发生多起安全事件,给法院审判工作造成了恶劣影响,一般来看人民法庭天然存在警力不足,安保薄弱等因素,在增加审判工作透明度,以公开促公正的同时,对于进入法庭的人员进行严格的安全检查非常必要,以保障审判人员、当事人、诉讼参与人、证人和旁听人员的安全,维护人民法庭正常的审判工作秩序。包括设置严格安检区、值班监控室、隔离等待区、证人候庭室等。

(3)建设诉讼自助服务区。当前,我国紧缺司法资源同人民群众司法需求之间存在较大的差距,这已成为影响人民群众对法院司法工作满意度和认可度的一个重要因素。为了缓解司法资源供需之间矛盾,加强人民法庭的诉讼自助区域建设是一条行之有效的途径。主要包括设置便民利民区[③]、配备触摸式查询设备、自助扫描打印复印一体设备、生效证明自助开具设备[④]等。

(4)建设法庭科技审判区。审判区域是法庭核心功能区域,应当秉着便利于法官审理案件、便利于当事人参加诉讼的原则进行建设。新形势下人民法庭利用网络新科技,创新庭审模式,是未来审判活动发展的一种趋势。建设现代化、数字化审判区,

---

① 包括设置专职导诉员,提供诉讼服务、咨询服务、立案审查等。

② 设置网络诉讼端口,立案的时候告知当事人案号和密码,当事人通过网络访问法庭的政务平台,直接办理联系法官、预约阅卷、查询进度等诉讼事务。

③ 张贴格式法律文书供当事人参考,提供纸、笔、胶水、老花镜、桌椅、饮用水、一次性水杯等便民利民设施,可参考各商业银行网点服务区的相关设置。

④ 裁判文书送达后,经过法定期限当事人未上诉,承办人可在审判系统内点击生效按钮,当事人及代理人通过电话、网络查询文书已生效信息后,不须再预约法官便可随时到庭通过案号和密码在自助开具终端上打印生效证明,同时节省了法官和当事人的时间。

是贯彻"两便原则"的新探索,能最大限度地方便当事人诉讼,使法庭审判工作不断向前发展和进步,使司法工作不断跟上社会经济发展的新要求。包括在法庭内设置合理大小的旁听区、媒体区、合议室,配备数字化庭审控制系统①等。

(5)建设法庭功能区。功能区建设旨在为当事人及代理人提供诉讼便利、化解矛盾纠纷,具体包括设置律师阅卷室、人民调解室、接待谈话室等。

2.建设群众法律服务区。随着社会经济的高速发展,人民群众的法律意识越来越强,在相互的社会行为和法律行为中,所涉及的法律需求涉及方方面面,越来越多。为了尽可能减少诉讼纠纷,充分发挥人民群众自我解决矛盾的能力,有效避免司法资源浪费现象,建立健全综合型、体系化、覆盖诉前到诉后的群众法律服务区的需求日益迫切。

(1)建设普法宣传室。人民法庭内设置普法宣传室,同时与街道、司法所合作设置社区法律咨询室,摆放法院或法庭先进法官的事迹展示牌、法律法规宣传手册、便民利民指导手册、法庭与辖区街道制作的报纸期刊等,采用"法官走出去、群众请进来"的模式,定期邀请人民群众、人民调解员、居委会工作人员来到法庭,或法官前往社区、司法所、学校、企业等,开展法律讲座、宣讲法律知识、接受法律咨询,定期举办"法律文化活动节"、"司法爱民月"和"法庭开放日"等主题体验活动,推动辖区群众的普法教育工作。

(2)建设社区法官工作站。人民法庭与街乡司法所、基层民调组织合作,建设社区法官工作站,让社区和法官结对子,法官定期进社区走访群众、听取意见,帮助社区民调组织排查化解矛盾纠纷、指导人民调解员进行业务培训。社区法官工作站具有扎根基层、直面群众的优势,能将矛盾预防化解的关口进一步前移,对潜在矛盾纠纷也能早发现、早化解,同时社区法官工作站使法院"最后一道防线"与人民调解"第一道防线"有机联系起来,通过现场示范调解、答疑解惑,通过"以案说法"、专题培训,不仅提升了人民调解的法制含量,也成为基层调解员最直观的学法平台,有助于提高基层调解员的实务能力。

(3)建设诉讼案件公开区。十八届三中全会后,司法公开三大平台建设已经提上了日程,裁判文书的公开即将实现,而审判流程和执行信息网上公开的工作正在推进中,司法全面公开将成为司法改革的突破口。人民法庭作为贯彻落实司法公开的具体单位,应当积极利用现有可用资源,探索有效途径,逐渐做好司法公开的推进工作。

---

① 通过视频语音连接隔离等待区、证人候庭室,方便传唤证人、当事人入庭;"一键式"报警功能,以防止审判过程中的突发事件等。

主要包括典型案例及裁判文书示范区①、庭审公开区②、诉讼信息及讲座公开区③等。

3.建设法官文化活动区。法庭文化是法官群体的共同价值观念,建设好法官文化区,不管是从生活角度还是工作角度、从物质方面还是精神方面,都能够正确引导和激发法官的自觉公正行为,充分激发法官和全体工作人员的积极性、主动性、创造性,最大限度地促进审判工作全面发展。

(1)建设法庭图书阅览室。结合审判实际和干警需求,购置相关书籍,加强法庭的精神文化建设,打造"学习型法庭"。一是可以帮助干警充电学习新出台的法律法规,提高审判人员办案能力;二是可以帮助干警扩大阅读视界,陶冶个人文化情操。比如北京市朝阳区人民法院亚运村法庭自2014年组建了"悦读会"读书活动,每月开展一期读书活动,通过全庭干警选择、推荐书目,确定一名干警作为当期主讲人,起到了良好效果。

(2)建设法庭荣誉室。设置荣誉墙,记录干警的感人故事和优秀事迹;设置荣誉书架,展示干警出版(发表)的相关作品及获得的相关荣誉;设置特色文化区,将干警优秀的书法、绘画、摄影作品进行展览。通过荣誉的展示,可以增强干警的荣誉感,激励干警在工作岗位上创造更好的成绩。

(3)建设法庭文体活动室。法庭工作强度高、办案压力大,有时会影响干警的身心健康。建立和完善文体活动场所,配置相关器材和设施,为广大干警缓解工作压力、保持身心健康提供良好条件。积极开展多种形式的健身运动和文艺活动,比如开设心灵SPA等心理辅导相关课程,开展庭室内部乒乓球、排球比赛,丰富干警文化生活,充实法庭文化内涵。

4.建设审判网络信息平台。审判网络信息平台有助于提高审判效率,促进司法公开,节省司法资源,减轻当事人诉累,通过现代网络信息技术,不断完善审判流程公开、裁判文书公开、执行信息公开三大平台的互动功能、服务功能和便民利民功能。

(1)建设诉讼案件政务平台。以当前积极推进的审判流程公开为契机,建立统一的诉讼案件政务平台,支持通过智能手机APP、平板电脑客户端进行访问,平台设有人大代表、政协委员、当事人以及社会公众等不同通道,登录后可申请旁听庭审、便捷查询有关法律法规、司法文件、典型案例以及其他司法公开信息,同时可通过文字、图片、视频等及时了解法庭的各项工作情况;诉讼当事人还可实现预约立案、查询案件进程以及部分裁判文书等功能。

(2)建设网络新媒体服务平台。一些具有较大社会影响的案件,有时因为审理环

---

① 从群众关注的民生热点问题出发,选取典型案例及判决制作成宣传栏、展示板、易拉宝等,张贴或悬挂于人民法庭内部或外围专门区域。

② 加强法庭的庭审视频、网络直播工作建设,同时运用新闻发言人制度、与媒体合办栏目等方式,把司法通过媒体公开给社会。

③ 定期把法庭即将开展的法律宣传、法律专题讲座等活动予以告知,引导群众积极参与。

节公开透明力度不够,容易引起被动的网络舆情,为此不少人民法院开设了官方微博、微信公众账号,针对热点、焦点案件及时回应社会关切,适时引导舆情走势,取得了较好效果。新形势下充分利用新媒体优势,加快司法业务和新媒体的融合,将新媒体打造成集"审判公开、新闻发布、亲民便民、普法宣传以及舆论引导"五位一体的服务平台。

(3)建设电子送达平台。为了提高工作效率,减少诉讼成本,新民事诉讼法增加了电子送达的相关规定。目前法院向当事人送达诉讼材料首先采取的是通过电话通知当事人到庭领取,有时当事人不方便记录,希望法官往其手机发送短信告知相关内容,因法庭电话无此功能,有时出现当事人没记清、遗忘等造成二次领取的情况,给当事人带来一些不便。有时当事人未接到电话,打回来时法官在外出调查或开庭又无法接到电话,法官无法第一时间联系上当事人通知其案件进展。为了解决这个问题,可以以庭室为单位,建立统一的电子送达平台,由统一的电话号码、传真号码、电子邮件地址,按当事人自己提供的地址确认书中的电话、邮箱等,通知当事人到庭时间地点,告知程序性内容,可以有效提高法院工作效率,减少当事人讼累。

结　语

长期以来,人民法庭取得了骄人的成绩:通过审判活动,进行了法治宣传教育,生动地诠释和演绎了法律,提高了广大群众的法治理念,让人民群众在具体个案中感受到了公平正义;通过公正高效地审理大量案件,确保国家法律的贯彻实施,有力维护了社会的公平正义;通过诉讼调解和指导人民调解等多种途径,积累了具有中国特色的化解群众矛盾纠纷的经验方法,使大多数矛盾化解在基层、化解在诉讼前;通过积极拓展审判职能,探索出一系列司法便民、利民和护民的新举措,使人民群众深刻感受到"人民司法为人民"的光荣传统;通过多年的锻炼和培养,造就了一支甘于奉献、淡泊名利、顾全大局、不计得失的优秀法官队伍,确保了党的司法事业的后继有人和长远发展。

人民法庭的工作是法院工作的基础,是司法为民的重要窗口,是政法战线的前沿阵地,同时也是我国司法体制改革的着力点和攻坚点。由于我国各地经济发展水平不同,不能强求人民法庭的建设工作按一个标准来进行,只有结合本地实际情况和审判要求,积极探索,勇于改革,开拓创新,才能建设好、维护好、发展好人民法庭的各项工作。在新形势下,进一步加强人民法庭建设,充分发挥其职能作用,对于创造和谐稳定的社会环境,减少社会矛盾和冲突,促进社会全面协调可持续发展,确保中华民族的司法梦、法治梦的实现具有十分重要的意义。

第 五 章

人民法庭职能的调查研究

——以位于贵州省黔南州的人民法庭为视角

人民法庭职能调研课题组*

2014 年 7 月 8 日,最高人民法院召开了第三次全国人民法庭工作会议,在会上,孟建柱对人民法庭的作用进行了强调,他认为要"进一步发挥人民法庭便民的独特作用,当好司法为民的排头兵",周强对人民法庭工作提出了要求,他认为"加强人民法庭工作,更好地满足人民群众的司法要求"。从会议的精神来看,人民法庭工作只能加强,而不能削弱。加强人民法庭的工作,首先应当对人民法庭的现有职能情况进行摸底调查,通过对位于贵州省黔南州的人民法庭现有职能的调研分析,提出了西部边远落后地区的人民法庭在新形势下的功能定位的参考建议。

黔南布依族苗族自治州位于贵州省中南部,是多民族聚居地,有汉、布依、苗、水、壮、侗、毛南、仡佬等 37 个民族,总面积 26197 平方公里,总人口 323 万,其中汉族人口为 142 万人,占 44%;少数民族人口为 181 万人,占 56%。黔南州共设有人民法庭76 个,实际开展工作的只有 53 个,现就这 53 个人民法庭的职能情况进行分析。(全文单位说明,案件数的单位为件,人民法庭数量的单位为个,人数的单位为人等等。图表中单位在正文中体现,以上包含本数,超过和不满不包含本数)

一、人民法庭职能的基本现状

(一)司法职能

经过调研,我们把得到的实际情况进行梳理后,认为人民法庭的现有职能可归纳

---

* 王亮海,课题组组长,贵州省黔南州中级人民法院院长。田军,课题组副组长,贵州省黔南州中级人民法院副院长。李雪莹,课题组副组长,贵州省黔南州中级人民法院副院长。兰美海,课题组成员,贵州省黔南州中级人民法院研究室主任。田一铭,课题组成员,贵州省黔南州中级人民法院民一庭庭长。兰美海,课题组联系人。

为三类,一是司法职能,二是交叉职能,三是分外职能。下面依次阐述。

1. 立案职能

(1)收案数量。全州人民法庭的收案数量呈逐年上升趋势,2011年收案4497件;2012年收案5271件,比上一年增加17.21%;2013年收案5862件,比上一年增加11.21%。以2013年为例,53个人民法庭平均收案为110.60件。详见图5-1。

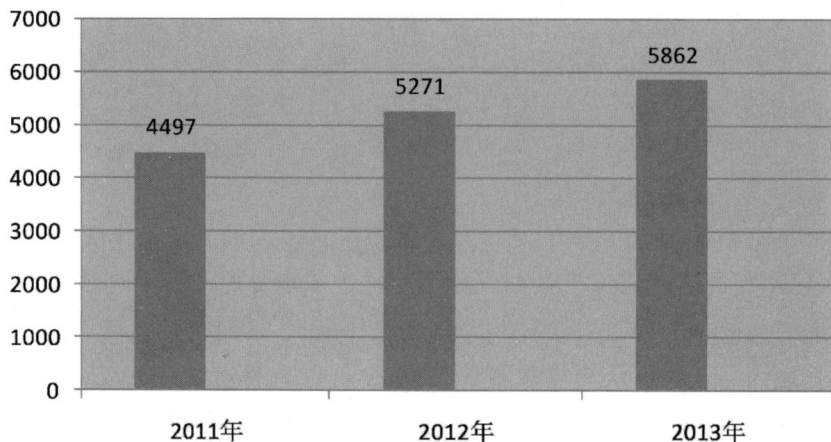

图5-1　人民法庭收案情况

人民法庭的收案与12个基层人民法院的收案相比,每年约占全法院收案的三分之一。全州人民法庭的总人数为167人,全州人民法院的总人数为862人,人民法庭总人数占法院总人数的19.37%。也就是说,五分之一的人做了三分之一的工作。详见图5-2。

各人民法庭每年的受理案件数不均衡,以三年的平均值计算,受理案件数不满100件的较多,有33个,占实际开展工作的人民法庭总数(三年的平均个数为52个)的63.46%;100件以上不满200件的有15个,占人民法庭总数的28.85%;200件以上不满300件的有2.67个,占人民法庭总数的5.13%;300件以上的有1.33个,占人民法庭总数的2.56%。到2013年,受理案件数不满100的人民法庭数量在减少,受理案件数在100件以上的人民法庭数量在增加。详见图5-3。

(2)收案类型。人民法庭受理的案件类型有民事案件、刑事自诉案件、执行案件、其他案件等。以2013年为例,共受理案件5862件,其中民事案件5678件,占受理案件总数的96.86%,这个调研结果,与其他学者得出的"人民法庭受理案件基本为传统民事案件"的结论有相似之处;[1]执行案件为180件,占受理案件总数的3.07%;刑

---

[1]　高其才、黄宇宁等:《人民法庭的案件受理》,载《云南大学学报(法学版)》2007年第1期。

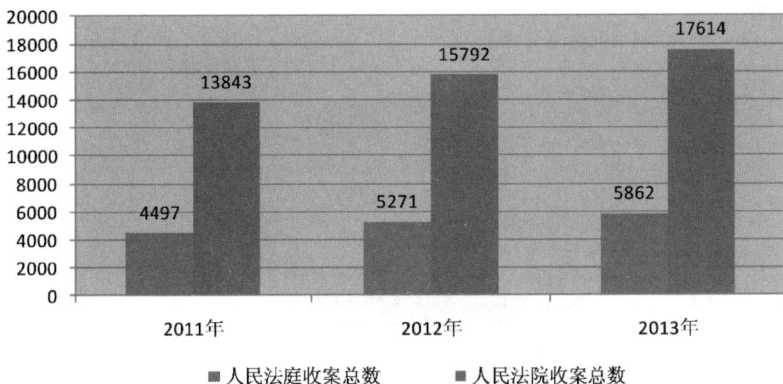

图 5-2

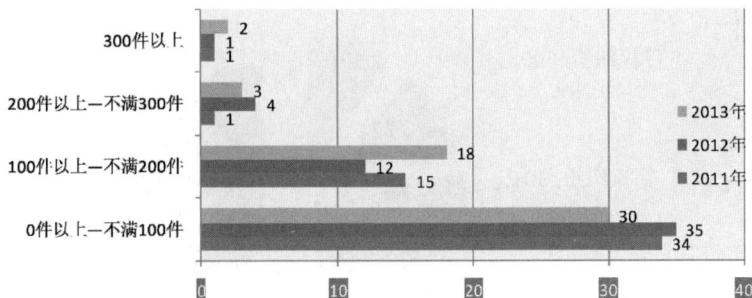

图 5-3

事自诉案件为 1 件,占受理案件总数的 0.02%;其他案件为 3 件,占受理案件总数的 0.05%。详见图 5-4。

(3)民事收案类型。从前述内容可知,人民法庭受理的案件,主要是民事案件,有必要了解一下民事案件的类型,这些类型有离婚纠纷、继承纠纷、合同纠纷、物权纠纷、侵权纠纷、其他纠纷等。以 2013 年为例,共受理民事案件 5678 件,其中离婚案件为 2668 件,占民事案件总数的 49.99%;继承纠纷为 71 件,占民事案件总数的 1.25%;合同纠纷为 1444 件,占民事案件总数的 25.43%;物权纠纷为 301 件,占民事案件总数的 5.30%;侵权纠纷为 609 件,占民事案件总数的 10.73%;其他纠纷为 585 件,占民事案件总数的 10.30%。详见图 5-5。

2. 审判职能

(1)审判程序。人民法庭受理的案件虽然较为简单,在审理时一般适用简易程序,但是也有一部分案件适用普通程序,还有一部分案件适用特别程序。以 2013 年

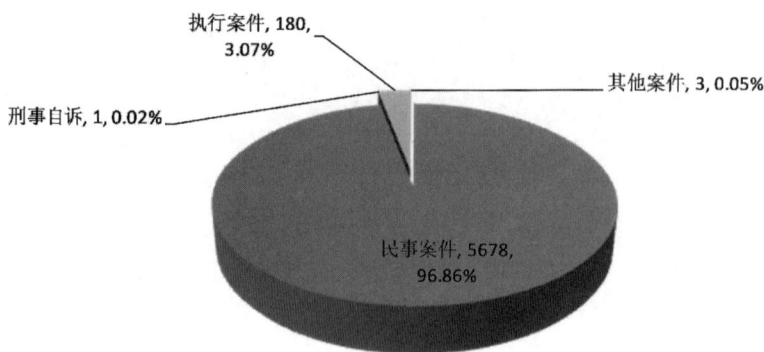

执行案件，180，
3.07%

其他案件，3，0.05%

刑事自诉，1，0.02%

民事案件，5678，
96.86%

2013年案件类型

图 5-4

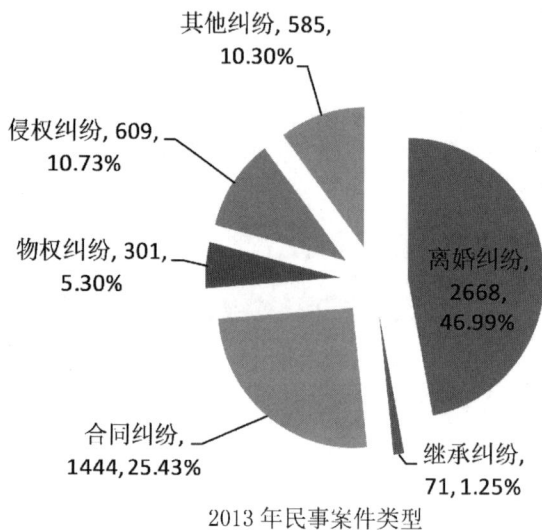

其他纠纷，585，
10.30%

侵权纠纷，609，
10.73%

物权纠纷，301，
5.30%

离婚纠纷，
2668，
46.99%

合同纠纷，
1444，25.43%

继承纠纷，
71，1.25%

2013年民事案件类型

图 5-5

为例，在审结的 5737 件案件中，适用简易程序的有 5667 件，占结案总数的 81.52%；适用普通程序的有 911 件，占结案总数的 15.88%；适用特别程序的有 149 件，占结案总数的 2.60%。详见图 5-6。

（2）结案方式。人民法庭处于司法的最前线，认真贯彻了"调解优先、调判结合"的司法原则，充分发挥司法调解在维护社会稳定进程中的重要作用。严格遵循案结事了的原则处理案件，尽可能地做好双方当事人的调解工作，使纠纷得到彻底的解决，促进农村的和谐稳定。以 2013 年为例，在审结的 5737 件案件中，以调解方式结案的有 2863 件，占结案总数的 49.90%；以撤诉方式结案的有 1271 件，占结案总数的 22.15%；以判决方式结案的有 1426 件，占结案总数的 24.86%；以执行程序结案的

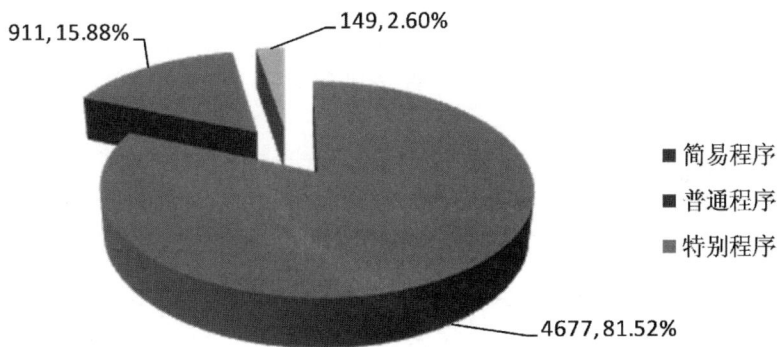

911,15.88%　　　　149,2.60%

■ 简易程序
■ 普通程序
■ 特别程序

4677,81.52%

图 5-6

有 177 件,占结案总数的 3.09%。详见图 5-7。

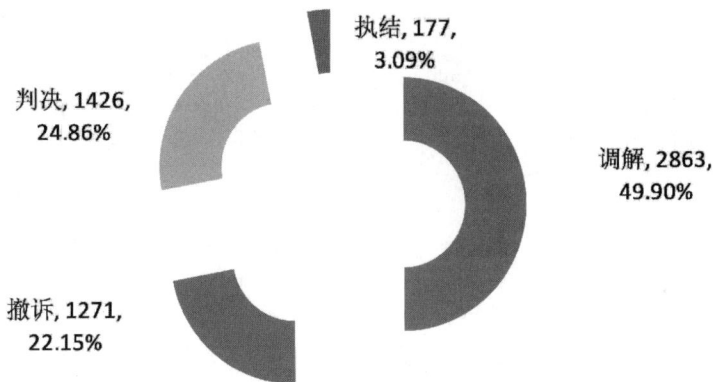

执结,177,
3.09%

判决,1426,
24.86%

调解,2863,
49.90%

撤诉,1271,
22.15%

图 5-7

(3)结案率。由于人民法庭受理的案件相对简单,一般都能以最快的方式结案,除个别案件外,绝大多数案件都能在当年结案,而且结案率都较高。以 2013 年为例,总结案率为 97.87%,各人民法庭之间的结案情况不相同,最低结案率与最高结案率占的比例较大,做到百分之百结案的人民法庭有 26 个,占 53 个人民法庭的 49.06%;结案率不满 95% 有 10 个,占 53 个人民法庭的 18.87%。详见图 5-8。

(4)审判效果。人民法庭审判的效果如何,主要表现为当事人服判息诉的情况,一审服判息诉率越高,说明案件质量越好,人民群众越满意;一审服判息诉率越低,说明案件质量越差,人民群众不满意的程度就越大。以 2013 年判决的 1426 件为例,总的一审服判息诉率为 95.75%,其中做到 100% 服判的,只有 6 个人民法庭;一审服判率息诉率不满 95% 的最多,有 12 个,占 53 个人民法庭的 22.64%;大多数人民法庭

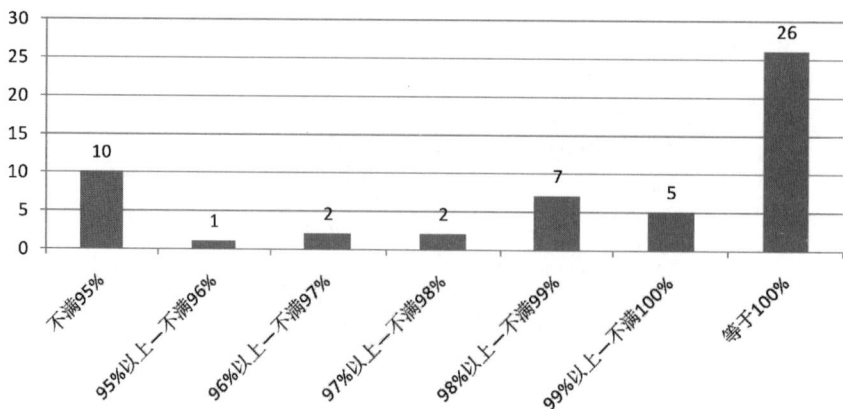

图 5-8

的一审服判率息率在 96％至 98％之间。详见图 5-9。

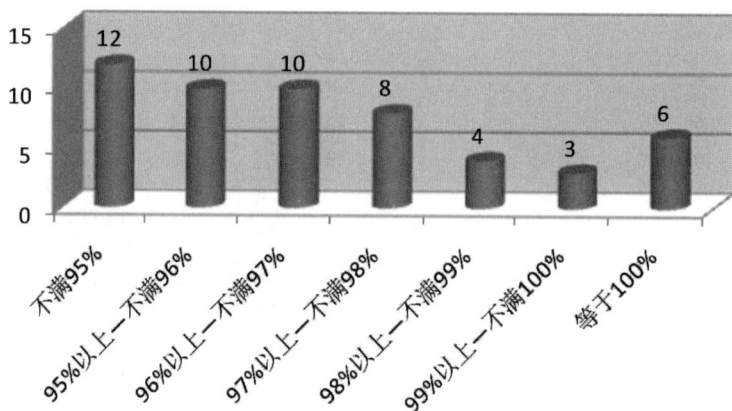

图 5-9

（5）巡回审判。人民法庭遵循为民司法的理念，不断提高为民司法的质量，经常采用巡回审理的方式，方便群众诉讼，减轻当事人诉讼成本。2013 年审结的 5737 件案件中，采用巡回审判的有 1653 件，占结案总数的 28.81％。当然，由于各人民法庭的实际情况不同，采用巡回审判的案件数也不同，一年巡回审判 50 件以上的人民法庭有 8 个，占人民法庭总数的 15.09％，其中有个别人民法庭巡回审判的案件数高达 167 件；巡回审判不满 10 件的人民法庭有 11 个，占 20.75％，其中有三个人民法庭没有巡回审判过案件。详见图 5-10。

3. 执行职能

全州人民法庭执行案件主要有三种模式，第一种是统一由法院执行局执行，第二

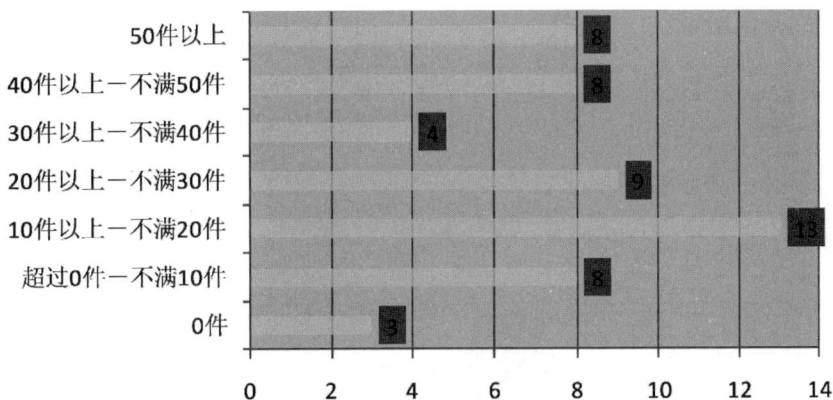

图 5-10

种模式是难度小的执行案件由人民法庭自己执行,其他案件由法院执行局执行,第三种是全部执行案件由人民法庭自己执行。近三年来人民法庭履行执行职能的情况是:2011 年执结 188 件,2012 年执结 263 件,2013 年执结 177 件,每个人民法庭平均执结案件 4 件左右。详见图 5-11。

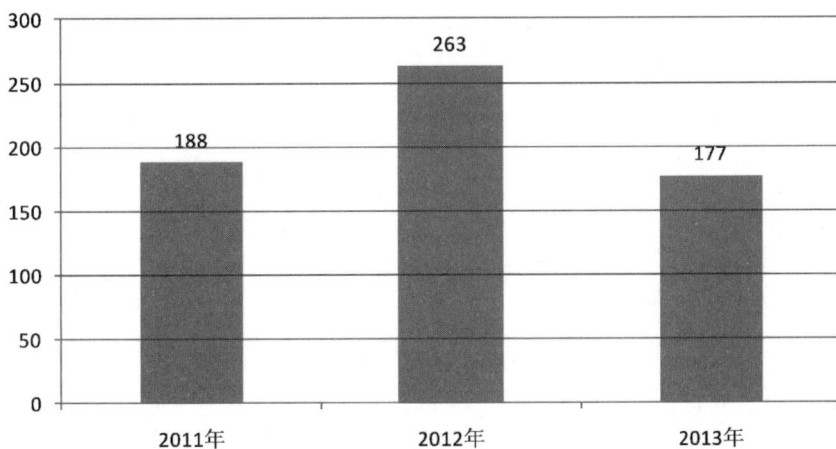

图 5-11

(二)交叉职能

交叉职能是指由多个不同的部门来完成的职能,这样的职能并不是法院的专有职能,这样的职能其他部门也存在。交叉职能主要包括综合治理职能、指导职能、普法职能和诉前调解。

1. 综合治理职能

参与社会综合治理是人民法庭的一项重要职能,参与了此项职能的人民法庭有47个,占人民法庭总数的88.68%。有6个人民法庭未履行此项职能,占人民法庭总数的11.32%。其中参与基层社会综合治理的次数超过0次不满10次的人民法庭数最多,达到38个,占人民法庭总数的71.70%。详见图5-12。

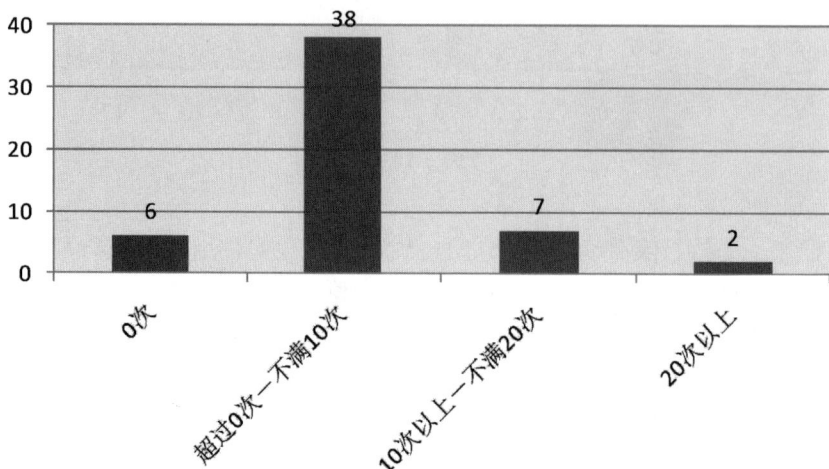

图 5-12

2. 指导职能

根据人民法庭的职能要求,人民法庭对人民调解组织负有指导义务,许多人民法庭或多或少地履行了义务,只是指导的次数不多,2013年共指导人民调解工作313次,平均每个人民法庭指导调解工作5.91次。指导不满10次的人民法庭有45个,占绝大多数,在这之中还有7个人民法庭没有开展此项工作,占53个人民法庭的13.21%;指导次数超过20次的人民法庭有3个,占53个人民法庭的5.66%。详见图 5-13。

3. 普法职能

普法宣传。2013年,全州人民法庭共参与普法宣传活动249次,平均每个人民法庭参与的次数为4.70次。超过0次不满5次的人民法庭最多,有26个,占53个人民法庭的49.06%;10次以上的有7个人民法庭,占53个人民法庭的13.21%;也有6个人民法庭没有开展这项工作,占53个人民法庭的11.32%。详见图5-14。

上法制课。根据辖区综合治理办公室的要求,人民法庭每年都要承担一定的普

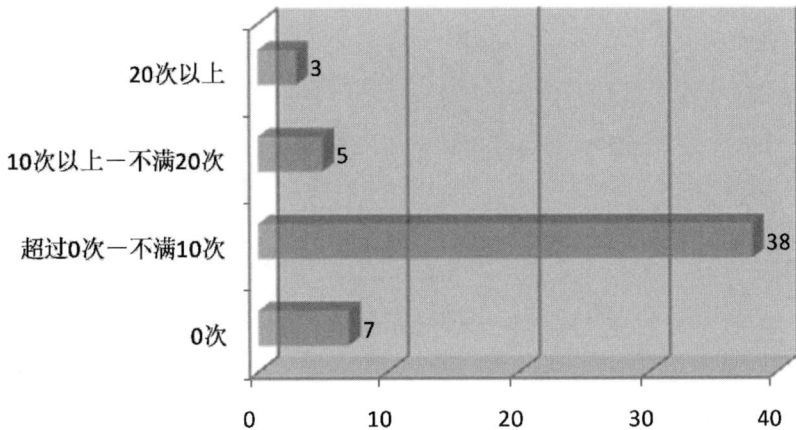

图 5-13

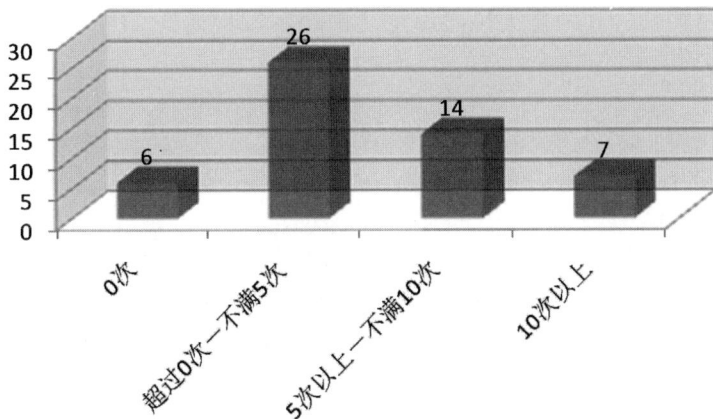

图 5-14

法宣传任务,其中就有到校园、村组、园区等场所去上法制课。2013 年,全州人民法庭共上法制课 165 次,平均每个人民法庭为 3.11 次。超过 0 次不满 5 次的人民法庭最多,有 43 个,占 53 个人民法庭的 81.13%;10 次以上的只有 1 个人民法庭;还有 4 个人民法庭没有开展这项工作,占 53 个人民法庭的 7.55%。详见图 5-15。

4. 诉前调解

为了做好诉前化解矛盾的工作,许多人民法庭都尽可能地把矛盾化解在诉前,使一部分纠纷不进入诉讼程序,以减轻因案件数量增长带来的压力。从 2013 年的数据

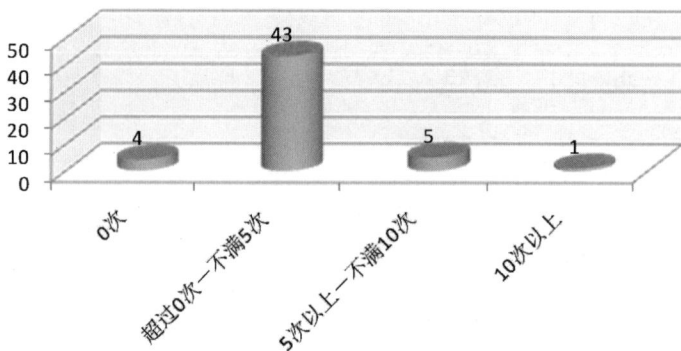

图 5-15

看,诉前调解总数为 718 件。一些人民法庭对诉前调解还是处于尝试阶段,诉前调解不满 10 件的人民法庭有 22 个,占 53 个人民法庭的 41.51%,其中有 5 个人民法庭还没有开展此工作,占 53 个人民法庭的 9.43%;超过 50 件的人民法庭只有 3 个,占 53 个人民法庭的 5.66%,其中有人民法庭的诉前调解数量达到 71 件。详见下图 5-16。

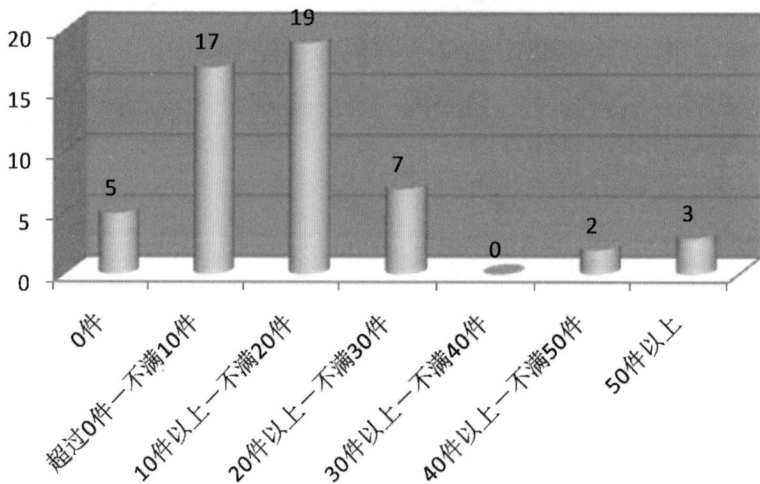

图 5-16

(三) 分外职能

所谓分外职能是指不宜由法院参与完成的工作。尽管在《最高人民法院关于全面加强人民法庭工作的决定》中对此作出了"人民法庭应当严格依法履行职责,不得超越审判职权参与行政执法活动、地方经济事务和其他与审判无关的事务"的明确规定,但是,辖区党政部门每年仍然会安排人民法庭参与某些中心工作,这些中心工作包括,征地拆迁、招商引资、计划生育,等等。

第一,征地拆迁工作。为了配合辖区党政的中心工作,有 6 个人民法庭参与征地拆迁工作 8 次,有 4 个人民法庭各参与了 1 次,有 2 个人民法庭各参与了 2 次,参与征地拆迁的人民法庭占总人民法庭的 11.32%。

第二,招商引资工作。有 2 个人民法庭承担了招商引资任务,占总人民法庭的 3.77%。

第三,计划生育工作。有 5 个人民法庭参与了计划生育工作 29 次,最少的为 1 次,最多的达到 12 次。

第四,扶贫工作。有 6 个人民法庭参与了辖区党政部门组织的扶贫工作 9 次,有 3 个人民法庭各参与了 1 次,有 3 个人民法庭各参与了 2 次,参与扶贫工作的人民法庭占总人民法庭的 11.32%。

第五,抢险救灾工作。有 10 个人民法庭参与抢险救灾工作 25 次,有 4 个人民法庭各参与了 1 次,有 2 个人民法庭各参与次数高达 6 次。

第六,参加辖区党政工作会议。有 39 个人民法庭参与了辖区党政组织的各种会议 350 次,这些会议包括乡镇人代会、党代会、年终总结会等等。参与次数较多的 2 个人民法庭分别为 36 次和 40 次,参与会议在 10 次上 20 次以下的有 9 个人民法庭,有 28 个人民法庭参与会议的次数不满 10 次。另外还有 14 个人民法庭没有参加过此类会议。参与会议的人民法庭占人民法庭总数的 73.58%,没有参与会议的人民法庭占人民法庭总数的 26.42%。

第七,参与其他行政执法活动。有 17 个人民法庭参与了辖区其他行政执法活动 52 次,参与次数最多的 1 个人民法庭达 12 次,有 3 个人民法庭各为 1 次。

第八,参与其他中心工作。有 14 个人民法庭参与了辖区其他中心工作 42 次,参与次数多达 9 次,有 5 个人民法庭各为 1 次。

二、人民法庭职能的主要问题

(一)司法职能被弱化

从前述职能的基本情况看,每一个人民法庭的职能不一样,工作的范围有较大差异,对司法职能的认识较为模糊,导致一些司法职能正在被弱化,这主要是由于在内外因素的影响下或者说压力下,每个人民法庭对本身的职能定位持放任态度造成的。案件类型上被弱化,所有人民法庭对是否受理民事案件的职能的看法高度一致,认为人民法庭就是审理民事案件的。但是,从刑事自诉案件的受理情况来看,2011 年与

2012 年,没有一个人民法庭受理过刑事自诉案件,在 2013 年才有 1 个人民法庭受理过 1 件刑事自诉案件。这充分说明,人民法庭审判刑事自诉案件的职能被大大弱化;从执行案件的受理情况看,只有 26 个人民法庭受理了执行案件,占人民法庭总数的 49.06%,约占一半。从法院来看,有 3 个法院的人民法庭没有受理过执行案件,占法院总数的 25.00%。这充分说明,人民法庭执行案件的职能也被弱化;收案数量上被弱化,一部分人民法庭的收案还不足 50 件,许多人民法庭的收案不足 100 件,其司法职能并没有得到充分发挥;审判方式上被弱化,这主要体现在巡回审判上,有少数人民法庭未开展巡回审判工作,一些人民法庭开展巡回审判的次数较少,司法为民便民的功能没有发挥出来;工作精力被弱化,这主要体现在人民法庭被其他工作占据了大量时间和精力,影响了司法职能的正常发挥。

(二)交叉职能被扩展

人民法庭除了本身的司法职能外,还被赋予了配合其他机关做好法治工作的职能。需要说明的是,这些职能从法律上说,应当是其他机关的主要职能,人民法庭仅起配合、参与作用。但是,这些交叉职能,有些被扩展了。在基层社会治理职能上,有的人民法庭一年就要参与 20 余次;在指导职能上,有的人民法庭不但要指导人民调解组织的工作,还要指导其他单位做好法治工作,更加离谱的是,有的人民法庭还要参与诉讼外调解工作,从指导他人如何调解变成了自己亲自参与调解;在普法职能上,人民法庭本来是以案件审理的方式、以案释法的方式间接地实现普法的功能,而事实上,法院不但要直接上街普法,而且还要把法律送到“千家万户”。这些事实,充分说明了交叉职能在时空上、程度上被扩展了。

(三)分外职能被增加

人民法庭的工作具有综合性质,除了审判职能外,凡是与法院有关的,或者关系不大的,甚至没有关系的工作,在内外环境的压力下,人民法庭都要一一做好。特别是参与辖区党政安排的一些有损司法的工作,也要参与。据统计,人民法庭的工作大约有 17 项之多,例如,审判、诉前调解、巡回审判、接待来访、处理来信、指导人民调解工作、参与法治宣传、上法制课、参与社会维稳、参与计生工作、参与拆迁、参与招商引资、参与扶贫、参与抢险救灾、参与党政工作会议、参与其他行政执法、参与其他中心工作,等等。这些分外职能,如果相关单位再不加以抑制,可能还会被增加。

三、重构人民法庭职能的对策建议

如何定位人民法庭的职能,是法院面临的一个重大问题。职能定位越合理,其发挥的作用就越大,有学者认为,"人民法庭的功能定位决定着人民法庭职能的发挥",[1]过去我们的人民法庭好像是一个综合性质的基层单位,从现代法治的眼光看,有必要对人民法庭的职能进行重新定位。根据前述人民法庭职能存在的问题,拟提出如下对策建议。在提出对策建议之前,让我们先了解一下社会群体和专家的意见。

(一)社会群体的意见

人民法庭是基层的基层,其职能的多少与人民群众的切身利益息息相关,人民群众最有发言权,为此,我们针对上述问题,做了一个相对全面的问卷调查。调查的对象有全国人大代表、省级人大代表、州级人大代表、县(市)人大代表、乡镇人大代表,州级政协委员、工作在县(市)城区的县(市)政协委员(简称县市委员)、工作在乡镇村的县级政协委员(简称乡镇委员),人民群众,当事人,州领导、县市领导、乡镇领导、法院领导,法院干警等。调查对象的总数为2256人。他们的意见如下。

1. 人民法庭有哪些职能。我们设计的调查项目有立案、审判、执行、指导、综治、普法等,在被调查的对象中,赞同人民法庭有审判职能的人数最多,有2096人,占被调查人总数的92.91%;总体上说,赞同人民法庭有司法职能的占被调查人总数的90%以上,赞同人民法庭有交叉职能的也没有赞同有司法职能的多,赞同有分外职能的最少,仅占被调查人总数的5%左右。详见图5-17。

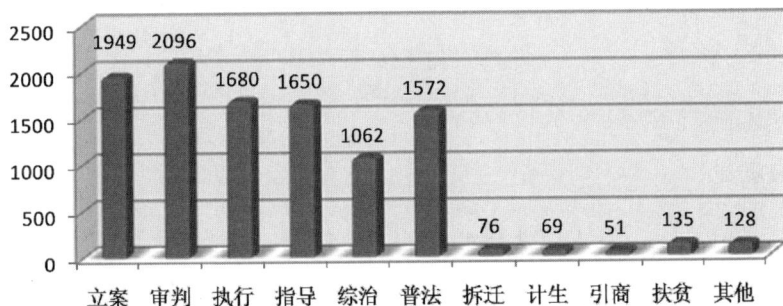

图5-17

2. 哪些职能还需要加强。从下图可知,赞同加强审判职能的人数还是最多,有

---

① 王卫东:《把握人民法庭的功能定位》,载《江苏法制报》2008年1月31日第C01版。

1454 人,占被调查人总数的 64.45%,赞同加强分外职能的仅为 3.77%。详见图 5-18。

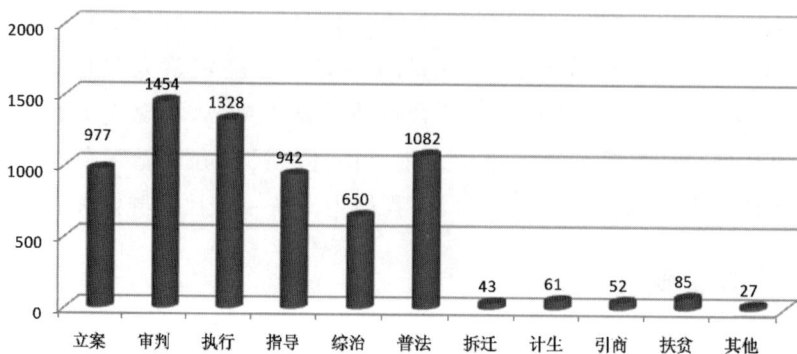

图 5-18

3.人民法庭不宜参与的工作。对人民法庭的承担的分外工作,至少有 70% 以上的被调查人认为人民法庭不宜参与这些工作。详见图 5-19。

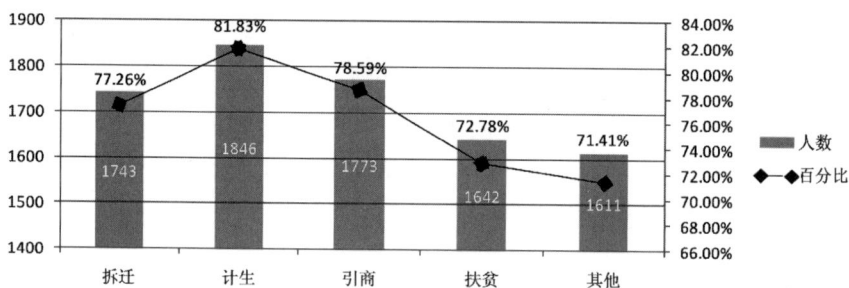

图 5-19

(二)专家的意见

2014 年 11 月 20 日,对人民法庭的职能定位问题,我们请教了"人民法庭研究中心"的相关专家,[①]他们认为,一是人民法庭的职能定位是其设置的前提条件;二是人民法庭的直接职能是化解矛盾纠纷,并间接达到法治宣传、规则之治、权利保障、权力制约的功能;三是人民法庭的职能不应"全能化",该做的不缺位,不该做的不越位。

---

① 2014 年 11 月 20 日,西南政法大学"人民法庭研究中心"的专家,唐力、包冰锋、田璐、夏璇、陶婷、毋爱斌等为本文提出了许多宝贵的建议,在此表示衷心的感谢。

(三)人民法庭职能的对策建议

1.强化司法职能

强化立案职能,只要刑事自诉案件符合立案条件的,就应充分发挥审理刑事自诉案件的功能,该立就立。这个功能在全州已经缺失了两年,今后应当加以强化;强化执行职能,人民法庭如果不受理执行案件,就与"两便"原则不相符,当事人胜诉后,如果还要到县法院机关去申请执行,就会增加当事人的诉讼负担。为了减少当事人的负担,只要是人民法庭自己审理的、执行难度又不大的,就应当立案执行;强化收案数量,对收案过少的人民法庭进行整合,使收案总量提高到一定水平,让人民法庭的功能完全发挥出来;强化审判便民措施,充分利用人民法庭的排头兵优势,加强巡回审判力度,扩大巡回审判范围,把司法为民落到实处;强化本职工作,尽量少参与分外之事,把有限的时间与精力投入到审判事业中。目前,我们正在进行司法改革,有必要提前谋划人民法庭的职能定位,使之与改革相适应,为了能适应改革的需要,把人民法庭的职能重新定位为:只审理简易程序的案件和简单的特别程序案件。其他案件交由法院院机关审理,法院院机关审理人民法庭的普通程序案件,采用巡回的方式,到人民法庭所在地或案发地去审理,以方便群众诉讼。

2.固化交叉职能

人民法庭除了本身的司法职能外,还被赋予了配合其他机关做好法治工作的职能。但是,需要引起大家注意的是,人民法庭履行的这些交叉职能不能与本身的司法职能相混同,有主与次之分,有直接与间接之分。交叉职能不能被无限扩展,第一,其范围必须固定、仅限于法律法规规定的范围;第二,其履行方式必须固定,每年在什么地方履行职能、在什么时间履行职能、履行职能的工作量等事项都要固定。

3.摒弃分外职能

目前,在大和谐、大稳定的前提下,在追求法律效果和社会效果相统一的社会背景下,人民法庭的工作具有综合性质,除了司法职能、交叉职能外,一些看似与法院相关的,或者关系不大的、甚至没有关系的工作,以及其他部门安排的工作,在内外环境的压力下,人民法庭有时都要做好。特别是辖区党政安排的一些有损司法权威的工作,也要参与。由前述内容可知,人民法庭的工作大约有十七项之多,这些工作,除了上述所提到的司法职能与交叉职能外,根据最高人民法院《关于全面加强人民法庭工作的决定》的第8条第2款"人民法庭应当严格依法履行职责,不得超越审判职权参与行政执法活动、地方经济事务和其他与审判无关的事务"的规定,人民法庭的分外工作应当摒弃。

结　语

　　人民法庭的职能定位是设置人民法庭的前提条件,有什么样的职能,就应设置什么样的人民法庭。在新形势下,人民法庭的司法职能应当加强,交叉职能应当固化,分外职能应当摒弃。人民法庭的对基层社会的作用只能用司法职能来体现,而不能用"分外"职能来体现。

第六章

少数民族地区人民法庭职能改革研究

——以四川省凉山彝族自治州 86 个人民法庭为研究对象

冯　成[*]　唐　杰^{**}　张　黎^{***}

　　人民法庭作为人民法院最基层的社会触角,植根于城市街道社区和农村乡镇,处在化解纠纷和调处矛盾的最前沿,是司法为民、公平正义在人民群众身边的直接体现。多年来,人民法庭立足于传统司法审判职能,寓司法基层服务和参与社会管理职能于一身,促进了辖区社会稳定和经济发展。然而,随着改革开放的纵深推进,新形势带来了经济基础、体制环境、社会条件的深刻变革,基于司法服从服务于国家治理的现实需求,亟待创新改善包括人民法庭在内的基层司法的传统职能,切实发挥其基层战斗堡垒作用。笔者着眼于凉山彝族自治州少数民族地域文化的差异性特征,以分布于凉山彝区、藏区、汉区的 86 个人民法庭为研究对象,通过数据统计、实地走访、问卷调查、调研座谈等形式,对不同民族区域人民法庭职能现状、存在问题进行了深入细致地调研分析,所形成的课题报告,旨在探索出一条符合人民法庭未来发展的职能改革之路。

一、凉山州人民法庭基本现状透视

　　位于四川省西南部的凉山彝族自治州,是我国最大的彝族聚居区,境内居住着彝

---

　　* 冯成,男,生于 1967 年 12 月,单位:四川省凉山彝族自治州中级人民法院,职务:副院长,联系电话:18908159993,地址:四川省凉山州西昌市三岔口南路 275 号,邮编:615000,邮箱:799241027@qq.com

　　** 唐杰,男,生于 1963 年 6 月,单位:四川省凉山彝族自治州中级人民法院,职务:研究室副主任,联系电话:18980285218,地址:四川省凉山州西昌市三岔口南路 275 号,邮编:615000,邮箱:lssftj@163.com

　　*** 张黎,女,生于 1980 年 5 月,单位:四川省凉山彝族自治州中级人民法院,职务:研究室副主任,联系电话:18980285220,地址:四川省凉山州西昌市三岔口南路 275 号,邮编:615000,邮箱:799241027@qq.com

族、汉族、藏族等 14 个世居民族,是四川省民族类别最多、少数民族人口最多的地区。全州辖区面积 6.01 万平方公里,下辖 17 个县市,615 个乡镇,人口总数 478 万余人。相对于州内地域民族文化不同而存在的彝族聚居区、藏族聚居区、汉族聚居区人民法庭职能运行状况存在较大差异。

(一)人民法庭设置分布

凉山州设 1 个中级人民法院,17 个基层法院,86 个人民法庭。其中,彝区 9 个县 327 个乡镇,现建人民法庭 42 个;藏区 1 个县 29 个乡镇,现建人民法庭 3 个;汉区 7 个县 259 个乡镇,现建人民法庭 41 个(图 6-1)。凉山人民法庭布局以行政区划为标准,平均 7.15 个乡镇设置了一个人民法庭。

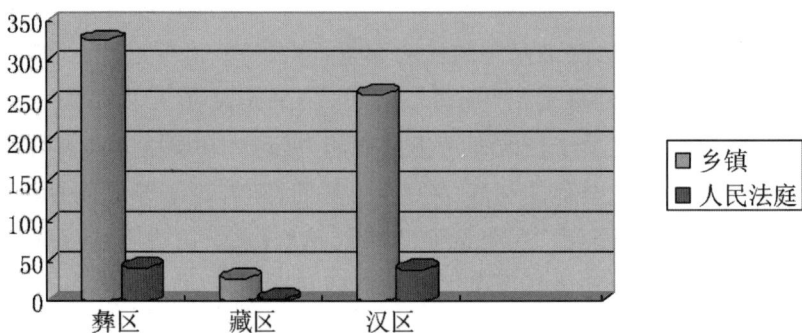

图 6-1　彝区、藏区、汉区乡镇与现建人民法庭对比图

(二)人民法庭人员配置

凉山两级法院在编干警总数 1235 人,州中级人民法院 157 人,基层法院 1078 人,其中,人民法庭 167 人,占全州法院在编总数的 13.52%,占基层法院在编总数的 15.49%(图 6-2)。

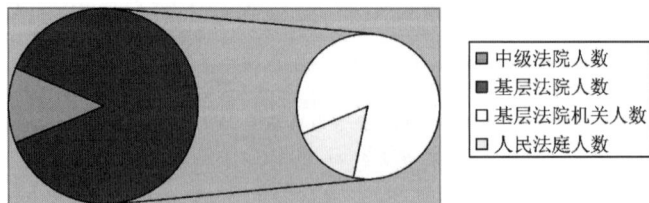

图 6-2　全州法院人员情况对比图

(三)基础设施建设情况

全州 86 个人民法庭,建立了科技法庭的只有西昌市法院的 6 个人民法庭,彝区、藏区人民法庭尚未建立科技法庭;实现四级联网的共 51 个,其中,彝区 20 个、藏区 1 个、汉区 30 个。

(四)人民法庭职能现状

1. 法庭职能宏观成像

(1)方便群众诉讼和法庭审判。为方便群众诉讼和法庭审判,一是赋予人民法庭立案权;二是在立案和审理阶段赋予当事人知情权;三是简化诉讼程序,简易程序大量运用;四是采用缓、减、免诉讼费用等司法救助措施,让经济困难的当事人打得起官司。

(2)参与社会治安综合治理。人民法庭扎根基层,贴近群众,对农村社情民意较为熟悉,在办案中了解到的带有普遍性又极易引发纠纷的现象进行认真归纳后,发挥专业性优势,找出规律性的东西,向当地党委政府提出消除隐患的建议和措施。

(3)坐堂问案与巡回审判。对人民法庭附近辖区的案件,一般在人民法庭的审判庭进行开庭审理;对离人民法庭驻地较远的辖区案件,则由人民法庭巡回审判。课题组调查情况显示:2013 年,L 州 86 个人民法庭一共巡回审理 1488 次,巡回办案 2823 件,巡回办案数占全年结案数的 22.28%。

(4)司法调解与判决。调解和判决是法律赋予人民法庭的重要职能,是人民法庭处理案件的重要方式和手段,通过履行调解与判决职能最终辨明是非、定纷止争,促进辖区社会和谐稳定(图 6-3)。

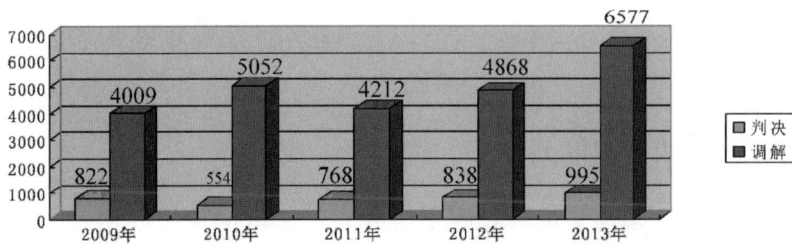

图 6-3　2009—2013 年人民法庭判决与调解结案情况图

(5)法官审理与人民陪审。2013 年,L 州人民陪审员参与陪审 1102 件,法官的法理与人民陪审员的情理两种思维模式的有效结合,既促进了司法民主、司法公开、司法公正,又能有效防止法官腐败。

2.法庭职能微观成像

(1)实体层面职能体现。2009年—2013年,凉山人民法庭共计受理各类案件30709件,结案30637件(图6-4)。5年来,凉山州两级法院人均办案96.95件;全州基层法院人均办案85.93件;86个人民法庭人均办案183.46件。图表看出,民事案件占法庭总收案的95.3％,其审判重心仍然是民事案件;刑事案件的审理在人民法庭职能中已逐渐弱化;执行案件占法庭受理总数的比例虽然不高,但是受人员、交通工具和执行能力等因素限制,执行压力仍然不小。

表6-1　2009—2013年凉山人民法庭受理各类案件情况统计表

时间	类　　　　　型							
	刑　　事		民　　事		执　　行		合　　计	
	收案	结案	收案	结案	收案	结案	收案	结案
2009	6	6	5060	4863	230	230	5296	5099
2010	6	6	5622	5661	243	242	5871	5909
2011	4	4	5093	5042	238	235	5335	5281
2012	1	1	5697	5806	355	359	6053	6166
2013	0	0	7793	7821	361	361	8154	8182
合计	17	17	29265	29193	1427	1427	30709	30637

资料来源:数据源于凉山法院司法统计。

(2)程序层面职能体现。一方面是程序公正,表现在诉讼提示引导等诉讼服务中心的一般职能。另一方面是审判公开,表现在审判流程、法律文书、执行程序公开。目前,凉山51个人民法庭实现了四级联网,6个科技法庭开展了庭审的同步录音录像,建立了网上案件信息查询平台;未实现四级联网的法庭则依靠院机关的案件信息网络录入案件,所以案件信息也稍显滞后。

(五)各民族区域法庭职能差异

1.彝区法庭履职境地尴尬。彝族聚居区人民法庭的传统职能,因与彝族民俗解决纠纷的途径冲突,导致发挥职能状况不佳。凉山州1市16县中有9个县为彝族聚居县,昭觉、布拖、金阳、美姑、喜德等县的彝族人口比率高达90％以上。彝族聚居区327个乡镇,设有42个人民法庭。上千年的文化习俗传承,使彝族族群拥有独特的纠纷解决习惯,即找"德古"①处理纷争。由于彝族社会发育程度较低,受教育水平低下、自然环境条件艰苦,民众普遍存在"厌诉"心理。沿袭若干世纪的民族习惯法成为约束社会成员的行为规则,"德古"作为公道正派的人,所有纠纷找"德古"解决演化为习俗。据统计,彝族民间纠纷通过"德古"化解的数量远大于法院诉讼受理的案件数量,甚至于有些已经经过法院裁判的案件最终还需要由"德古"再次调解才能兑现。缘于此,凉山彝区人民法庭受理案件相当有限,有的人民法庭形同虚设,常年无人无案。2007 年,凉山中院对此问题进行调研,最终通过聘任"德古"为"特邀人民陪审员"的方式,实现彝区民间调解纠纷与法院诉讼的有效对接。截至 2013 年 12 月,凉山彝区法院共聘任了 372 名特邀人民陪审员,共计化解纠纷 7801 件。近 5 年来,彝区人民法庭共受理案件 8138 件,平均每年受理 1628 件,同上一个五年相比案件受理数翻了一番。虽然如此,人民法庭受理的案件还远远小于彝区实际纠纷数量,每位德古每年化解纠纷约 20 件,仅昭觉县就有 800～900 名德古存在,而法院聘请的较高威望的德古为特邀人民陪审员的仅 47 名,大量民间纠纷仍然消化在民间德古,人民法庭化解纠纷职能仍然受到"德古"纠纷解决方式的冲击。

2. 藏区法庭职能重心转化。出于藏族聚居区传统的宗教信仰、独特的风土人情、封闭的环境交通,藏区人民法庭立足审判的职能呈现弱化,在反分裂斗争的新形势下,人民法庭职能重心从"维权"转为"维稳"。凉山州木里县是州内唯一藏族自治县,是中国藏区政教合一最有特色的地区之一,辖区面积 13252 平方公里,平均海拔3100 米,全县 12.97 万人分布于 29 个乡镇,设有 3 个人民法庭。木里县地广人稀,交通极为闭塞,至今木里也仅有一条 20 世纪 60 年代与外界相通的西木公路,大量残存着封建农奴制的烙印,兄弟共妻、姐妹共夫等与现行法律相悖的情况大量存在。木里广大藏族农牧民都信奉佛教,存在"羞诉"心理。整个木里藏区拥有 10 座寺庙,民众产生的纠纷,一般也由寺庙里的活佛、喇嘛进行调解裁断,因此,木里藏区人民法庭受理的纠纷数量极少。基于木里藏区在藏传佛教黄教中的崇高威望,康坞大寺、木里大寺及香根活佛在全国藏区拥有极高地位,境内外民族分裂势力一直致力于木里藏区的渗透破坏。达赖喇嘛奉行所谓"非暴力不合作,走和平谈判的中间道路",在此语境下,民族分裂主义的破坏行为并不直接体现为扰乱社会秩序的司法个案。因此,藏区人民法庭职能已不再满足于传统的少量民事、轻微刑事案件的审判,围绕维护藏区稳定这一党委政府中心任务,积极参与社会治理,应当成为当下的重要职能。

3. 汉区法庭履职需要完善。随着社会的进步和发展,处于高度城市化、工业化的汉区人民法庭面临的主要矛盾是司法服务无法满足人民群众日益增长的权益诉求。汉区辖 1 市 6 县,交通便利,相对彝区、藏区来说,经济较为发达,呈现出高度工业化、

---

① 德古:彝族民间自然产生,并由当事人共同自由选定的,运用习惯法和历史判例,从事纠纷的调处者。

城市化特征。既有城乡一体化进程中带来现代社会纠纷,如农村土地征收、城市房屋拆迁、劳动和社会保障、环境保护、水电移民、非法集资等等;还有不断涌现的新类型纠纷,如企业退市、小产权房、证券公司违规等等。汉区人民法庭每年平均受理案件4500余件,其案件多,难度大,审判节奏快。汉区人民法庭司法资源根本无法满足人民群众日益增长的权益诉求。

二、人民法庭职能履行现状存在的问题

(一)法庭设置及基础建设需完善

1.机构未能基层全覆盖。按照《四川省新增"两所一庭"建设方案》的规定,每4～5个乡镇应当建立一个人民法庭,每个法庭应配备"一审一书一法警"。全凉山州615个乡镇至少应当建立人民法庭123个,现在只建立了86个,仅占应建人民法庭数量的70%(图6-4)。

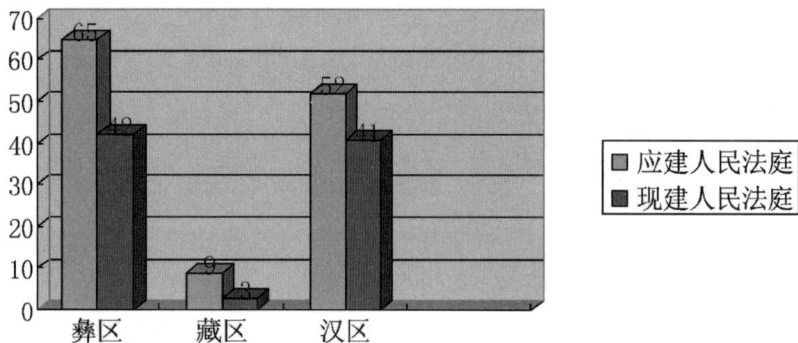

图6-4 凉山州彝区、藏区、汉区应建与现建人民法庭比例图

2.法庭区位布局不合理。目前,凉山人民法庭的设置均是按照行政区划设置,有的法庭常年无人问津、形同虚设,有的法庭偏远案少,而有的法庭案多人少;有的是法庭设置离法院机关过近,人员过剩,造成一定程度上的人力、物力浪费;有的是法庭管辖面积过大,地域设置不合理,给当事人诉讼带来不便;还有的是法庭规模小,案源少,直接影响了诉讼效益。如此不合理的布局导致的后果是审判力量异常分散,严重制约了人民法庭职能发挥。

3.法庭的基础建设滞后。由于资金匮乏,很多法庭无必要的办案交通工具,有的法庭未配备一台电脑,而有的法庭配备的电脑既无局域网,又无互联网;法庭实现四级联网的比例是59.3%,建立科技法庭的比例是0.7%。调研中,我们发现一是很多法庭办公设备陈旧,网络信息不畅,常年缺水断电;二是很多法庭没有安保设施,也无法警驻庭,缺乏应急措施,如遇突发紧急情况,只有联系当地派出所或县院机关支援,往往"远水解不了近渴",难以保障法官自身安全。

(二)法庭人力资源配置问题突出

1.人力资源分布很不科学

以现今基层法院人力资源的分布结构,80％以上的人员都在县级法院机关,只有不到20％的人员在人民法庭。而人民法庭受理的案件数量现已达到基层法院全部案件数量的40％以上(图6-5)。

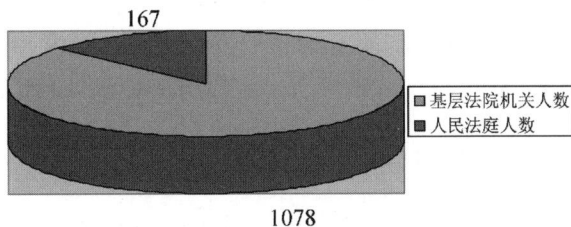

图 6-5　基层法院机关与人民法庭人数对比图

2.法庭人员素质急需优化

(1)年龄结构,法庭30～45岁中坚力量占总人数的一半,调动老同志的积极性和以老带新任务仍然严峻。

(2)文化结构,大专及以下占28.7％。彝区和藏区法庭大专以下文化竟然达到55.56％,队伍整体文化素质需要提高。

(3)民族结构,彝区彝族干警占人民法庭总人数的56.14％;藏区藏族干警占法庭总人数的66.67％,在双语诉讼语境下,少数民族地区人民法庭工作开展受到语言阻碍。

3.法庭法官缺乏基本保障

(1)人民法庭本身条件较为艰苦,除需要解决职级待遇外,一般无人愿意到法庭工作,新招录的人员往往将法庭作为跳板,一般经过几年时间就能考调到其他单位,比如德昌法院自2002年第一次公招至今共招录8次22人,考调到其他单位的14人,如今还在人民法院的只有最后两次招录的8人。

(2)凉山人民法庭法官较低的地位和工资待遇往往产生两方面的副作用:一是难以使人民法庭法官产生职业荣誉感和责任感;二是造成人民法庭法官队伍不稳定,优秀人才流失,微薄的收入自然无法吸引高质量的人才加盟①。这也是阻碍凉山人民法庭审判队伍的建设和职能发挥的重要原因。

4.巡回审判与驻庭办案难

凉山州巡回法庭大都无专门编制人员,86个人民法庭共167人,每个人民法庭平均人数不到2人,巡回办案时法庭往往无人驻守,造成当事人诉讼上的不便,有的法庭甚至无法进行巡回审判。

(三)参与社会治理的职能未发挥

最高院对法庭职能的普遍要求是:一是审理辖区内一审民事、刑事自诉案件并执行辖区执行案件;二是指导辖区内人民调解委员会工作;三是参与当地社会治安综合治理;四是提出司法建议;五是进行法治宣传②。在五项职能中,凉山人民法庭除第一项职能的完全履行外,对其他几项职能的履行均较为被动,时常应付了事。

(四)法庭审判职能运行受到牵制

一是案多人少矛盾突出。凉山州人民法庭每年人均办案约为36.7件,是基层法院人均办案的2倍有余;二是人民法庭审结的案件无论难易均由其执行,执行压力大。调研中,很多人民法庭庭长表示:"如果法庭没有执行案件,那么法庭工作会轻松单纯得多"。三是案件分配不合理。凉山人民法庭案件一般是以地域管辖和限额标的相结合为分配标准,各法庭受理案件数量差距较大。四是受制于地方党委政府,人民法庭还要参与地方中心工作,如蚕桑烤烟等经济支柱产业发展、企业扶持、地方扶贫以及老生常谈的涉诉信访工作。

(五)人民法庭的职能目录未能建立

1.基层法院与派出法庭间职能不清。法院机关内与人民法庭重合的职能之间的界定区分,连基层法院和人民法庭自身都分不清。因此,确有必要效仿中央政府与地方政府之间的简政放权的思路,首先对法庭职能建立清晰目录,以理清基层法院与派出法庭间的职能分工。

2.法庭的工作职能群众知晓度不高。出于职能目录不清,从上级法院到基层法院长期未建立人民法庭的职能目录,细化到让诉讼当事人一目了然,这就让普通百姓

---

① 王树恒:《人民法庭工作存在的问题及建议》,河南长安网:http://www.hapa.gov.cn/Artic,于2014年2月18日访问。

② 《关于人民法庭若干问题的规定》(法发〔1999〕20号)第6条规定:"人民法庭的任务:(一)审理民事案件和刑事自诉案件,有条件的地方,可以审理经济案件……"

对哪些该属基层法院管辖,哪些当属人民法庭管辖,完全是一头雾水,这不利于法庭工作的开展。

(六)不同民族区域法庭职能需破局

1.彝区法庭职能受民族习惯法冲击

彝族很多风俗长期演化成恶俗习惯,与现行法律背道而驰,极大影响了社会和谐稳定,时常与人民法庭的现代法治理念相冲突。除(表6-2)所示恶俗外,凉山彝族伪造矿难杀死智障人骗取赔偿金、拐卖自己的婴儿的犯罪亦极为猖獗,已引起国家最高领导人的重视。

表 6-2　彝族纠纷类型及与现行法冲突对比表

民事		刑事	
类型	与现行法的冲突	类型	与现行法的冲突
债权纠纷	可延续三代,无时效限制	故意杀人罪	"赔命价",只要赔偿到被害人家属满意就不追究其刑事责任
婚姻家庭纠纷	存在包办、买卖、转房、家支外婚、等级内婚、姑舅表优先婚等现象	强奸罪	"赔奸价",从保护受害人角度出发,彝族对强奸罪持宽容态度
继承纠纷	女子无继承权,老人生前分家并随小儿子生活,由小儿子继承其余财产。违背男女平等,法定均分原则	故意伤害罪	不同阶层和等级的人采用不同的标准计算赔偿金
彩礼纠纷	索要几万、数十万的身价钱以显现身份的高贵	盗窃罪	"断指"处理
葬礼	过度地铺张浪费,常常造成不少家庭倾家荡产	抢劫罪	彝族认为凡抢劫冤家的财物,是英雄行为,抢得越多越荣耀
群体性事件	个人的纠纷由家族参与讨要说法,往往造成群体性事件	毒品犯罪	彝区是重灾区,有的甚至整个彝族村庄集体贩毒。

资料来源:巫洪才:《彝族习惯法的法治化问题研究》,光明日报出版社,通过对第90～102页归纳而来。

(2)特邀人民陪审员综合素质需要提高。受彝区整体文化素质影响,特邀人民陪审员文化程度大多为高中以下,缺乏一定的法律知识,虽然经过法院培训,但是"德古"的方式、方法已经根深蒂固,在调解纠纷时很难适应与习惯法相悖的法律。

(3)语言障碍。由于凉山彝族聚居区彝区人口比例高,各地彝语又有很多分支,彝族语系间互不完全通晓,给彝区人民法庭职能履行带来极大的障碍。经统计:彝区人民法庭彝族干警共 32 名,占人民法庭总数的 56.14%,而不懂彝语的汉族干警无论有多高的文化水平,在这里都成了"聋子和瞎子",无法融入群众,更无法做彝族当事人的调解工作。

2.藏区法庭职能未趋近反分裂斗争

(1)藏区案件极少,群众有事找喇嘛业已成为习惯。受佛教教义劝善止过、因果报应的影响,木里藏区民风纯正,讲究诚信,尤其对偷盗、抢劫、强奸、毒品犯罪等行为普遍不齿,所以矛盾纠纷较少。同时民众对人民法庭并不熟知和依赖,人民法庭受理的案件一般为法庭附近民众产生的纠纷,对山高路远距法庭较远的民众找法庭解决纠纷的则少之又少。司法统计数据显示:近 5 年来,木里县法院年均受理各类案件只有 139 件,人民法庭每年平均受理案件 20 余件。

(2)目前,藏区正面临着境内外民族分裂势力的渗透破坏的严峻考验,以境外达赖喇嘛为首的反动势力,利用藏民对佛教的虔诚,一刻也未放弃对藏区的颠覆分裂;境内外反动宗教势力通过抢占寺庙僧人这一宗教阵地,煽动自焚,利用部分刑事案件和民间纠纷大做文章,试图颠覆国家政权。在此背景下,不是现行矛盾简单由司法进行打击的问题,藏区人民法庭职能重心也不再是满足普通矛盾纠纷的化解,而应当转变为反分裂斗争和维护藏区稳定。

(3)藏区履行职能还存在的问题有:一是地广人稀,交通不便,群众居住分散,藏区人民法庭传唤当事人、送达法律文书困难,巡回审判唯一的交通工具只能是马,每次巡回审判带上干粮一走就是一个多月,耗时过长,成本高;二是藏区干警年龄普遍偏小,工作经验不够丰富,不能安心基层工作;三是和彝区一样,藏区人民法庭履行职能同样存在语言障碍问题。

3.汉区法庭职能不能满足现代需求

(1)与群众联系不够,存在关门断案的现象。汉区人民法庭快节奏的审判案件加上受西方审判方式的影响,导致法庭人员往往坐堂审案,忽略与群众的沟通。因此,汉区人民法庭相对彝区、藏区人民法庭的调解率较低,就 2013 年,汉区人民法庭调解率为 83.34%,比彝区人民法庭调解率少 16.3 个百分点,比藏区人民法庭少 16.66 个百分点。

(2)整体审判执行能力不能满足人民群众日益增长的司法需求。随着社会经济的快速发展,疑、难、新、特案件逐渐增多,加之人民群众对司法公正的渴求日益强烈,汉区人民法庭法官都面临着各种新的挑战。其工作职能不是维稳,而是维权。

(3)相对彝区和藏区,汉区人民法庭案多人少矛盾更加突出。汉区人民法庭2013 年人均办案数为 64.53 件,比全州人民法庭人均办案多 15.54 件,是彝区的 2.2倍。比如西昌市法院 6 个人民法庭 2013 年人均办案数是 88.28 件,仅西郊法庭人均结案就达 144.5 件。

（4）汉区人民法庭干警信息化观念跟不上快速发展的经济形势。汉区快速发展的经济形势需要司法科技信息化的支撑，汉区人民法庭缺乏懂法律、懂网络和懂管理的复合型人才。不仅信息化建设、科技法庭的步伐未能跟上时代的步伐，干警还存在就案办案的思想，干警以计算机技术运用为手段的网络办公、办案模式应用能力不高，对审判管理目前仅停留在对案件进行填表式的流程管理，导致对审判流程、裁判文书、执行信息"三大平台"公开存在畏惧心理，人民法庭"三大平台"公开的进度缓慢。

（七）民众视角下的法庭应有职能

表 6-3 人民法庭职能创新的意见建议调查问卷汇总表

调查对象	意见、建议		
群众（500 名）	司法便民	法治宣传	提供法律咨询
当事人（100 名）	简化程序、公正司法	发放诉讼程序、法律法规的宣传资料	提高诉讼效率
乡村干部（100 名）	法庭合理布局、加强与基层组织联系、参与社会治安综合治理	以信息化建设为支撑，加强诉非衔接，共同化解矛盾纠纷	为企业、群众、组织提供法律咨询、提出司法建议

资料来源：走访中，笔者发放 700 份人民法庭职能创新的调查问卷，其中，群众 500 份，当事人 100 份，乡村干部 100 份。

三、司法改革中实现人民法庭职能完善的对策建议

人民法庭职能定位和完善是司法改革必须直面的问题，是司法为民、回应社会司法需求的现实需要，更是巩固基层政权、服务人民群众、加强基层建设的基本途径。立足于彝区、藏区、汉区人民法庭的客观实际，如何实现对人民法庭的职能再造，恒定长久地发挥出司法内生动力，从而更好地服务改革、服务发展、服务民生、服务群众。我们的思路是，构建"三优化、四削弱、五加强、六增加"的"3＋4＋5＋6"人民法庭职能新模式，以优化法庭布局实现全覆盖为基础，以"电子法务"平台为支撑，实现人员、案件、信息资源共享，全面构建人民法庭司法便民、案件快速处理、诉非衔接联动化解纠纷同时兼顾法治宣传、维权与维稳并重的人民法庭职能新模式。

（一）实现人民法庭的"三优化"

1.优化法庭的地域设置。按照《S 省新增"两所一庭"建设方案》中每 4～5 个乡

镇应当建立一个人民法庭的规定,考虑凉山州实际州情,建议凉山州 615 个乡镇设立 123～153 个人民法庭为设置人民法庭的总数。至于如何设置,则应打破行政区划分配方式,根据《最高人民法院关于全面加强人民法庭工作的决定》的规定,由中院会同各县市法院协调地方党委、政府,根据各地案件数量、区域大小、人口分布、交通条件、经济发展状况、审判资源的合理配置等情况,灵活掌握人民法庭的具体设置、选址和案件管辖范围。比如案件特别多的乡镇一个乡镇就可设置一个法庭;实践中几乎无收案或收案特别少的相邻法庭辖区可以撤并;针对凉山州大型水电站产生的较多纠纷地区,就可打破行政区划限制,就地设置人民法庭;与县法院特别近的法庭应撤销,统一由县法院分配案件或部分划分给其他人民法庭。每个法庭门前应设置铭牌,标明管辖范围,画上简明地图。在各乡政府所在地也应设置标牌,标明法庭位置、管辖范围和联系方式及寻求帮助的途径和方式。

2.优化法庭人员的配置。一是加强培训;二是在职级待遇方面向基层人民法庭人员按照法庭与法院远近分类倾斜,晋职晋级要求有法庭工作经历,优先考虑法庭人员;三是建立法庭与院机关的人员流动机制;四是加大彝汉双语、藏汉双语人才招录工作,以此补充彝区、藏区人民法庭双语人才;五是加强文化建设,建立图书室和体育场所并执行休假政策。六是优先招录或招聘法庭所在地人员,这样的人员熟悉当地风土人情,由于家在当地,更能安心于法庭工作。比如木里法院瓦厂法庭坚守了 23 年的向开华①庭长,在当地威望极高,在任期间一共判决 2 件案件,十年来调解率一直保持 100%,向庭长的坚守除了对工作的热情和坚持不懈的精神外,另一个重要原因是向庭长在瓦厂安了家,扎了根。

3.优化繁简分流的机制。多数人民法庭都存在案多人少,法官资源分配不均的情况。经过调研,课题组发现宁南法院的法庭人员资源共享方式值得借鉴。宁南法院一共 4 个法庭,每个法庭配备 1 名法官和 1 名书记员。2013 年,4 个法庭共收案 392 件,法官人均办案 98 件。在人民法庭自身无法组成合议庭的情况下,宁南法院的做法是:一是如果哪个法庭遇到需要组成合议庭的案件,该庭就会定下开庭日期通知其他法庭人员阅卷并参加合议庭,如遇其他法庭人员无法抽身的情况,也可以申请院机关民事审判庭的支援,这就是人民法庭人员资源共享;二是针对各人民法庭案件收案不均的状况,则由各人民法庭协商或县法院立案庭统一调控,将收案较多的法庭案件移交给收案较少的法庭,这就是案件资源共享。

(二)实现人民法庭的"四削弱"

1.削弱强制执行案件职能。针对人民法庭执行压力过大的职能问题,我们认为:

---

① 向开华是木里法院瓦厂法庭庭长,1991 年在木里法院瓦厂法庭工作至今。

申请人民法庭执行立案的,人民法庭应及时审查。审查后,认为人民法庭有能力执行的,可以由人民法庭执行;认为不适宜人民法庭执行的应及时交院机关执行局执行。

2.削弱刑事自诉案件职能。法庭法官大都从事民事专业,如果审理刑事案件,一是会分散处理民事纠纷的精力,二是会影响刑事案件审理质量。因此,根据凉山州实际,建议刑事案件统一收归县法院刑庭审理,为减轻当事人讼累,人民法庭只对简单自诉案件进行立案前的预先审查,不再涉及刑事审判职能。

3.削弱交通事故案件职能。针对凉山州道路交通事故易发、多发,赔偿金额高,纠纷不易处理的特点,该州多县市法院成立了交通法庭,仅2013年,交通法庭就调撤各类交通事故案件2275件,调撤率达94.17%[①]。交通法庭的成立,不仅能有效实现交通事故行政处理与司法解决的直接对接,而且每年能为人民法庭分流约20%的案件,从根本上减轻了法庭审判压力。

4.削弱特殊困难儿童案件职能。为有效救助并维护"特殊困难儿童"[②]的合法权益,更为快速高质量处理该类案件,彝区9县人民法院均已设立特殊困难儿童专门合议庭,从而削弱人民法庭对此类案件的审理职能,为人民法庭集中精力审理传统民事案件解除后顾之忧。

(三)实现人民法庭的"五加强"

1.加强职能重点回归审判。一是面对过于庞大的综合后勤机构,无论是院机关还是人民法庭,其职能重点均应回归审判,通过加快司法体制的改革,尽快完成司法独立,并成立专门的行政综合科,以减少很多不必要的审判之外的工作压力。二是建立繁简分流和小额速裁机制。在立案环节,就应区分案件难易,对较难案件则由经验法官独任或组成合议庭及时化解;对1万元以下的简单民间借贷、合同纠纷则适用小额速裁程序予以审理。三是注重司法专业性与群众路线的统筹兼顾。人民法庭在坚持专业性的前提下还要积极倾听人民群众对于个案的感受,汲取人民群众对个案判断的智慧,要把调解作为处理各类案件的首选方式,最大限度地司法为民。

2.加强巡回审判工作方式。巡回审判是人民法院基层基础工作的重要组成部分,是立足现有司法资源充分发挥审判职能作用的重要途径[③]。针对人民法庭人员少,巡回办案容易造成法庭无人驻守的问题,建议各县市法院要积极争取编制,建立专门的巡回法庭;根据《最高人民法院关于全面加强人民法庭工作的决定》中的规定,配备设施,构建信息共享的网络系统以及必要的网络终端工具,扩大电子签章的使用

[①] 尹克发主编:《凉山年鉴2014》,方志出版社,第181页。

[②] "特殊困难儿童"特殊困难儿童是指非父母双亡由直系亲属抚养,且抚养家庭困难的儿童,是2010年《新闻联播》播出的有关凉山失依儿童生活情况而产生的新群体概念。

[③] 2010年12月22日发布的《最高人民法院关于大力推广巡回审判方便人民群众诉讼的意见》。

等,确保巡回审判工作的顺利开展。实践中,木里法院的"马背法庭"、冕宁法院的"背篼法庭"、宁南法院的"摩托法庭",还有各种形式的"车载法庭"、"院坝法庭"在偏远山村、彝家村寨、高原牧区发挥了解决纠纷、宣传法制的重要职能作用。

3.加强信息化等物质装备。无论是人民法庭基础设施建设还是信息化建设都离不开钱,没有资金一切都是纸上谈兵。建议上级财政拨付人民法庭专项建设款及装备款,加大科技法庭投入,配备安保、伙食团、冰箱、饮水机等设备,以此保证按照规范化建设要求加强人民法庭物质装备。

4.加强司法便民诉讼服务。一是开展双语诉讼;二是简化诉讼程序。根据群众居住偏远,交通不便的实际,大幅度简化诉讼程序,做到快审快结;三是扩大诉讼费的减、缓、免范围;四是开展上门立案、午间立案、电话立案等"一站式"立案;五是选派人民法庭业务骨干为辖区学校法制副校长,从改变群众意识形态入手,营造司法为民的良好诉讼环境,体现践行司法为民改革的成果。

5.加强审判职能社会延伸。人民法庭置身于国家治理和社会治理是其本质属性和分内职责,应寓审判权力行使和社会管理服务于一身。这要求:一是搭建企业和法庭的联席会议制度平台,履行人民法庭司法建议职能,引导企业尤其是辖区内的大中型企业增强社会责任感。二是通过诉非衔接加强对人民调解组织的联系,适时组织培训。三是全面履行法治宣传职能。建立完善"一学校一法官、一医院一法官、一企业一法官"联系服务机制,增强法治宣传的针对性和实效性;四是积极参与管理创新及社会治安综合治理。要做好留守儿童、民工工资、医疗纠纷等关涉社会热点问题案件的审理;推行"判后答疑"机制,将说服解释公正向判决后延伸,从而提高服判息诉率;主动参与被判处缓刑、管制刑罚的犯罪分子的社区改造和刑释解教人员的矫正帮扶工作。

(四)实现人民法庭的"六增加"

1.增加设立便民诉讼的收案点。目前凉山州各人民法庭服务范围一般涵盖5—12个乡镇,地域广,群众到法庭诉讼路途远。建议:在每个乡镇或居住集中的村设立便民收案点,选聘有一定法律知识的人做收案联络人,法官定期到收案点收案。宁南法院人民法庭于2010年就已采取在各乡镇设置收案点的方式,实践证明,此举方便群众,减少讼累,能有效实现诉讼全覆盖,受到老百姓的普遍好评,取得了很好的诉讼效果和社会效果。

2.增加设立涉水电纠纷合议庭。目前凉山州拥有大型水电站6个,自电站开建以来,其在建设中产生的劳资、拆迁、移民补偿等纠纷占了人民法庭案件相当大的比例。针对此种情况,为方便诉讼,节约成本,提高效率,建议在水电站附近成立水电站建设纠纷人民法庭联系点,由人民法庭专人或专门合议庭承办此类案件。

3.增加与非诉纠纷解决机构衔接。在诉非衔接方面,一是"请进来"。在人民法庭建立"驻、接、导"的衔接模式。驻:指人民调解进驻各人民法庭和人民法院立案大厅,成立"人民调解工作室";接:指通过司法程序确认调解协议效力,加强诉非衔接;导:开展人民调解指导培训工作。二是走出去,人民法庭常态化地主动联系非诉讼机构组织,从而方便纠纷的工作对接。诉非衔接多元纠纷处理机制的建立,将使基层各部门形成合力共同化解纠纷,从而达到人民法庭辖区社会稳定的目的。

4.增加建立电子法务信息平台。在信息化时代的今天,依托计算机信息网络平台,实现人民法庭履行职能的公开、公正,是司法改革的必由之路,也是公平正义在人民群众身边的具体展现。除了法庭内部办公信息化平台外,人民群众更为期待的是建立向社会公开的类似于国家电子政务的"电子法务"平台(图6-6),以便人民法庭及时对社情民意进行上传下达,既充当了人民群众的"口",又充当了上级部门的"眼"。结合"三大平台"建设,以公开促公正,以此形成倒逼机制,最终实现人民法庭履行职能的公开、公正。

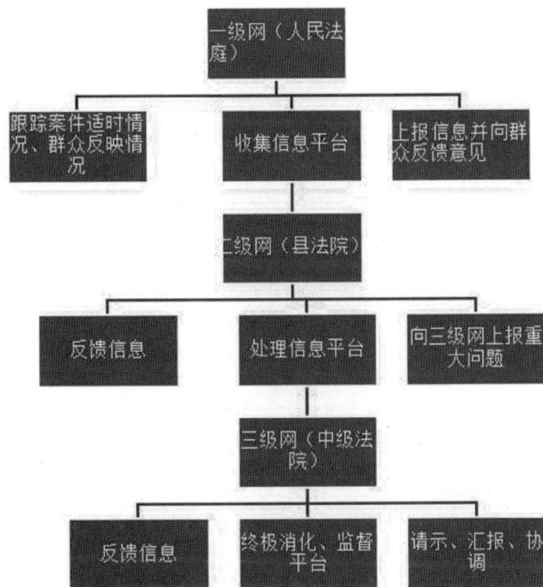

图6-6 "电子法务"平台层级结构图

5.增加人民陪审参与司法力度。按照最高人民法院人民陪审员的倍增计划,针对彝区和藏区特殊的法制环境,适当考虑少数民族风俗仍然是传统纠纷解决方式向现代法制过渡的必要选择。在过渡期内,彝区、藏区人民法庭需要将"德古"、"喇嘛"聘请为特邀人民陪审员的尝试深入继续下去,但同时加强管理和监督。在汉区,要让人民陪审员切实履行职责,避免"陪而不审"现象,真正发挥民众参与司法的作用。

6.增加人民法庭职能目录公示。作为人民法院派出机构,人民法庭处于社会最基层,体现法治形象,代表国家行使司法审判权。那么,人民法庭的职能需要以目录方式公之于众,尤其是案件受理管辖的目录,包括案件性质、标的、案由等等,以体现人民法庭服务基层群众的本质属性。同时,亦能解决与所在基层法院案件长期分工不明晰的问题。

第 七 章

随案说法:人民法庭法治宣传的职能定位

——以郫县法院人民法庭职能创新为分析样本

郫县法院第三课题组

一、课题研究的时代背景

我国目前正处于社会经济发展的转型期,利益格局深层次调整的同时也导致社会秩序的重新洗牌。社会秩序的演化则导致了国家力量结构的流变动摇,中国现代的国家权力对某些基层社会的控制变得相当孱弱①。对于这种局面,国家权力正不断试图通过强化基层组织建设、构建维稳防控体系、创新社会管理体制等方式强化自己的权威②,使国家权力意志想要达到的秩序得以建立,这些都是制度刚性层面的应对举措。而思想意识层面则需要强化法治宣传,以法治的名义伸展国家权力的触角,在民众的意识里巩固政权的合法性。正如苏力老师在其《送法下乡》一书中提出,送法下乡(也可以理解成为某种意义上的法治宣传)"就是国家为了重新建立权力的局部性支配关系"③。

2013 年 5 月 28 日,在全国法院新闻宣传工作会议上,最高人民法院院长周强要求:各级人民法院要始终坚持群众路线、群众观念、群众立场,着力构建新闻宣传工作新格局,切实提高宣传工作的水平和成效。④ 转型期如何承接地气地做好法治宣传工作是当下中国赋予人民法院的时代命题。人民法庭虽然处于人民法院的最基层、

---

① 转型期我国的国家权力在基层变得孱弱主要体现在:国家的公信力下降、国家的动员力下降、社会矛盾涌现、官民冲突加剧、群体事件频发等。

② 2004 年党的十六届四中全会提出要"加强社会建设和管理,推进社会管理体制创新";2007 年党的十七大报告提出要"建立健全党委领导、政府负责、社会协同、公众参与的社会管理格局";2009 年底全国政法工作电视电话会议中,将社会管理创新作为政法系统三项重点工作的组成部分之一。

③ 苏力:《送法下乡——中国基层司法制度研究》,北京大学出版社 2011 年版,第 27 页。

④ 详见 2013 年 5 月 9 日《人民法院报》头版文章——《在新媒体环境下奏响公正司法的时代强音》

最底层,但却构成了中国法院的根基。① 根据相关资料的统计数据,全国共有高级法院 30 余个,中级法院 400 余个,基层法院 3000 多个,基层人民法庭 12000 个;就法官人数而言,30 万名法官及其工作人员中有六分之五的人员在基层法院和基层人民法庭,90% 的民商事案件一审在基层法院,而这 90% 的民商事案件中又有 70% 在基层人民法庭。② 从基层人民法庭的数量、法官人数比例、案件处理量来看,人民法庭无疑是中国司法的中坚力量,人民法庭利用自身的优势展开法治宣传必然能够深刻影响中国社会的法制环境和基层治理结构。

但由于对人民法庭在法治宣传工作中的职能定位缺乏正确认识,加之制度保障乏力,法庭宣传职能不断萎缩弱化。针对上述现状,近年来郸县法院依托法庭职能创新,以宣传随案说法为参与基层社会管理的着力点,将法治宣传与辖区特点、传统文化、社会心理有机结合,创新宣传方式、拓展宣传渠道、打造宣传平台,熟练运用群众喜闻乐见、寓教于乐的形式开展法治宣传活动,逐渐形成具有地方特色的法治文化和具有核心竞争力的法治品牌,增强法治文化的渗透力和影响力,从而实现法治宣传教育的最佳效果。

二、当前人民法庭法治宣传供需现状解读

(一)人民法庭法治宣传的需求状况:迫切需求

为了解现阶段郸县辖区民众对人民法庭法治宣传的意愿、获得法律知识的渠道、法治宣传工作采取的方式和法治宣传效果等方面的真实情况,郸县法院印制了 800 份《人民法庭法治宣传调查问卷表》,发放对象主要包括基层群众、在校大学生以及少部分律师和当事人,共计收回有效调查问卷 721 份。

统计显示,郸县居民在日常生活中常遇到的纠纷类型的前五位分别是:劳务纠纷、婚姻家庭纠纷、房地产物业纠纷、债权债务纠纷和交通事故损赔纠纷。人身家庭邻里等传统民事纠纷所占比例为 40.26%,劳务不动产合同物业等经济类纠纷已经超过传统民事纠纷所占比重,达到 53.65%。常见纠纷类型的变化也从侧面反映出郸县社会经济正经历着快速的工业化发展和城镇化进程,经济类纠纷所占比例已经超越传统的民事纠纷成为郸县居民最常遇到的矛盾类型。参见图 7-1。

图 7-2 显示,在 721 份有效调查问卷中,高达 97% 的社会公众希望从人民法庭法治宣传工作中获得更多的法律知识,仅有 2 份否定回答。

---

① 杨凯:《承接地气:人民法庭审判职能改革完善之理想图景》,人民法院出版社 2012 年版,第 5 页。

② 参见 2011 年《中国法律年鉴》,法律出版社 2011 年版,第 10 页。

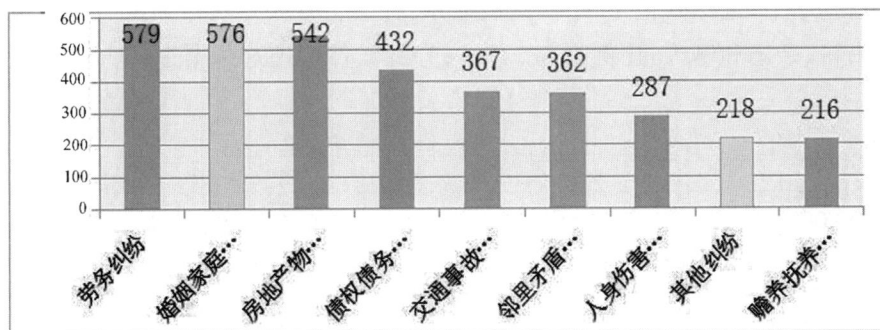

图 7-1　您经常遇到的矛盾纠纷类型(可多选)

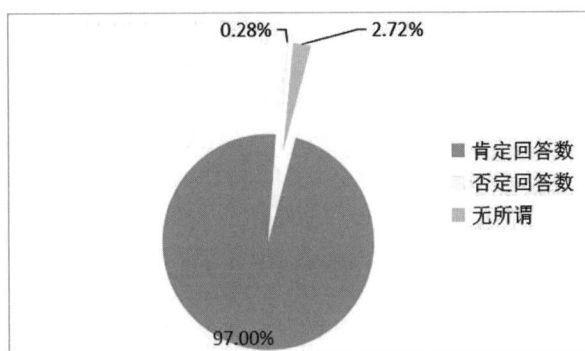

图 7-2　您希望从人民法庭法治宣传工作中获得法律知识吗(单选)

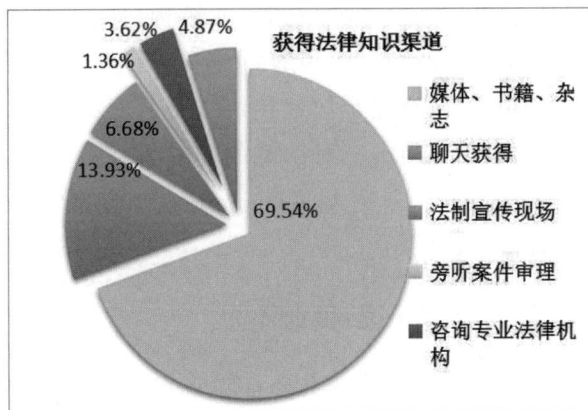

图 7-3　您是通过哪种渠道获得法律知识(可多选)

由于是多选题,本题共计收到 883 个回答,选择媒体、书籍、杂志 614 个;聊天获得 123 个;从人民法庭获得 71 个(法治宣传现场 59 个,旁听案件审理 12 个);咨询专业法律机构 32 个;选择其他 43 个。图表显示:社会公众获得法律知识的途径主要依靠媒体、书籍、杂志和聊天,比例为 83.47%;旁听案件审理这一渠道所占比例最少仅为 1.36%。

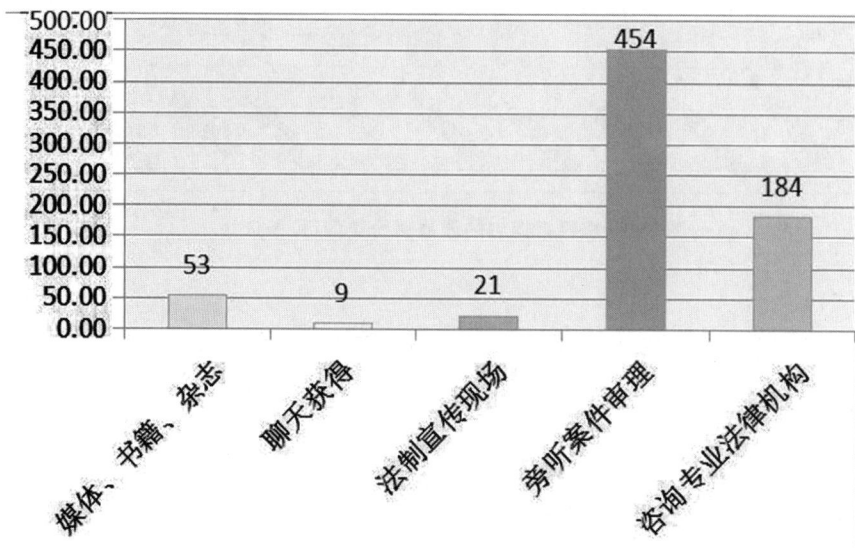

图 7-4　上述渠道中,您最喜欢哪种形式获取法制知识(单选)

图 7-4 显示,民众更喜欢通过旁听案件审理这种生动活泼的形式来获取法律知识,这一比例为 62.97%;咨询专业机构获取法律知识的意愿也很强烈,比例为 25.52%。

上述几组图表显示,郫县正从城乡分治的二元结构向统筹城乡一体化的新型城镇化道路转型,民众日常生活中所最常遇到的纠纷类型也随之发生改变,涉及经济社会活动的新型复杂的纠纷类型已经逐步取代传统人身家庭类纠纷,成为主体。普通民众现有的知识储备和生活常识很难应对新型的纠纷,法律知识普及在转型期的中国社会,尤其是基层社会面临着越来越大的缺口,高达 97% 的社会公众对人民法庭法治宣传工作存在现实需求。

(二)人民法庭法治宣传的供给状况:供给不足

从上文调查问卷梳理得知,97% 的社会公众对人民法庭法治宣传工作存在现实需求,但只有 8.04% 的社会公众能从人民法庭法治宣传这个渠道获得法律知识,供给呈现严重不足的局面,这与人民法庭所处基层一线应有的宣传堡垒的地位不相匹配。以法庭职能创新之前郫县法院为例:

1. 法庭宣传工作缺乏机制,从制度上无法保障供给。一项工作要深入推进必须建章立制,用制度来约束和保障。但在法庭职能创新前,郫县法院并没有专门关于人民法庭宣传工作的规章制度出台,法庭在装备、人员、经费等方面缺乏相应保障,难以进行日常宣传工作。2010 年度,郓县法院人民法庭开展巡回审判的次数为 37 次,仅占民事受案数的 1.86%,在市级以上新闻媒体上刊发宣传稿件仅为 1 篇,而同比院机关庭开展巡回审判 89 次,在市级以上新闻媒体上刊发稿件数为 17 篇[①];人民法庭处理案件数量比院机关庭多,理应拥有更为丰富的巡回审判案件和法治宣传资源,但这两项指标反而大不如机关庭,说明了法庭宣传工作开展随意性强,宣传功能弱化不明。

2. 法庭宣传方式缺乏载体,从形式上无法满足需求。法庭职能创新之前,法庭宣传仅仅延续过去一贯的街头摆摊设点、开展法律咨询等方式,每到法治宣传日或者其他节假日就和相关部门一样扎堆发放宣传材料,花费大量人力物力,而对民众是否能够详细阅读并领悟掌握相关法律知识并不知晓。通过前文调查问卷梳理得知,62.97%的民众希望通过旁听案件审理这一直观生动的方式获取法律知识,而通过旁听案件审理这种渠道获取法律知识的民众人数比例仅为 1.36%。宣传方式单一枯燥、缺乏载体,宣传程度蜻蜓点水、浮于表面,这显然不是民众真实喜欢的宣传方式。法庭干警也将宣传工作当成一种额外负担,工作积极性不高。[②]

3. 法庭宣传效果背离预期,从功效上无法满足需求。法治宣传要想发挥其应有的法治教化、矛盾化解、警示威慑之功效的前提是:首先民众看得懂、其次民众愿意看、最后民众能经常接触到。郓县法院人民法庭职能创新前,法庭宣传无论从工作理念还是从工作方式上都几乎等同于摆摊设点搞普法,上街发放法治宣传材料。法律法规由于其专业性和逻辑性较强,没有受过专门教育的普通民众很难看得懂;退一步说,就算很多民众看得懂,但由于法律知识本身枯燥乏味,大部分民众简单扫两眼宣传材料就失去了深度了解的兴趣,必然随手一丢成为废纸;再退一步讲,就算民众对枯燥乏味的法律知识看得懂也愿意看,但只是节假日组织几次法治宣传活动频率太低,民众接触的机会也很少,很难发挥法治宣传应有的预期效果。

综上所述,职能创新前人民法庭宣传工作呈现供需矛盾突出的局面,难以满足转型期广大民众的迫切需求。一方面,这说明人民法庭应当强化法治宣传功能,在进一步满足民众渴求的同时也要转变宣传工作思路、创新宣传工作载体,更多地采取直观活泼的随案说法的方式来进行法治宣传教育,以达到法治宣传的预期效果;另一方面也从侧面反映出人民法庭与基层民众的联系不够紧密,民众由于缺少渠道或者不知道参与旁听案件的途径,很少直接参与诉讼旁听。可见基层民众与人民法庭或者诉讼机制还有一段距离,但正是这段距离易使广大民众产生对司法的隔阂感、甚至由于

---

① 市级以上新闻媒体不包括网络媒体宣传。
② 卢静:《论基层法院宣传工作对司法公开的必要性》,载《法制与社会》2012 年 7 月版。

某些误导因素的出现而导致对法院裁判结果的不信任①。法院却是化解社会矛盾的最后一道防线，如果任由这段距离延展拉伸，从而不断腐蚀司法防线，那最终的后果将是使社会公众丧失对法律的信仰，维系社会秩序的根基腐败崩塌。故而，人民法庭应当主动深入基层，积极回应转型期广大民众对法律知识的渴求。

三、理论构建：基于人民法庭随案说法的证成

（一）深究人民法庭法治宣传供需矛盾的突出根源

1. 思维模式不当，宣传与审判脱节。以往一说到法治宣传，法庭干警脑海中就会呈现出这样一幅画面：上街拉个横幅、就近摆个摊摊、现场发个材料、解答群众疑问……这些都是所谓的"规定动作"，要专门专人专时进行法治宣传，没有结合到法院审判工作本身，存在一些审判执行与法治宣传"两张皮"现象，宣传是副业非主业的认识误区。思维模式不当，导致法治宣传实践出现了单纯"为宣传而宣传"的现象，宣传与审判脱节，法庭的干警对宣传工作积极性不高，法治宣传工作异化为审判主业之外的工作负担。习近平总书记多次提到，要坚持司法为民、公正司法、努力让人民群众在每一个司法案件中都感受到公平正义。实现司法公正不仅需要人民法院从每一个司法案件的公平正义着手，更需要让人民群众以看得见、感受到的方式实现每一个司法案件的公平正义。这就要求人民法庭转变以往的宣传方式，构建以宣传随案说法为工作主线的新模式，用广大群众看得见、感受得到的方式，做到案件审理过程透明、公开。用公开促公正、用公正促公信，满足广大人民知情权和监督权，赢得社会各界的理解和支持②。

2. 工作方式不当，要求与实践背离。一方面工作方式与法律法规的要求相背离。《人民法院组织法》第三条第二款规定："人民法院用它的全部活动教育公民忠于社会主义祖国，自觉地遵守宪法和法律。"上述规定从宏观层面对人民法庭的宣传工作进行了明确的界定和要求，人民法庭应当通过其全部活动宣传法治、教育公民遵守法律，而人民法庭最主要的活动是审判工作，故而人民法庭应当通过案件审理的方式进行随案说法。但正如前文所述，实践中很多法庭的做法与规定的要求不符。另一方面与人民群众的要求相背离。通过前期的问卷调查得知，62.97%的民众喜欢通过旁听案件审理这种生动直观的宣传方式，而旁听案件审理这种宣传方式的受众人数比例最低，仅为1.36%。人民法庭植根基层，深入群众，善于把握不同受众的法制需求，贴近生活、贴近实际，能够更好更快地反映人民群众对法治宣传的新要求、新期

---

① 王宁霞：《论新时期法治宣传模式的创新》，载《天水行政学院学报》2011年第1期。
② 刑露：《人民法院参与社会管理创新途径之探索》，载《法制与社会》2012年第1期。

待;应当采取随案说法的方式进行法治宣传,用基层的案例、经验说话,用群众身边的事实、典型说话,用老百姓易于接受的方式、语言说话,传递法治"正能量",但在法庭职能创新前,人民法庭显然没有回应群众对法治宣传的诉求。

3. 职能定位不明,与其他机构混同。对内没有厘清与民事审判庭在宣传职能上的区别。我国典型的城乡二元结构决定了人民法庭和民事审判庭在功能定位上的不同,人民法庭由于地处乡镇基层一线,强调灵活和便民,自身带有明显的亲民性特征[①],案件处理以巡回审判为主,坐堂问案为辅助;而民事审判庭由于设置在城区院机关内,强调程序和规则,带有明显的规范性特征,案件处理以坐堂问案为主,巡回审判为辅。民事审判庭和人民法庭职能定位的差异也决定了两者在宣传工作中分工不同:民事审判庭主要通过开展法制讲座、案例指导等方式进行宏观角度面上的法律宣讲;人民法庭主要通过开展走进法庭听审判、巡回审判、坝坝法庭等形式进行微观角度点上的法律宣传,两者的区别归纳起来就是点和面的差异。而这些区别在法庭职能创新之前显然没有厘清,人民法庭和民事审判庭在宣传职能上混同,在工作方式上一致,没有凸显出人民法庭的特性。

对外没有区分与司法局、政府法制办、文广局等相关部门和机构在宣传职能上的差异。人民法庭与其他普法宣传机关相比,其优势在于可以将无形的法律宣传融入有形的案件审理过程当中,法治宣传整个过程呈现潜移默化、生动活泼、易于接受的特点;其他普法宣传机构的特点在于通过行政手段、材料发放、媒介传播等方式将法律知识嵌入民众的意识形态,是一种直接灌输、严肃呆板的宣传方式[②]。这些差异在法庭职能创新之前同样没有区分,法庭宣传也和其他普法宣传机关一样摆摊设点、发放材料,没有凸显人民法庭的宣传优势。

(二)人民法庭法治宣传模式的构建——随案说法

1. 转型时期树立社会主义法治宣传新理念。我国社会正处于转型期,转型是从下而上快速变化的,是社会经济高速发展所带来的公众理念、生产手段和生活方式的变革,这些变革必然导致整个社会管理和社会秩序的破裂化、碎片化和不稳定化。转型倒逼改革,而我国的政治体制决定了改革必然是自上而下缓慢变迁的,体制改革大约呈现金字塔式,越靠近金字塔底层,变迁的越微小和缓慢,但金字塔底层的变迁却是决定着一项改革制度能否落地生根、成功推进的关键。人民法庭处于司法改革的末端和社会转型的金字塔底层,处在自上而下各项改革措施的试验场和社会生活及民众观念抵牾的罅隙中[③],责无旁贷地成了国家司法制度与民众生活接洽的桥梁和

[①] 人民法庭之所以带有这样的特征,正是人民法庭设置按照"两便"原则的体现。

[②] 邓建志:《转型期乡村社区情理与法治秩序的建构》,载《宁夏党校学报》2003 年 5 月第 3 期。

[③] 高其才、黄宇宁、赵彩凤:《基层司法》,法律出版社 2009 年版,第 428 页。

纽带。人民法庭法治宣传工作要主动适应转型期的环境变迁，找准法治宣传工作的切入口和着力点，坚持法制教育与司法实践相结合，努力满足基层法治建设的需要，满足人民群众的需求①。

在法庭法治宣传理念上，要按照党的十八大精神的要求，进一步解放思想、与时俱进、开拓创新，主动从传统的、固有的思维定式中解放出来，深入开展法治宣传工作；高度重视宣传内容的思想性、政治性、可读性和可视性，将法治宣传的专业性和群众的喜闻乐见性结合起来，实现政治效果、法律效果和社会效果的统一②。另一方面，要"实现两个转变、达到两个提高"。将法庭法治宣传工作由"审判之外的副业"转变为"同审判一样重要的主业"，提高法庭干警对宣传工作重要性的认识；将法庭宣传工作由可有可无的"软任务"变成常态规范的"硬指标"，提高法庭法治宣传的效果。

2. 立足审判找准人民法庭法治宣传的职能定位。人民法庭法治宣传只有紧扣本职工作，采取活泼直观的形式开展，满足人民群众"内源"式需求，普法宣传才有生命力。立足于审判实际，将原来的审判、宣传"两张皮"融为一体，将宣传随案说法贯穿到法庭审理的全过程，以审判为载体扩大法治宣传影响力，融宣传于审判提升司法公信力。

人民法庭深入基层，用发生在民众身边的案件进行随案说法，让群众更加了解司法、亲近司法，进而提升司法公信力；通过法官在处理案件的过程中，对法、理、情的平衡，对人情、人性、人心的拿捏，打破原有法治宣传一贯的教条和说教，通过案件公正高效审理树立司法权威，获得以往法治宣传所没有的社会效果。比如：郫县法院安德人民法庭辖区原本赡养案件高发，通过采取随案说法的方式，进入案发村社进行公开审理，一段时间后赡养案件数量明显下降③。在审理赡养纠纷案件当中，法庭到当事人居住的村委会现场公开审理，必要时还邀请电视台对典型案例的庭审过程进行专题报道，那些曾在法庭上打官司的当事人或者围观旁听案件的群众在接受了一堂生动直观的法制教育课程的同时，又主动成为义务法治宣传员和法律知识扩散的"二传手"，从而实现了审理一案，教育一片的目的，从源头上减少和预防社会矛盾纠纷的发生。

---

① 吴军：《在化解社会矛盾中发挥法治宣传职能的几点思考》，载《中国司法》2011年第3期。

② 孟建柱在上海调研时强调：《加强政法宣传工作 推进平安中国法治中国建设》，载《人民法院报》2013年6月3日。

③ 2012年9月—12月，安德人民法庭共计受理赡养案件21件，实行宣传随案说法后的2013年1月～5月，安德人民法庭赡养案件下降至2件。

四、实践探索：人民法庭随案说法的验证

(一)郫县法院人民法庭宣传随案说法的措施

2012年2月,郫县人民法院被成都市中级人民法院确定为法庭职能创新试点单位,以此为抓手,探索重塑人民法庭的宣传职能:转变宣传理念、准确定位职责、拓展宣传载体、强化物质保障、完善机制构建,将"随案说法"这一理念贯穿到整个法庭宣传工作的始终,通过采取"走进法庭听审判"、"巡回审判"、"坝坝法庭"、"法制大讲堂"、"法庭开放日"、"深化媒体合作"、"法庭文化建设"、"共建法制教育基地"等形式,努力实现"巡回审判在基层、普法教育在一线、多元化解在根源、文化引导促和谐"的目的。

1. 制定实施办法,法庭宣传规范运行。为了进一步规范和强化人民法庭法治宣传工作,增强社会公众学法守法用法意识,郫县法院制定了《人民法庭法治宣传工作实施办法》。实施办法明确了法庭宣传的职能定位和宣传方式,规范了法庭宣传的工作任务和工作流程,严格了法庭宣传工作的量化考核和目标奖惩,实现了法庭宣传工作的规范运行。

2. 强化软硬件保障,法庭宣传深入基层。为了切实方便法庭开展宣传工作,有利于法官深入辖区乡村开展巡回审判,郫县法院不断强化软硬件保障。在软件建设方面,开发了宣传随案说法软件系统,系统默认人民法庭所有应公开开庭的案件均需要进行随案说法的宣传,该系统具有"实用性、统一性、可扩展性与可持续性"特点,自动化程度高,易于操作,并能实现与现有的法院管理系统互联互通,为宣传随案说法工作提供了强有力的信息化支撑。

硬件保障方面,向五个人民法庭统一配备了巡回审判装备和巡回审判车。巡回审判装备主要包括巡回审理箱包和折叠桌椅两大部分。巡回审理箱包可分类、有序的放置打印复印扫描一体机、法槌、国徽、巡回审判横幅、录音笔、笔记本电脑、标牌等十余种"法宝"。此套设备简易便捷,仅十分钟就能搭建起一个完整的巡回审判法庭,便于法庭法官就地开庭审理,规范法庭场景设置,对开展宣传以案说法起到了积极的作用。巡回审判车车身喷涂"巡回审判"标识,车内配备了折叠式桌椅、电脑、音响、录音录像设备等设施,是集立案、送达、调解、开庭、庭审同步录音录像和法治宣传等功能于一身的"移动科技法庭"。

3. 开展校地合作,共建法制教育基地。针对辖区学校众多,涉及学生群体的违法案件多发的情况,郫县法院与西化大学、成都工业学院、成都纺织高等专科学校、郫县实验学校等共建法制教育基地,各个法庭定期选择涉及青少年学生群体、具有典型教育意义的案件进行巡回审判。另一方面,选聘12位精通法律实务、理论功底深厚

的法官受聘请成为中小学、职业高等学校的法制辅导员,完善中小学生法制教育课程,采用随案说法增强警示教育的功效,逐渐形成学校、家庭、社会"三位一体"的青少年法治宣传教育新格局。2013年1至5月,人民法庭共计开展巡回审判进校园53次,开展法制教育讲座15次,受教育学生人数达到6000余人次。

4. 融合文化元素,扩大法庭宣传的感染力和渗透力。法治宣传本身只是将抽象的法治文化通过各种载体展现出来的一种手段,其目的是为了将法治文化这一文化业态传播给社会公众,用先进的法治文化教化公众的思想,引导公众的行为。我国历来缺少法治环境,而法治文化这种先进的文化资源在广大的基层地区显得尤为稀缺,人民法庭通过随案说法这种直观生动的宣传方式将法治文化输送到基层、传播到一线、影响到民众,有利于发挥先进法治文化的引领和教化功能。其引导作用体现在二方面:一是引导基层公众。人民法庭通过巡回审判、"坝坝法庭"、"流动法庭"、"法庭开放日"等可以把法治宣传延伸到家庭,触及个人,引导社会公众的懂法、守法、用法的意识。二是引导媒体舆论。大众传媒对公众树立法治观念起着非常重要的作用,人民法庭通过深化媒体合作,发挥电视、广播、报纸、互联网及移动通信等宣传平台的优势,为传媒提供准确、翔实、生动的案件审理素材,引导社会舆论,为化解社会矛盾营造良好的社会舆论环境。

(二)法庭随案说法的效果对比

通过这一系列举措,郫县法院人民法庭宣传工作基础性地位日益凸显,在满足辖区群众法律知识诉求、传播法治文化、矛盾根源化解、夯实基层法治等方面的功能日益显现。2012年,人民法庭开展巡回审判223次,与2010年全年(37次)相比增长503%,覆盖全县126个村社,占辖区156个村社的80.9%;开展法庭开放日活动42次,参观群众800余人;全年开展法制教育讲座38次,共计3500余名群众接受了法制辅导;利用报刊、电视台、互联网等载体开展以案说法宣传116次,比2010年全年(15次)增加了673.3%。(见图7-5)

结　语

《中共中央关于全面推进依法治国若干重大问题的决定》提出:"坚持把全民普法和守法作为依法治国的长期基础性工作,深入开展法治宣传教育,引导全民自觉守法、遇事找法、解决问题靠法",人民法庭肩负法治宣传教育之职责无旁贷。从微观层面来讲,转型期人民法庭做好法治宣传工作不仅是回应广大民众诉求的需要,也是人民法庭参与基层社会管理创新的重要途径,更是化解矛盾冲突的有效手段;从宏观方面来说,人民法庭做好法治宣传工作是夯实基层社会法治基础的需要,也是基层社会法治文化和法治信仰培养的需要,更是推动依法治国这一目标的重要途径。从形式

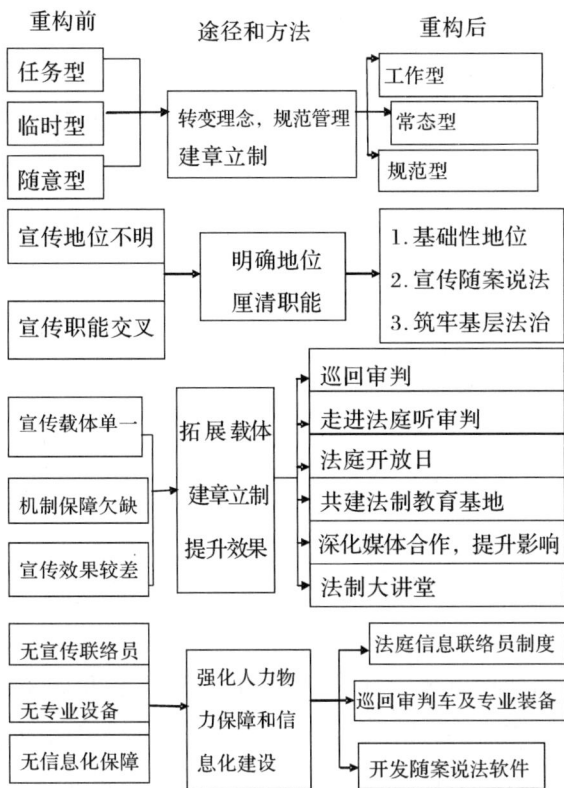

重构前	途径和方法	重构后

```
重构前              途径和方法            重构后

任务型  ┐                           ┌  工作型
临时型  ├─→  转变理念,规范管理  ├─→  常态型
随意型  ┘      建章立制          └  规范型

宣传地位不明 ┐                        ┌ 1.基础性地位
             ├─→  明确地位  ───→  ├ 2.宣传随案说法
宣传职能交叉 ┘      厘清职能          └ 3.筑牢基层法治

宣传载体单一 ┐                        ┌ 巡回审判
             │      拓展载体          ├ 走进法庭听审判
机制保障欠缺 ├─→  建章立制  ───→  ├ 法庭开放日
             │      提升效果          ├ 共建法制教育基地
宣传效果较差 ┘                        ├ 深化媒体合作,提升影响
                                     └ 法制大讲堂

无宣传联络员 ┐                        ┌ 法庭信息联络员制度
             │      强化人力物        │
无专业设备   ├─→  力保障和信  ───→  ├ 巡回审判车及专业装备
             │      息化建设          │
无信息化保障 ┘                        └ 开发随案说法软件
```

图 7-5　人民法庭宣传职能重构前后对比图

上看,人民法庭的宣传教育工作是一项软职能,但这项软职能却凸显着法治文化的软实力,蕴含着基层民众法治理念形成的重托,更禀赋着中国法治进程的希望。

第八章

中国城镇化之路与人民法庭布局

——以三省三市(地区)110 家人民法庭为样本的分析

姜树政[*]

社会福利的大小可以用社会成员从行为中得到的利益减去遭到的损失和法律的执行成本来衡量。

——斯蒂文·沙维尔[**]

人民法庭是基层司法的重要一环,对于方便公众诉讼、化解矛盾于基层和萌芽状态功不可没。十八届四中全会《决定》指出,"全面推进依法治国,基础在基层,工作重点在基层","加强基层法治机构建设,强化基层法治队伍,建立重心下移、力量下沉的法治工作机制"。"四五改革纲要"指出,"绝大多数普通民商事一审案件的管辖权下放至基层人民法院,辅之以加强人民法庭和诉讼服务中心建设,强化基层人民法院化解矛盾的职能",[③]赋予了人民法庭更大的使命,人民法庭在基层社会纠纷化解中无疑将扮演着越来越重要的角色。近年来,中国城镇化进程不断加快,乡镇格局持续调整,原有法庭的管辖区域相继发生变化,人民法庭的设置出现许多不科学、不规范之处,影响到人民法庭功能的发挥。我们在全国范围内选择了三个省份的三家中级人民法院,即 S 省 W 市中级人民法院(下辖 52 个人民法庭)、L 省 H 市中级人民法院(下辖 21 个人民法庭)和 G 省 T 市中级人民法院(下辖 37 个人民法庭)所辖的共 110 处人民法庭作为分析样本,分别代表东、中、西部地区。同时,其他地区的人民法庭对于分析人民法庭布局具有参考价值的,一并予以分析。尽管这些样本人民法庭反映出来的问题,未必能够涵盖人民法庭布局上存在的所有问题,但由于样本取自东、中、西三个地区,在地域上具有广泛性,一定程度上反映了中国不同地区人民法庭布局上

---

[*] 姜树政(1963 年 10 月—),山东省潍坊市中级人民法院院长。

[**] 〔美〕斯蒂文·沙维尔著,赵海怡、史册、宁静波译:《法律经济分析的基础理论》,中国人民大学出版社 2013 年版,第 505 页。

[③] 最高人民法院:《人民法院第四个五年改革纲要(2014—2018)》(2014 年 7 月 9 日)

存在的一些并非全面却相对典型的问题。我们将通过发掘人民法庭布局上存在的问题,考察城镇化进程对人民法庭设置的影响,在比较现有的三种人民法庭设置模式的基础上,分析人民法庭的设置原则即"两便原则"的经济目标,进而提出东中西地区人民法庭布局的可能方案。

一、问题的提出

人民法庭的设置综合考量决定,是否设置人民法庭,在何处设置,都要根据案件数量、人口多少、辖区范围大小、经济文化发展状况等情况综合决定。[①] 但在实践中,人民法庭的设置往往与最佳布局有一定差距,存在诸多不合理之处。

(一)距离法院机关过近

人民法庭在布局上的一个显著问题是距离法院机关过近。L 省 H 地区在城市市区设置的人民法庭有 4 个,法庭在基层法院办公的有 2 个。S 省 W 市梨园法庭、城关法庭两家人民法庭,也存在法院机关办公或空挂名称、已无人员、办公场所的问题。由于人民法庭设置距离机关过近,到人民法庭诉讼与到法院机关所在地法院诉讼没有太大的区别,人民法庭相对于法院机关所具有的区位优势无法得到发挥。相关人民法庭的设置,对辖区内潜在的诉讼当事人而言几乎不构成太大影响,导致人民法庭形同虚设。

(二)偏离乡镇的中心区

法庭设置的地点,直接影响到辖区当事人诉讼的成本,这意味着人民法庭的设置不能过于偏离辖区中心区。L 省 H 地区的人民法庭就有 4 个设立在偏远地区。与设置在乡镇的中心位置相比,人民法庭设立偏离乡镇中心区,会因为交通成本的增加造成审判成本在一定程度上涨。更为重要的是,在所辖乡镇(街办)内,一旦人民法庭偏居一隅而非居于乡镇的中心位置,处于法庭所在地对角线位置的诉讼当事人就需要长途跋涉到人民法庭参与诉讼活动,诉讼成本将大幅提高,不便于当事人诉讼。

(三)法庭辖区大小不均

人民法庭辖区的大小,关系到公众诉讼和法院审判能否顺利进行。L 省 H 地区的 21 个人民法庭,人民法庭辖区人口不足 10 万的法庭 10 个、100 万以上的法庭 1 个。辖区面积不足 100 平方公里的法庭 3 个、500 平方公里以上的法庭 9 个。而且辖

[①] 胡夏冰、陈春梅:《我国人民法庭制度的发展历程》,载《法学杂志》2011 年第 2 期。

区面积与案件数量并不成正比,L省H地区人民法庭受理案件量普遍较低,年平均受理案件200件以下的法庭10个(最少的法庭仅108件),而受理案件超过500件的法庭1个(最多的法庭619件)。[①] 各法庭辖区差异较大,辖区人口跨越10万到100万,辖区面积从100平方公里到500平方公里不等,案件数量从108件到619件年均相差500余件,造成司法资源得不到充分利用。

(四)个别乡镇一镇两庭

"多镇一庭"的现象很常见,但"一镇两庭"同样的存在。S省W市中级人民法院就有一个乡镇内设有两个法庭,"一镇两庭"的情形就方便当事人诉讼而言,显然是极为有利的,但由于一个乡镇往往面积有限、人口数量并不多,案件数量相对较少,而设立两个人民法庭则需要有双倍的办公场所、设施投入和人员物资的配备,给法院审判权的行使带来不便。一个乡镇设立两个人民法庭给诉讼当事人带来的便利,并不足以弥补设立两个人民法庭给司法机关造成的司法资源损失。

(五)法庭名称未予调整

由于乡镇合并,人民法庭所在镇可能已经被撤销或并入其他乡镇,但因人民法庭并未相应的搬迁,在法庭名称上仍然沿用原来的乡镇名称。S省W市中级人民法院辖区有的人民法庭所在的乡镇因为法庭名称未及时调整,仍然沿用原有的法庭名称。实践中,人民法庭如何命名,虽然并没有一成不变的定例,命名规则也并不统一,[②]但却不意味着法庭名称对于诉讼活动不会产生任何不利影响,特别是当人民法庭用乡镇名称命名时更是如此。因为在行政区划上乡镇撤并尽管撤销了特定乡镇,辖区内的居民却不会迅速接受和认同新的行政上的归属地,当人民法庭仍沿用原来的乡镇名称时,很容易给人以其管辖范围仅限于原来被撤销的乡镇的辖区的误解。

二、城镇化:法庭布局的社会底色

对27个全国十佳人民法庭的调查显示,人民法庭司法区域内的行政单位(主要指乡、民族乡、镇、街办)以2个居多,占27个法庭的25.9%;其次为3—6个,分别占14.8%、14.8%、7.4%、14.8%;所辖7个和8个的行政单位的,均为7.4%,所辖9个行政单位的,占3.7%,所辖10个以上行政单位(13个)的,占3.7%。行政单位数量

---

① 柴学伟:《对完善人民法庭设置的思考——基于H市人民法庭工作现状的调查及分析》,载《人民法院报》2010年11月3日第8版。

② 一般是以所在地地名命名。1999年最高人民法院《关于人民法庭若干问题的规定》第11条规定:"人民法庭的名称,以其所在地地名而定,并冠以所属基层人民法院的名称"。

在 9 个及 9 个以下的占 27 个人民法庭的 96.3％,也就是说,人民法庭所辖的行政单位数一般为 2～9 个,尤其以 2 个居多,人民法庭个数随着所辖行政单位数量的增多而减少。[①] 由于人民法庭所辖的行政单位主要是乡、民族乡、镇、街办,因此,行政单位构成的调整、行政区划的变化,将直接影响到人民法庭的布局,而城镇化进程与行政格局的变迁密切相关。

(一)城镇格局的变迁

改革开放以来,中国人口城镇化率从 1978 年的 17.9％提高到 2008 年的 45.7％,30 年提高了 27.8 个百分点,平均每年提高 0.93 个百分点,特别是 1996—2008 年,城市化率从 30.5％提高到 45.7％,提高了 15.2 个百分点,年均提高 1.27 个百分点。城镇化带来了大规模基础设施和城镇住宅的需求,以及大规模的农村人口转移和生活方式变革。[②] 在全国范围内初步形成了以大城市为中心、中小城市为骨干、小城镇为基础的多层次城市体系。[③] 人口向城市的集聚、小城镇格局的变化和不同城镇的人口数量的再分配,使人民法庭的辖区内的各种社会要素(如人员构成、社会关系、经济与社会发展水平)在事实上已经发生了变化,纠纷性质、案件数量、社会生态都不同以往。熟人社会受到渗透乃至在相当程度上解体,社会规范的制衡效果进一步弱化,在这种情形下,即便行政区划没有发生改变,城镇辖区还是一如以往,法庭布局依然如故,由于各个城镇的面貌已是今非昔比,以原有城镇格局为基础建立起来的法庭布局,即使在设置之初是完全合理的,随着城镇化的推进,法庭设置的问题也会随着城镇格局的变迁浮出水面,变得不再那么合理。

(二)行政区划的调整

城镇化的快速发展,原有行政区划和建制已经不适应公共管理与服务的需要,国家加快了区划调整的步伐,主要体现在:撤县设区、设立新区、特区扩容、城区合并和撤乡并镇。就撤乡并镇而言,行政区划和建制调整有利于扩大小城镇规模,进行集中建设,但撤乡并镇增加了办事成本,加大了乡镇的管理难度。[④] 当前,随着全国各地经济社会的快速发展,公路交通的覆盖面越来越大,加上近些年乡镇的裁撤合并,原有法庭的管辖区域发生变化,辖区人口不同以往,人民法庭的设置需要进行相应的调整。同时,由于各乡镇经济发展情况不一样,有的法庭案件较少,有的法庭案件较多,

---

① 高其才、黄宇宁、赵彩凤:《基层司法——社会转型时期的三十二个先进人民法庭实证研究》,法律出版社 2009 年版,第 39 页。

② 王一鸣:《中国城镇化进程、挑战与转型》,载《中国金融》2010 年第 4 期。

③ 马晓河、胡拥军:《中国城镇化进程、面临问题及其总体布局》,载《改革》2010 年第 10 期。

④ 刘立峰:《对新型城镇化进程中若干问题的思考》,载《宏观经济研究》2013 年第 5 期。

法庭之间受理案件不均衡,这也涉及布局的调整。在人民法庭布局问题上,各级人民法院已进行了有益的尝试,形成了多种设置模式。

三、人民法庭的设置模式

人民法庭的设置经历了"一镇一庭"、"多镇一庭"、"中心法庭"三种典型的模式,每一种模式在某种程度上都是特定时期城镇化进程中的产物,反映了不同时期人民法院的制度追求。对于这些模式所产生的制度成本与收益的分析,将为人民法庭布局的整体规划提供决策参考。

(一)"一镇一庭"

对于人民法庭的设置模式,1954 年和 1979 年《人民法院组织法》规定:"基层人民法院根据地区、人口和案件情况,可以设立若干人民法庭。人民法庭是基层人民法院的组成部分,它的判决和裁定就是基层人民法院的判决和裁定。"在 1998 年首次全国法庭工作会议召开之前,人民法庭的设置基本上沿袭新中国成立以来的这种设置方式,最初模式是"一乡(镇)一庭",[1]特别是在 20 世纪 80、90 年代,人民法庭发展迅速,出现了"乡乡建法庭"的口号和高潮,1992 年全国人民法庭就已多达 18000 个,逐步形成了"一乡(镇)一庭"的格局。《人民法院组织法》修改(1983 年、1986 年和 2006年)时,对该规定未加修改。人民法院一直按照"便于人民群众参与诉讼,便于人民法院审理案件"的两便原则设置人民法庭。[2] 但这种按照行政区划设置人民法庭的做法效果并不理想,虽然便于人民群众参与诉讼,但却明显不便于人民法院审理案件,由于法院财力不足,编制不足,一镇一庭难以适应繁忙审判工作的需要。[3] 人员配备和物质装备都难以到位,法庭徒有虚名,不利于人民法庭独立、公正地行使审判权,法庭常常被视为乡镇政府的一个机构,它所行使的司法职能受到乡镇政府掣肘。[4] 人民法庭的设置模式的改革,也就变得迫在眉睫了。

(二)"多镇一庭"

1998 年 11 月 28 日首次全国人民法庭工作会议召开,1999 年 6 月 10 日最高人民法院发布《关于人民法庭若干问题的规定》,明确规定:"人民法庭根据地区大小、人

---

① 高洪宾:《提高人民法庭权威面面观》,载《人民司法》1995 年第 4 期。
② 高其才、黄宇宁、赵彩凤:《基层司法——社会转型时期的三十二个先进人民法庭实证研究》,法律出版社 2009 年版,第 475 页。
③ 高洪宾:《提高人民法庭权威面面观》,载《人民司法》1995 年第 4 期。
④ 丁卫:《秦窑法庭——基层司法的实践逻辑》,三联书店 2014 年版,第 6 页。

口多少、案件数量和经济发展状况等情况设置，不受行政区划的限制。"此后，人民法庭开始大规模撤并，掀起了规模化、规范化建设的高潮。人民法庭不再是一镇一庭，而是多镇一庭(即两或三个乡镇设一个人民法庭)。到 2005 年 4 月时，全国人民法庭数已降到 10392 个，减少了 42.3%。[①] 多镇一庭的设置模式，极大地降低了人民法院的办案成本，便于人民法院审理案件，法庭配置也得到提高。[②] 但随着人民法庭大规模撤并，加上"当事人举证"、"一步到庭"、"立审执分离"等一系列改革措施波及基层，人民法庭的司法活动出现了更加复杂的局面，当事人讼累增加，法庭不作为、乱作为的现象增多。如对人民法庭立案权、执行权的上收，导致群众为一个不起眼的纠纷在县城与乡镇来回奔波，交通食宿费用甚至超过了诉讼标的，[③] 人民法庭的设置，出现了"鱼和熊掌不可兼得"的悖论。

(三)"中心法庭"

在"一镇一庭"和"多镇一庭"这两种全国性的法庭设置模式之外，还存在一种地方性的法庭设置模式，即"中心法庭"模式。这种模式将原有的法庭，以 2 至 3 个法庭合并为一处，在原辖区内地理位置处于中心、交通便利的乡镇成立一个新法庭，或以一个法庭为基础，兼并 2 至 3 个法庭的人、财、物；对保留和新设的人民法庭，集中人力物力，提高建设标准，彻底改善执法条件，建成高水平的中心人民法庭。有的地方将这些合并成立的法庭贯之于"××中心人民法庭"的名称。中心人民法庭在人员配备上一般在 12 至 20 人之间，有相对固定的庭长、法官、书记员、执行员、法警等人员；在审判、办公场所上，确保大、中、小审判庭不少于 5 个，办公室、会议室、电脑房、资料室、宿舍、食堂、值班室等齐全；在物质装备上，为审判人员就近办案配备必备条件，并

---

① 杜中杰、张慧鹏：《人民法庭——审结案占全国法院的 0.81%》，载《人民法院报》2005 年版。

② 1999 年之前，广东省省按照"一镇一庭"模式共设置了 1014 个人民法庭。1998 年，最高人民法院时任院长肖扬提出要把加强人民法院基层建设作为全部工作的着眼点和着力点。广东省针对人民法庭的第一轮调整撤并由此开始。2004 年第二轮调整结束后，广东全省人民法庭总数精简为 392 个，比撤并前减少了 61%。目前每个法庭都能至少组成一个合议庭，而珠三角地区法庭普遍保持在 10 人以上。在此过程中，人民法庭队伍的整体素质也显著提高，大专以上学历的占 90% 以上。在人民法庭数量减少 61% 的情况下，人均结案数量反比撤并前增长 48.63%。广东省高院院长吕伯涛表示，"这得益于广东人民法庭建设走上了规模化、规范化和现代化的轨道。"参见贺信、张慧鹏：《法庭数量减 61% 人均结案增 49 %》，《南方日报》2005 年 4 月 8 日第 A01 版。

③ 马志相、周舜隆：《在制度供给中镆出基层法治之路——兼论人民法庭的传统与改革》，载万鄂湘主编：《审判权运行与行政法适用问题研究——全国法院第二十二届学术讨论会论文集》，人民法院出版社 2011 年版，第 181 页。

普遍实现了文书、庭审、管理信息化。^①"中心法庭"模式实际上是对"多镇一庭"模式的再整合,将各辖2～3个乡镇的2～3个人民法庭合并为一个中心法庭,设置在位于所辖区域中心的乡镇,这意味着每个中心法庭所管辖的乡镇将达到4～9个。"中心法庭"模式使人民法庭的数量相对于"一镇一庭"和"多镇一庭"大规模减少,司法资源更为集中,人民法院的审判成本明显降低。但由于法庭数量的减少,在交通不便的情况下,当事人诉讼的成本将大幅增加,因此,这种模式出现在交通便利的东部经济发达省份而非交通不便的经济欠发达地区,也就顺理成章了。

四、"两便原则"的真谛:穿梭于成本与收益之间

人民法庭大规模撤并之后,最高人民法院于2005年9月19日颁布的《关于全面加强人民法庭工作的决定》(以下简称《法庭决定》),明确提出,人民法庭的设置要遵循"便于当事人诉讼,便于人民法院依法独立、公正和高效行使审判权"的"两便"原则,主要设置在农村或城乡接合部,年受理案件数量一般不低于200件,但边远山区、牧区、林区等地区则不受此限,具体受理案件数量由各高级人民法院根据实际情况决定。基层法院可根据需要设立巡回审判点,由人民法庭定期或不定期进行巡回审判。

对于"两便"原则,有观点认为,其隐含着一种强调便于法院的倾向,若把握失准,可能导致片面强调规范化,从而背离设立人民法庭的初衷。^②这种解读实际上是对"两便原则"的误解,便于法院是"两便原则"的一个但不是唯一考量因素。人民法庭设置的数量将会引发提起诉讼的成本和审判案件的成本两种类型的社会成本。从"便于诉讼"和"便于审判"两种目标带来的成本的边际变化的角度看,构成了方向相反的两个制度追求。人民法庭的布局,应当是最小化法庭数量设置引发的诉讼成本和审判成本之和,即最小化社会总成本。人民法庭最佳布局的确定,就是要在两种成本之间寻求均衡点。如图所示,纵轴表示法庭设置带来的成本,横轴表示法庭的数量。曲线J表示审判成本的边际变化,曲线C表示诉讼成本的边际变化。

(一)诉讼成本

人民法庭数量越多(例如"一镇一庭"),当事人到最近法庭诉讼的距离也就越近,

---

① 1994年,江苏省率先在苏南部分基层人民法院进行法庭改革的试点工作。经过试点、总结和推广,截至1997年底,江苏省共撤销人民法庭80余个,合并成立20余个法庭,人民法庭设置的新格局已初步形成。苏南地区新建法庭面积平均达1500平方米,有的甚至超过4000平方米。苏北地区合并后设立的法庭平均面积也在1000平方米左右。参见江苏省高级人民法院民事审判庭:《中心人民法庭——人民法庭建设的新路子》,载《人民司法》1998年第12期。

② 高其才、黄宇宁、赵彩凤:《基层司法——社会转型时期的三十二个先进人民法庭实证研究》,法律出版社2009年版,第486页。

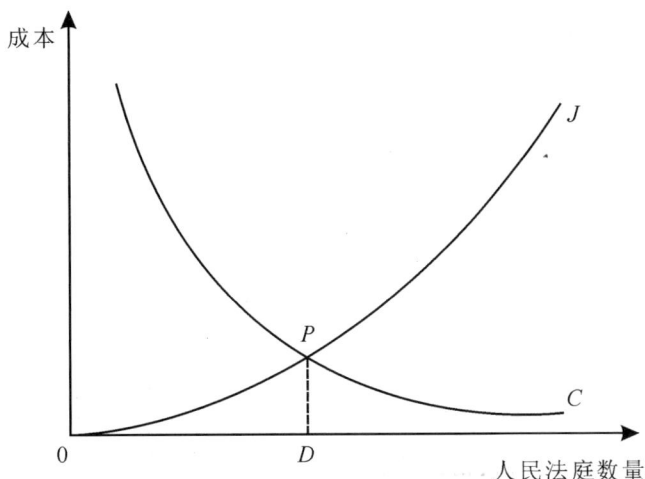

图 8-1　人民法庭的最佳布局

诉讼的成本自然会越低;人民法庭的数量越少(例如"中心法庭"),当事人则需要到距离所在地更远的法庭提起诉讼,需要支付更高的交通成本、时间成本,诉讼的成本会相应提高。因此,曲线 C 向下倾斜,随着人民法庭数量的增加,诉讼成本在降低,但随着人民法庭设置的数量的增加,诉讼成本降低的幅度在减小,此外,在特定区域内,将诉讼成本从 100 单位降低到 1 单位要比从 10 单位降低到 1 单位设置更多的人民法庭。也就是说,人民法庭设置的数量越多,单个人民法庭的增加给当事人带来的诉讼成本的降低水平在减小,曲线 C 的倾斜幅度会随着人民法庭数量的增加而变小。20 世纪 80 年代末,按照"每个乡镇设立一处人民法庭"的要求,S 省 W 共设立了 240多处人民法庭,实现了"一乡一庭"。从 1999 年开始,根据"三五个乡镇一处法庭"的要求,又将 248 处法庭撤并为 60 处。之后,以不增加人民群众的诉讼负担为出发点,综合考虑当地人民群众的生活水平和交通、通信发达程度等因素,将 60 处法庭合并为 52 处,整合有限的司法资源。① 虽然从 248 处减少 52 处,整合幅度是很明显的,但每减少一处人民法庭对当事人而言意义并不相同,从 248 处减少到 247 处要比从 53处减少到 52 处,给当事人带来的诉讼成本影响小得多。因此,当人民法庭合并到一定数量时,每减少一处,对当事人的影响都是显而易见的,这时就需要考量人民法庭数量的减少带来的审判成本的降低幅度,是否足以弥补其造成的诉讼成本的增加幅度。

---

① 江苏省高级人民法院民事审判庭:《中心人民法庭——人民法庭建设的新路子》,载《人民司法》1998 年第 12 期。

（二）审判成本

对审判成本而言,曲线 J 描述了审判成本的边际变化。人民法庭数量越多,法院行使审判权的成本就会越高,因此曲线 J 向上倾斜,随着人民法庭设置数量的增加,曲线 J 的倾斜幅度会变大,即法庭设置的数量越多,审判成本越大,而且新增一个法庭带来的边际审判成本,要比此前新增的一个法庭带来的边际成本更大。当一个地区法庭数量增加到一定程度,所属法院在行使审判权过程中难免会出现力不从心的局面。而人民法庭设置的数量越少,人民法院可以集中优势资源建设人民法庭,大幅节省法庭场所建设和维修成本、设备购置和维护成本、人力资源配备成本,因此,法庭数量越少,法院的审判成本越低。《关于人民法庭若干问题的规定》要求,人民法庭至少配备"三审一书",法庭审理案件不得由法官自行记录,要"注重程序公正,严把案件证据关、事实关和适用法律关",但在司法实践中,大量的人民法庭带来的审判成本有时是法院所无法支付的。当人民法庭数量超过了所属法院的预算约束所能承受的数量,人民法庭的正常运作将难以得到保障。L 省 H 市所辖的 21 个人民法庭中,配备 3 名以上法官的法庭 9 个,占法庭总数的 43%;配备 2 名法官的法庭 12 个,占法庭总数的 57%,半数以上没有达到法官的配备要求;配备书记员的法庭 15 个,占法庭总数的 71%,有近三分之一的法庭没有配备书记员;配备法警的法庭 9 个,占法庭总数的 43%;配备了人民陪审员的法庭 9 个,占法庭总数的 43%。只有 9 个法庭配备了法警,而且大都由临时工或司机兼职,在基本没有警械配备的情况下很难充分行使法警的职责,法庭审判人员的人身安全存在隐患,审判工作秩序难以得到维持,在一定程度上限制了审判工作的开展。人民法庭运行的后勤保障也存在诸多困难,比如车况质量参差不齐、经常出现故障、不能保证送达、保全等审判工作需要。基层法院通常给法庭一定用油和维修费,但均达不到法庭实际支出,不足部分则由法庭自行解决,[①]这都给人民法庭的正常运作造成了极大的困难。

（三）最佳布局

曲线 J 和曲线 C 相较于一点 P,交点 P 对应的横轴上的点 D,就代表了人民法庭的最佳设置数量。在 D 点所对应的人民法庭设置数量上,人民群众的诉讼成本和人民法院的审判成本之和最小。D 点左边的任何一点对应的人民法庭设置数量,人民法院的审判成本节省的数量不足以弥补人民群众诉讼成本增加的数量,继续减少人民法庭是得不偿失的,因此应当继续增设人民法庭;在 D 点右边的点,人民群众的诉讼成本虽然会有所减少,但不足以抵偿人民法院增加的案件审判成本,继续增设人民

---

① 柴学伟:《对完善人民法庭设置的思考——基于 H 市人民法庭工作现状的调查及分析》,载《人民法院报》2010 年 11 月 3 日第 008 版。

法庭是不划算的,因此应当适度减少人民法庭的数量。这是人民法庭设置的经济目标,人民法庭的布局要在经济学目标的指引下,结合各地诉讼成本和审判成本,确定最佳的法庭设置模式。

五、人民法庭的未来布局

中国的城镇化进程,是人民法庭布局面临的基本变量,法庭未来的具体设置,需要充分考虑城镇化的可能走向。小城镇是中国城镇体系的重要组成部分,未来 10 年,小城镇发展的总体思路是通过试点政策,发展一批经济实力强、发展机制活、联动城乡统筹、吸纳农民就业的特色小城镇,小城镇总数控制在 1 万个左右,每个小城镇人口规模在 3 万以上。2008 年年末,全国建制镇有 19234 个,小城镇人口占城镇总人口的比重上升到 45%,①距离总数控制在 1 万个左右的目标还有很大差距,这就意味着城镇合并将在一定范围内继续进行,人民法庭的布局应当充分考虑行政区划的调整这一因素。同时,鉴于东中西部案件数量、区域大小、经济社会发展水平、人口密度、交通状况都有很大差异,划定统一的人民法庭配置标准,可能并不符合各地对人民法庭的实际需求,人民法庭的布局,需要根据东中西部的地区差异有针对性的划设标准。

(一)东部地区:侧重降低审判成本

东部地区的城镇化方向,是在大城市与城市群带动下发展一批产业支撑能力较强、公共服务较好、与大中城市形成合理分工的重点小城镇,有条件的小城镇通过行政制度改革发展成为具有活力的中小城市。② 东部地区的小城镇,在一定意义上将扮演着大中城市分工合作者的角色,具备一定的城市功能,这使这些城镇在经济社会发展水平、交通条件和人口密度上,都逐步向城市靠拢,并与城市变得接近。因此,在东部地区,由于交通的便捷,使距离问题已不再是需要担心的问题,人民法庭的设置不大需要担心当事人距离法庭过远,而更应当避免离法院机关所在地太近,换言之,人民法庭设置的数量,对于当事人诉讼成本的影响并不太大。

由于东部地区人口密度较大,经济交往的频繁,人口流动的便利,导致经济社会关系更多发生在陌生人之间,社会纠纷以及与之相关的案件数量往往较多。人民法庭的设置对于人民法庭的审判成本的影响,要比对与当事人诉讼成本的影响更为显著。因此,东部地区的人民法庭面临的审判成本过高的问题更为突出,这表现在人民法庭基础设施落后于审判需要,人民法庭办案力量不足以应对不断增长的案件数量。

---

① 马晓河、胡拥军:《中国城镇化进程、面临问题及其总体布局》,载《改革》2010 年第 10 期。
② 马晓河、胡拥军:《中国城镇化进程、面临问题及其总体布局》,载《改革》2010 年第 10 期。

审判成本过高是东部地区亟须解决的问题,这就需要适当压缩人民法庭数量,对现有司法资源加以整合和优化,配齐配强人民法庭工作人员,强化人民法庭基础设施建设,为人民法庭提供完备的物质条件。东部地区各法院可按照科学、务实、效能和就地解决纠纷的思路,综合考虑人口分布、交通条件、经济社会发展因素,科学调整法庭布局,可考虑在符合年收案 1000 件左右、辖区面积为 3 至 5 个乡镇(街办)、距离院机关不低于 10 公里等条件的区域,设一处人民法庭。

(二)中部地区:同等关注审、诉成本

中西部地区,针对小城镇发展的区位条件、发展基础与政策约束等方面的劣势,小城镇发展的总体方针是推进"合乡并镇",有选择地发展一批有潜力的小城镇作为担负农村公共服务的载体与联动城乡统筹发展的节点。[①] 这意味着,中西部乡镇现有行政格局并不稳定,将会出现进一步的调整,因此,中西部地区人民法庭的设置,需要考虑到行政区划的变更对于人民法庭设置的影响,在人民法庭的设置过程中,要预留出一定的提前量。

就中部省市而言,中部地区的交通没有东部省市那样便利,人口密度要低于东部省市,经济社会发展水平与东部地区有一定的差距,人员流动频率相对较低,具备半熟人社会的色彩。传统的纠纷解决模式在人民法庭所辖的范围内,发挥着非正式制裁的作用,分流了部分社会矛盾。受交通成本的影响,人民法庭的设置对于当事人诉讼成本的影响要高于东部地区。中部地区人民法庭存在的案件数量压力相对于东部地区来的要少(大量法庭年均受理案件数低于 200 件),也存在人员配备不足、法庭运行保障欠缺的问题,[②]但由于案件数量相比东部地区要少,新增人民法庭耗费的资源要少于东部地区,即对审判成本的影响相对于东部地区显然更低,这意味着在中部地区,可以设立多于东部地区的人民法庭。根据最高法院关于人民法庭应主要设置在农村或者城乡接合部地区的要求,中部地区各法院可根据案件数量,在综合考虑人口

[①] 马晓河、胡拥军:《中国城镇化进程、面临问题及其总体布局》,载《改革》2010 年第 10 期。

[②] 《决定》要求,人民法庭年受理案件量一般不低于 200 件,L 省 H 市共有 10 个法庭过去三年平均受理案件低于 200 件,占法庭总数的 48%。由于这些法庭案件数量少,往往在管理上难以规范,审判职能难以发挥,甚至因缺少管理和监督而滋生违法违纪行为。在人员配备上,仅有 2 名法官的法庭 12 个,占法庭总数的 57%。这样的人员配置没有达到《决定》要求的人民法庭的法官至少要组成一个合议庭的最低标准。人民法庭的运行保障堪忧。特别是作为北方地区,冬季取暖问题一直困扰着基层人民法庭,多年来,有的法庭需自行解决冬季取暖问题。有的法庭虽有基层法院为其购煤,但锅炉工工资则由法庭自行解决,有的法庭因无法解决冬季取暖搬回基层法院办公楼,有的法庭甚至冬季在没有取暖的情况下办公。还有,法庭人员全部在县城居住,中午就餐存在问题。人民法庭因经费困难而自筹资金现象,容易造成乱收费甚至人情案关系案发生,直接影响着法院的权威和形象。参见柴学伟:《对完善人民法庭设置的思考——基于 H 市人民法庭工作现状的调查及分析》,载《人民法院报》2010 年 11 月 3 日第 8 版。

分布、交通条件、经济社会发展因素的基础上,对符合年收案 500 件左右、辖区面积为 2 至 3 个乡镇(街办)、距离院机关不低于 15 公里等条件的,设一处人民法庭。

(三)西部地区:偏重降低诉讼成本

西部地区面临的一个重要约束是地广人稀、交通不便,法庭所辖区域的面积普遍较大。G 省 T 市中级人民法院全区 37 个人民法庭管辖 134 个乡镇,1585 个村,15351 个村民组,人口有 314.6 万人,面积约 15629 平方公里。通乡村公路的村和组分别是 1540 个和 12287 个,没通乡村公路的村有 61 个、组有 2683 个。从人民法庭所在地到管辖村组距离最远的松桃县,大约有 130 公里,乘车加步行需 4.5 个小时。而从最远的村组到法庭耗时最多的在石阡县,有 40 公里,要步行 8 个小时,[1]交通十分不便。西部地区特别是地处边远、交通不便、民族地区等的诉讼不便,已经引起了最高人民法院的重视。[2] 根据《关于人民法庭若干问题的规定》第 9 条关于人员配置的规定,G 省 T 市 37 个人民法庭只有 5 个法庭达到"三审一书"的要求,只有一个审判员的人民法庭全区现有 14 个,很难达到最高院人民法院关于法庭人员配置指标参数要求。[3]

西部地区人民法庭的设置应当充分考虑西部省市特别是老少边穷地区的特殊性。G 省 T 市所在的省份是"欠发达、欠开发"的省份,G 省 T 市又是"两欠"程度最深的地方,至今没有通乡村公路的还有 61 个村 2683 个村民组。[4] 在西部地区,由于交通不便,地广人稀,人民法庭设置对于当事人诉讼成本具有明显的影响,同时,鉴于人口数量稀少、案件纠纷数量有限,设置人民法庭需要的司法资源要少于东中部地区,并无必要按照东中部的标准配备工作人员。西部地区各法院可根据案件数量,综

---

① G 省 T 市中级人民法院课题组:《完善人民法庭设置若干问题的调查与思考——以 G 省 T 市人民法庭设置为视角》,载《全国法院第 22 届学术讨论会论文》第 18 页。

② 2010 年时任最高人民法院院长王胜俊在云南法院调研时强调,要进一步完善人民法庭设置,在深入调研证的基础上,在边远地区、民族地区及其他群众诉讼不便的地方,恢复或新建人民法庭,配齐人员力量,改善工作条件,方便群众诉讼。王斗斗:《完善人民法庭设置方便群众诉讼》,载《法制日报》2010 年 7 月 28 日第 1 版。

③ G 省 T 市中级人民法院课题组:《完善人民法庭设置若干问题的调查与思考——以 G 省 T 市人民法庭设置为视角》,载《全国法院第 22 届学术讨论会论文》第 18 页。

④ G 省 T 市中级人民法院课题组:《完善人民法庭设置若干问题的调查与思考——以 G 省 T 市人民法庭设置为视角》,载《全国法院第 22 届学术讨论会论文》第 18 页。

合考虑人口分布、交通条件、经济社会发展因素,对符合年收案 100 件左右、[①]辖区面积为 1 至 2 个乡镇(街办)、距离院机关不低于 20 公里等条件的,设一处人民法庭。对于山大沟深、地广人稀、交通不便的民族地区,可通过设置流动法庭,开展巡回审判,推行电子签章,为群众诉讼提供便利,[②]满足群众司法需求,这样既方便当事人诉讼,又不会显著增加人民法院的审判成本。

人民法庭的职能作用的发挥,需要通过布局调整、结构模式调整,使法庭的人员配备、物质装备与辖区经济发展状况相适应得以实现。人民法庭改革和建设,需要在遵循"两便"原则的基础上,坚持从地方实际出发,按照公正司法、严格执法的要求进行。[③] 对不符合东中西部人民法庭设立条件的法庭,可通过与当地党委政府沟通,以新建、迁址、合并等方式合理优化,使人民法庭设置更加符合"两便"原则。

---

① 1999 年最高人民法院通过《关于人民法庭若干问题的规定》中没有规定人民法庭设置的最低案件数量,但最高院在其 2005 年颁发的《关于全面加强人民法庭工作的决定》中的第五条规定:设置人民法庭一年受理案件数量一般不低于二百件,但边远山区、牧区、林区等地区不受此限,具体受理案件数量由各高级人民法院根据实际情况决定。铜仁地区所在省高级人民法院在《关于进一步加强全省人民法庭"五化"建设的意见》中明确规定了人民法庭的年办理案件数不得低于一百件。按照这个要求,大部分人民法庭年受理案件数还是不达标的。参见 G 省 T 市中级人民法院课题组:《完善人民法庭设置若干问题的调查与思考——以 G 省 T 市人民法庭设置为视角》,载《全国法院第 22 届学术讨论会论文》第 8 页。

② 王斗斗:《完善人民法庭设置方便群众诉讼》,载《法制日报》2010 年 7 月 28 日第 1 版。

③ 江苏省高级人民法院民事审判庭:《中心人民法庭——人民法庭建设的新路子》,载《人民司法》1998 年第 12 期。

第二编

人民法庭建设

第九章

乡土环境下民俗习惯司法运用机制之构建

——以人民法庭司法裁判情理法统一为中心视角展开

王爱新*　　齐崇刚**

一、透视与梳理：民俗习惯司法运用的现实样态

(一)人民法庭平衡乡土逻辑与法律逻辑之间紧张关系的需要

"乡村法官"翟树全作为人民法庭优秀法官的典型代表,其办案思想根植于广大农村的风土人情中,办案理念更好地平衡了乡土逻辑与法律逻辑在乡土社会中的内在紧张关系,促使其办理的大量案件能够以调解的方式结案。"法官陈燕萍讲,调解有许多方法,但离不开一个'情'字。我总是想法设法找到法、理、情的最佳结合点。调解中,陈燕萍经常借助习惯情理与善良风俗,增强了调解工作的亲和力,提高了群众的认同感。"[①]人民法庭受理的更多的是邻里纠纷、家长里短案件,依据法律逻辑一判了之,并非乡村居民信服的纠纷化解方式,乡土社会层面自治秩序规则更有利于消释矛盾纠纷症结。

(二)人民法庭法律漏洞填补困境的需要

因民俗、习惯是人民法庭案件当事人行为的主要规范,司法实践中案件所呈现的特点、规律与乡村风俗文化的特点密不可分,在人民法庭受理各类案件中"情理"与

---

* 王爱新,男,1968年出生,山东兖州市人,毕业于山东工业大学(现山东大学)管理专业,中共党员,全国优秀法官,全国模范法官,现任梁山县人民法院院长。

** 齐崇刚,男,1984年出生,山东邹城市人,毕业于青岛大学法学院,法学专业,国家心理咨询师三级,现任梁山县人民法院研究室副主任。

① 最高人民法院政治部、江苏省高级人民法院:《人民信服的好法官——陈燕萍》,人民法院出版社2010年版,第142~143页。

"法理"的碰撞更为明显。笔者以某省 A 市法院 52 个基层法庭五年间(2009—2013年)受案情况为样本进行了调查研究,图 9-1 显示:在 52 个人民法庭五年间受理的90587 件民事案件中,婚姻家庭类案件、民间借贷案件为主要案件,除此以外的宅基地纠纷、相邻关系纠纷、赡养纠纷等几十个案由的案件则各自分散分布,凸显了乡村琐事繁杂这一特点。

"德国法学家 Ernst Zitelmann 对德国法律人的寄语是能够宽广的、不拘泥文义的、合乎人道的,秉持充分的社会认知,去适用法律,并在适用之际,知道如何补充法律,促进法律的发展。"[①]实践中,人民法庭受理的上述诸多案件往往"规则匮乏",或虽有法律规定但严格适用法律与实体公平正义相矛盾,与当地的风俗习惯不相融。

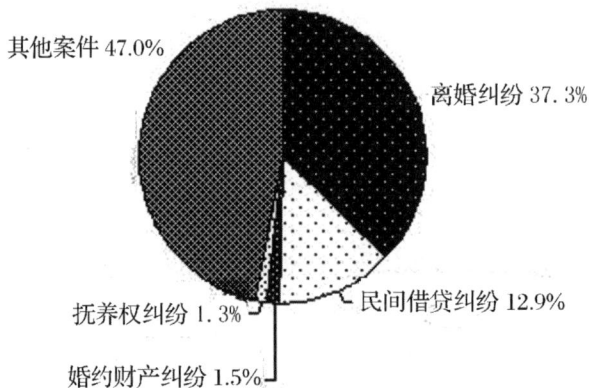

图 9-1　A 市法院五年间(2009—2013 年)52 个人民法庭受案类型比例

(三)人民法庭实现乡土社会个案公平与正义的需要

人民法庭的法官之所以坚守乡土本色去办案是其对法官政治性、法律性与人力性相统一的追求,是对案件政治效果、法律效果与社会效果相统一的求索。"法官不仅要是一名法律专家,还要是一个政治家、社会学家、心理学家。中国基层法院法官办案不能仅考虑法律问题,还要考虑判后当事人会不会上访等事宜。"[②]"活跃在基层办案第一线的 10162 个人民法庭,2006—2013 年全国人民法庭共审结各类案件1925.5 万件,占同期全国法院办案数的 23.76%。"[③]费孝通讲,"农村是个纯粹的熟人社会,我们大家是熟人,打个招呼就是了,还用得着多说吗?"[④]

---

① 王泽鉴:《法律思维与民法实例》,中国政法大学出版社 2003 年版,第 307 页。
② 陈琦华:《回应型法理念——立案庭制度的实践与创新》,法律出版社 2012 版,第 194 页。
③ 孙佑海:《人民法庭工作不能削弱,必须加强》,载《人民法院报》2014 年 7 月 10 日第 2 版。
④ 费孝通:《乡土中国》,上海人民出版社 2001 年版,第 5 页。

实践证明,人民法庭受理的各类纠纷背后或多或少都有"熟人"的影子在"作祟"。对是非曲直的辨析,来自群众自身的朴素价值观与方法论往往更有利于让基层群众感受到个案的公平与正义,而理性、僵硬的法律规范往往捉襟见肘。运用风俗习惯办案评估结果显示,76.72%的法官认为,运用民俗习惯办理案件时社会效果较好(见表9-1)[1]。

表 9-1　江苏高院对法官运用民俗习惯办理案件的社会效果评估表

选　　项	选择人数	比例(%)
运用民俗习惯社会效果好	1035	76.72
不运用民俗习惯社会效果好	37	2.74
没有什么差别	35	2.59
没有比较过	245	18.16

二、甄别与筛选:民俗习惯司法运用中所呈现的种类形态

"差异的民风营造出差异的地方秩序,进而形成了各地特殊的社会规范体系,这些规范体系又被称为'乡规民约',这些乡规民约在地方上是极为有效的规条以及数代沿袭下来的习惯。"[2]中国向来幅员辽阔、民风多样,差异的地方秩序必然存有繁杂多样的民俗习惯。根据不同的分类方法,民俗习惯呈现出不同的种类形态,但从司法运用的角度看,"民俗习惯可分为作为事实的民俗习惯、作为证据的民俗习惯和作为法的民俗习惯"[3]。

1. 作为事实的民俗习惯

民俗习惯本身是一种约束人们行为的自发秩序规范,实践中有些民俗习惯可直接引起民事权利义务发生、变更与消失,有些则需要依照民事证据规则举证证明后方可引起民事权利义务的上述变化。因民俗习惯这种固有的"自发性"与"内生性"特点,法官依据民事证据规则对民俗习惯事实加以认定的难度加大,当法官不能按照证据规则对民俗习惯予以确认时,民俗习惯仅是一种客观事实而不能成为法律事实。例如,在房屋买卖合同纠纷案件中,买受人依据"凶宅"有违善良风俗的民俗习惯主张

---

①　江苏省高级人民法院课题组:《民俗习惯司法运用的价值与可能性》,载《法律适用》2008 年第 5 期。

②　赵旭东:《法律与文化——法律人类学研究与中国经验》,北京大学出版社 2011 年版,第 181 页。

③　张卫平、齐树洁:《司法改革论评》,厦门大学出版社 2012 年版,第 83 页。

出卖人违约的案例大量存在,其中"凶宅"视为标的物瑕疵是一种相沿成习、众所周知的民俗习惯,其直接引起了民事权利义务的变化。而在婚约财产纠纷案件中,缔结婚约时男方需交付女方彩礼是双方共同遵守的民俗习惯,男方索要彩礼的请求之所以成立,男方仍需提交证据证明已实际给付了女方彩礼,否则其诉讼请求一般不予支持。

2. 作为证据的民俗习惯

"民事证据是指在民事诉讼及仲裁程序中能够证明案件真实情况的事实和手段。"[①]我国民事诉讼法中罗列了书证、物证等八种证据形式,民俗习惯显然不是法定的八种证据形式之一,但其是法官查明、认定案件事实所借助的一种手段。由此,民俗习惯属于"证据"的范畴。例如,"在乡土社会的传统中,以红为吉祥,以谐音和图案取寓意、喜双数等。凡是婚俗中涉及的金额、数字,常取双数,寓意吉利。如,男方主张已给付女方彩礼 13400 元,女方则辩称,此金额包含物品和现金在内的总体价值。法官依据 13400 元非订婚喜事中的吉利数字之民俗习惯,在结合其他证据的基础上,最终采纳了女方的主张"[②]。

3. 作为法的民俗习惯

"法来源于习惯,从习惯到习惯法、再到立法和法典是各国法律的自然发展过程。"[③]我国民商立法进程中,摒弃了诸多封建糟粕的陋习,概括性地将部分民俗习惯原则性地引入了立法,为法官在民事裁判中直接适用民俗习惯提供了法律依据。例如,我国《民法通则》第七条规定,民事活动应当尊重社会公德,不得损害社会公共利益,扰乱社会经济秩序。该条文为法官评价某项民事行为是否有违公序良俗提供了法律依据,是法官民事裁判时经常引用的条文。再如,我国《物权法》第八十五条规定,法律、法规对处理相邻关系有规定的,依照其规定;法律、法规没有规定的,可以按照当地习惯。我国《合同法》第二十二条规定,承诺应当以通知的方式作出,但根据交易习惯或要约表明可以通过行为作出的除外。上述两个条文均将"习惯"列为处理民事争议可直接遵循的规范,民俗习惯显然已经消融于成文法的体系中。

---

① 齐树洁、程春华:《民事证据法专论》,厦门大学出版社 2002 年版,第 13 页。
② 贾宸浩、张梁:《民俗习惯在民事审判中司法适用的实证分析》,载《法学研究》2014 年第 1 期。
③ 李瑜青等:《法律社会学理论与应用》,上海大学出版社 2007 年版,第 121 页。

三、进路与展示:民俗习惯司法运用的目标模式

"在传统的中国人心目中,天理、国法、人情三者不仅相通,甚至可以理解为是三位一体"。① 因此,本章重点探索建立民俗习惯与人民法庭现有的诉讼程序相衔接的情理法统一机制,以使民事裁判结果可得到当事人普遍尊重和执行。

(一)民俗习惯司法运用机制的机理分析

"就乡土社会诉讼而言,当事人习惯于将人情看得更重,所以法官的行为尤其是法官的做法、说法,将日积月累地影响着乡土社会纠纷解决的法治进程。"②民俗习惯是彰显乡土社会人情与事理的文化载体,我们要实现人民法庭司法裁判情理法统一,必然要强调对民俗习惯司法运用机制的研究。

1. 民俗习惯识别、判断、否弃的主体架构机理

一方面,民俗习惯本身善恶标准难以确定,法官个人认定民俗习惯为善良风俗而据之裁判缺乏认定依据与普遍信服力。另一方面,在具体的司法案件中,民俗习惯对于双方当事人而言或无善恶之分,只要双方认可其规范的约束力,且不违反公序良俗及法律规定,法官即可按照双方共同遵循的民俗习惯裁判案件。在这个过程中,法官更多的是对双方共同遵守或双方约定的行为规则是否违反公序良俗及相关的法律规定进行审查判断。由此,实现司法裁判情理法统一的首个难题则是民俗习惯识别、判断、否弃的主体是否仅限于法官一人,人民法庭需要选择什么样的民俗习惯评判机制才能符合乡土民众朴素正义观的要求。在这种现实压力下,对民俗习惯是否违反公序良俗的评判应让更多的来自乡土社会代表私权方的主体来完成,从而保障民俗习惯司法运用的科学性与"接地气"性。民俗习惯的识别、判断、否弃的主体架构机制则是民俗习惯司法运用的基础性机制。

2. 民俗习惯司法运用中情理要素"投射"机理

"投射"是尤根·埃利希引用乌策尔在其《法学思维》中的一个词,"当制定法被应用于一个当初立法者未明确设想过的案件情形时,该制定法必定经受一个再评价的过程,这个过程称之为'投射','投射'位于法的适用与法的发现的中点"③。从中国

---

① 范忠信、郑定、詹学农:《情理法与中国人》,北京大学出版社 2011 年版,第 23 页。

② 艾庆平、王宏整理:《转型时期中国乡土司法模式的构建——中国转型时期的"乡土司法"论坛述要》,载《人民法院报》2012 年 8 月 22 日第 8 版。

③ 〔奥〕尤根·埃利希著,叶名怡、袁震译:《法律社会学基本原理》,江西教育出版社 2014 年版,第 328 页。

法律运行过程来看,学界对中国法律运行的规律向来有务实派的"情理说"和法理派的"理性说"两分。"熟人化"背景下的乡土社会传承、运用民俗习惯的过程必然是"情理"展现的过程,这个过程亦是"情理"与"法理"碰撞的过程。因此,实现司法裁判情理法统一的第二个难题是需要在人民法庭现有审判程序中恰当地切入情理与法理的对接机制,以便在制定法未能反映乡土社会群众最为真实的体验时,法官可在案件发生、发展的特定时空条件下引用案件背后的民俗习惯对制定法进行再评价,以达到乡土"情理"与理性的"法理"统一互融。

3. 法官主动运用民俗习惯裁判案件的客观情势

人民法庭要实现司法裁判情理法统一,必然会遇到诸如当前人民法庭"案多人少"、"裁判文书上网"、"法官员额制改革"等难点、热点问题,法官是否能够接受在现有工作量的基础上再增加情理与法理对接统一的机制呢?答案是肯定的。理由有三:一是让审理者裁判与由审理者负责的改革路线,倒逼着人民法庭的法官寻找机制实现民事裁判情理法的统一。二是在"案多人少"、"裁判文书上网"等附加工作量的压力下,人民法庭的法官将更多地选择调解的方式裁判案件,而民俗习惯的司法运用对促进民事案件调解具有独特价值。三是现行司法政策导向是"努力让人民群众在每一起司法案件中感受公平与正义",显然,运用民俗习惯将情理融入人民法庭的审判工作中是乡土社会民众感受司法个案公平正义的一副良剂。正如周强院长所说,"作为审判战线的排头兵,人民法庭是基础的基础"[①]。人民法庭必须在实现情理法统一上有新作为,以实现人民法庭维权与维稳的职能作用。

(二)民俗习惯司法运用中的"情理诊断"机制

"法院在司法实践中所创造出来的制度并不必然能称之为司法创新制度,法院司法创新有其特殊的内涵和条件,中国司法制度的创新的路径是要实现合法性、合民意性及合社会发展性三者的有机统一。"[②]民俗习惯司法运用的"情理诊断"机制的设立需要始终坚持合法性、合民意性及合社会发展性的统一。

1. 参与"情理诊断"机制的主体

民俗习惯的识别、判断、否弃主体由哪几类人组成方能具有合法性、合民意性及合社会发展性呢?经调研分析,如图9-2所示,该主体可由法官、人民陪审员、人民调解员、法律工作者、离退休法官、乡村范围内人员所组成。其理由为霍尔姆斯说的一句话,"法律的生命不在于逻辑而在于经验"。人民法庭的法官如"乡村法官"翟树全

---

① 孙佑海:《人民法庭工作不能削弱,必须加强》,载《人民法院报》2014年7月10日第2版。
② 陈琦华:《回应型法理念——立案庭制度的实践与创新》,法律出版社2012版,第214页。

等常年处在人民法庭服务群众的第一线,其对乡土社会的民俗习惯理解得最深、实践得最多,他们显然已成为沟通法律与乡土社会的桥梁,是维持乡土正义的基本力量,故其是民俗习惯司法运用机制中的应然主体。因现有的法官离退休制度存有缺陷,人民法庭众多办案经验丰富、通晓民俗习惯的老法官被迫"退居二线",在对民俗习惯的甄别、运用上他们更有发言权。法律工作者长期活跃在乡土社会为群众提供法律服务,其观点与行为更容易得到乡土社会群众的认可,加之其对民俗习惯的通晓,故在民俗习惯的司法运用中离不开该类群体的参与。据相关资料介绍,全国法院选聘人民陪审员的数量将在2~3年内由现在的8.7万人增至20万人左右。人民调解制度已延续多年,现有的人民调解员队伍数量庞大且广泛地分布在各村社组织中。人民法庭将上述人员予以整合筛选,将品德高尚、通晓民俗习惯的该类人员"请"进人民法庭,使人民法庭在运用民俗习惯的过程中能够广泛汲取乡土社会群众的意见与观点。乡村范围内人员较为复杂,一般由乡村家族长辈或村委会成员等能够影响当事人意志的人组成,他们的观点、思维是凸显乡村民俗习惯最重要的元素。乡村范围内人员是展示民俗习惯的直接主体,是乡土社会民俗习惯的感知者与诉说者,同时其亦是帮助法官做调解工作的主要力量之一。

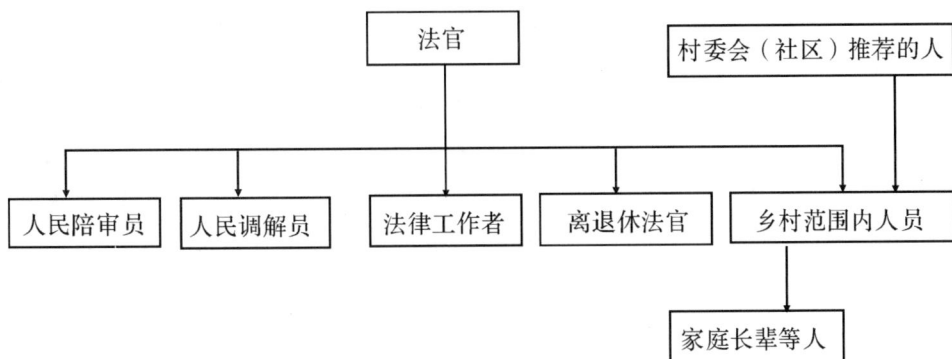

图 9-2　民俗习惯识别、判断、否弃主体示意图

2. 法官在"情理诊断"机制中的思维模式

罗斯科·庞德曾说:"在社会控制之规范集合体是由宗教习惯、社会习俗和传统决定模式组成且尚未分化的阶段,成文法不过是对习惯的宣示。"[①]在司法裁判中,"形式逻辑在解决法律问题时只具有相对有限的作用,但在实在法制度中的空白点和模糊的领域仍将是极为广泛的,而且其广泛的程度足以给三段论逻辑方法的适用范

---

① ［美］罗斯科·庞德,陈林林译:《法律与道德》,中国政法大学出版社2003年版,第31页。

围设定限制性障碍,故逻辑与经验在行使司法职能过程中与其说是敌人,毋宁说是盟友"①。民俗习惯中的情理对成文法中所体现的法理具有修正、缓和作用,在人民法庭审判实务中,这种作用的发挥需要构建一种逻辑与经验的对接机制。法官的思维源于对法律逻辑的遵循,法理处于法官思维的第一顺位。当法官运用三段论推理无法得出的结论或得出结论不被当事人接受时,法官应遵照情理修正自己的逻辑思维,依据情理再对案件进行实质性判断。乡土社会里群众的思维则是将情理思维放在第一顺位,较少运用法律思维来寻求案件的解决路径。人民法庭在运用民俗习惯寻求法理逻辑与情理经验的对接中,不可避免地存在上述两种思维模式。举例示之:

【案例一】男方(甲)与女方(乙)登记结婚后,甲、乙双方虽登记结婚,但婚后双方经常分处两地打工,聚少离多,夫妻感情较差,婚姻存续期间缺乏交流。订立婚约时,甲付给乙彩礼款175000元,现双方夫妻关系存续一年有余。乙方起诉甲方离婚,甲方辩称如离婚,乙方需要返还彩礼。在这个案例中,民俗习惯介入民事审判的模式如图9-3:法官首先对该案运用情理思维切入,本案中的情理元素是双方分隔两地,同居时间短且彩礼款为175000元,该数额对于农村家庭而言过高,依此情理应予以返还彩礼。法官按照"大前提(法律规范)+小前提(案件事实)=结论"的逻辑思维,法律规定已登记结婚除法定条件外彩礼不予返还,且本案中不符合"除外"条件的规定。此时法官感受出了"情理"与"法理"冲突碰撞所产生的张力,按照图9-3指示,下一步法官要开展的工作是组织情理诊断。笔者对情理诊断的设计是:建议由主审法官、人民陪审员、人民调解员、法律工作者、离退休法官、乡村范围内人员组成3～7人的情理诊断评议小组,后由主审法官主持召开评议小组会议,会议采用"圆桌式"座席。上列主体围绕案件中涉及的情理缘由,分别向主审法官阐述案件所涉的民俗习惯种类形态,并提供必要的客观依据。主审法官则根据上述主体的陈述梳理出双方当事人应共同遵守的民俗习惯,经评议小组评议讨论,决定对民俗习惯予以识别、判断与否弃。主审法官按照已确认的民俗习惯指引双方当事人分析、判断问题,使其思维尽可能地回归情理层面上思考问题,这个过程称之为"情理诊断"过程。

如本案中,评议小组一致认同的民俗习惯是:订立婚约阶段,如女方提出解除婚约关系的,女方应全部返还彩礼。按照这一民俗习惯对法官原三段论逻辑推理进行修正、缓和,可以得出的结论是:返还彩礼虽不符合法律规范的规定,但在女方提出解除婚姻关系的情势下,女方应参照订立婚约阶段的民俗习惯予以适当返还彩礼,法官据此酌定女方返还男方部分彩礼。

【案例二】在我国广大的农村婚丧嫁娶燃放鞭炮是一种民俗习惯,甲方为庆祝其子金榜题名而燃放鞭炮,乙方与甲方相邻而居,平常素有矛盾,乙方故意以甲方燃放

① [美]博登海默,邓正来译:《法理学:法哲学与法律方法》,中国政法大学出版社2004年版,第517～518页。

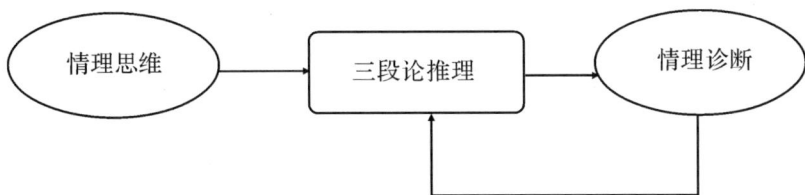

图 9-3　民俗习惯介入民事审判的思维模式 1

鞭炮扰民为由予以制止,在制止的过程中鞭炮将其炸伤。乙方诉请法院要求甲方承担民事赔偿责任。按照图 9-4 的思维模式,法官的思维首先是对案件适用三段论思维进行推理,对于本案涉及民事侵权赔偿问题,法官首先按照侵权责任法的规定,对甲方是否承担民事侵权责任进行三段论推理。根据侵权责任法的相关规定,行为人因过错侵害他人民事权益,应当承担侵权责任。本案中甲方对乙方的伤情是否存有主观过错。甲方作为鞭炮的燃放者,在燃放过程中未能尽到合理的安全注意义务,导致乙方受到伤害,其主观上存有一定过错。对于乙方而言,乙方明知甲方正在燃放鞭炮,仍予以制止,其在制止过程中能够预测到鞭炮的危险性,乙方对其伤情亦存在一定过错。法官根据侵权责任法有关过失相抵的原则,自然而然地推理到乙方的过错究竟能够抵消甲方多大比例的过错呢?侵权责任法对此没有规定,法官需要在综合分析案情的情况下,行使其自由裁量权。法官如何行使自由裁量权才能得到双方当事人的认可与信服呢?按照图 9-4 中民俗习惯司法运用的思维模式,法官需要运用情理思维对刚才的三段论逻辑思维进行修正。本案中,甲方在其子金榜题名时燃放鞭炮是一种民俗习惯,依照该民俗习惯甲方取得了燃放鞭炮的合理性与正当性,而乙方以受扰为由出面予以制止甲方燃放鞭炮,与该项民俗习惯相悖,乙方的行为缺乏情理上的正当性。法官的情理思维能够得到双方当事人的认同,法官仍需要进行"情理诊断"。按照上述情理诊断的步骤,在主审法官的主持下,双方对农村婚丧嫁娶燃放鞭炮的民俗习惯应无异议,按照该项民俗习惯的意旨指引双方当事人分析、判断案件焦点问题,以此来帮助法官修正情理思维,以对三段论逻辑推理予以缓和,达到双方当事人对法官自由裁量权最大化的认可与遵从。

图 9-4　民俗习惯介入民事审判的思维模式 2

通过对民俗习惯介入民事审判的两种思维模式的分析,法官在裁判民事案件中的思维不论是三段论的逻辑推理在先,抑或是情理思维在先,在对案件作出裁决前,均需要运用"情理诊断"的机制对三段论思维进行缓和、修正。法官根据案件性质的不同、思维习惯的不同可以选择两种模式中的任一种作为自我的思维方式,法官在实际办案中离不开对"情理诊断"机制的运用,故民俗习惯司法运用机制的核心即是"情理诊断"机制。

3."情理诊断"机制的对接机制

"情理诊断"机制的重要的司法价值在于对乡土社会情理要素的分析、提炼,以修正与缓和法官的三段论逻辑思维。因此,在"情理诊断"机制与人民法庭现有的庭审程序之间的对接问题上,应贯彻的基本原则是"恰好及时"原则。一是上列"情理诊断"主体参与的情理评议程序位于庭审程序之后,合议庭合议之前,其为庭审程序之外的独立附加程序。二是上列"情理诊断"主体并非参与庭审程序的人民陪审员、法律工作者等,应是从人民法庭所掌握的数据库中随机选取,而离退休法官、人民调解员本身并未参与庭审活动,其可从人民法庭离退休法官名册、人民调解员名册中选取。乡村范围内人员并非参与旁听庭审程序的人,应是当事人所在村委会推荐的人或乡村家族长辈。上述人员之所以要求是庭审程序之外的人,目的是避免其先入为主,对民俗习惯发表一些不中肯的评议意见,从而使"情理诊断"流于形式。三是上列"情理诊断"主体介入民事审判的程序设计是:在庭审程序后、合议庭合议之前,主审法官认为案件裁判需要"情理诊断",由主审法官填写"情理诊断"请示,人民法庭庭长审核同意后,由合议庭筛选确定"情理诊断"主体,后书面通知各主体参加评议小组会议。

如何保证上列主体架构人员针对民俗习惯所折射的情理能够向法官说出最为真实的想法呢?上列主体架构人员在调和社会关系、探究风土人情的过程中,难免带有自己的主观判断,判断依据始于心中的道德律令。当法律与道德在运用过程中发生冲突时,按照儒家的主流价值观点,应屈法律以全道德。"道德的原理、原则尽在《春秋》等儒家经典中,董仲舒作为当时最大的民间法律权威,他每回答一个官员疑难案件提出的咨询时'动以经对'。"[①]故作为民俗习惯的评价者均需具备高尚的品德,德高才具威望,应将"德"作为上列人员筛选的首要标准。围绕"德"的标准分类设置人员筛选考核表(见表9-2),分为显性指数、隐形指数两类,分别设置不同的权重。对主体架构中各类人,均需从对应的数据库中按筛选考评的要求分类选出有"德"之人,为民俗习惯的司法运用打下人力基础。

---

① 范忠信、郑定、詹学农:《情理法与中国人》,北京大学出版社 2011 年版,第 84 页。

表 9-2 "情理诊断"人员筛选考评表

目 标 层	一级指数	二级指数	权 重
评议人员 筛选考评	显性指数 X_1 （权重 b_1）	教育程度 X_{11}	b_{11}
		工作阅历 X_{12}	b_{12}
		健康状况 X_{13}	b_{13}
		信用等级 X_{14}	b_{14}
	隐形指数 X_2 （权重 b_2）	孝德 X_{21}	b_{21}
		诚德 X_{22}	b_{22}
		仁德 X_{23}	b_{23}
		爱德 X_{24}	b_{24}

作为事前筛选的补充之策,在民俗习惯司法运用中就不称职人员退出评议小组的动态筛选,应以常态化的方式进行。由人民法庭庭长就上列人员退出事宜向审委会提出建议,依照既定的考评标准清退,由此建立唯"德"可进、失"德"可退的人员筛选机制,只有这样,方可保障"情理诊断"机制真正起到修正、缓和法官逻辑思维的目的。

结　语

人民法庭通过个案"情理诊断"模式的推广运行,使更多的法官能够找寻到法律思维与民俗习惯切合的最佳结合点,亦可为扎根人民法庭的青年法官提供方法论上的启示。由此,民俗习惯与人民法庭,一个民间的词汇、一个司法的词汇依托情理法统一这一支点,紧紧地耦合在一起了,为中国司法体制改革带来了缕缕春风。

第 十 章

乡土法庭调解的四个维度

蒋　正[*]

法庭调解是人民法庭结案[①]的一种重要方式,也是保障当事人合法权益、维护社会稳定的良好途径,其功能优势和积极意义在广大农村地区日趋显著。当前,传统农业社会的乡土特性正潜渗式地影响着法庭调解。尽管在现代化加速进程中,乡土社会的多元主体结构及准封闭治理模式受到较大挑战,但千年延续的农耕习性及儒化道德观并未被冲刷得支离破碎。相反,其在与现代性及法治化的破立融斥中悄然蜕变,使民间习惯、习惯法、民间调解等法庭调解的近因元素因此倍添活力。在传统权威式微、公共权力渐强、调解机制日趋多元的乡土社会,人民法庭应面对新旧并立的农村现实,扮演好"审调"法庭与"综调"法庭的双重角色,在保持自身机制弹性的基础上将调解之根深植于"乡土"土壤中,在"审"与"调"的互融渐变中及时转向。

笔者认为,以诉调机制为分界点,乡土社会中的法庭共扮演了两种角色:一是在诉调机制内,法庭调解作为审诉制度的伴生机制和最优补益,以其具备的"审"、"诉"特性贯穿整个诉讼过程;一是超越审判机制,它作为大调解格局的重要参与变量,通过系统内外的功能辐射,充分统合人民调解、民间调解、行政调解等资源优势,促进实现案件调解。

法庭调解的这种二重性进一步衍生出"审"、"调"兼备的四个维度:一是以审判权为基石的诉讼维度(基本维度)。它要求调解须在审判框架内进行,与审判活动互通互补,一以贯之。二是以"乡土性"为参照的社会维度。乡土社会中的法庭调解必须兼顾本土风尚和调解习俗,切实把控影响调解的诸多要因。三是以大调解格局为依托的综治维度。乡土法庭能以综治成员单位的身份参与到大调解格局中来,通过发挥业务专长配合主导层面,推动形成案件调解合力。四是以语言、心理等为研究对象的技术维度。乡土式调解不是单纯的说教辨理,它涵盖了语言运用、心理疏导、道德

---

[*] 　宜昌市中级人民法院。
[①] 　乡土社会中的主要案件类型包括离婚、赡养、山林确权、劳务纠纷、医疗纠纷等。

评价等多层面技能,故须充分挖掘相关技术资源并妥当运用到法庭调解中来。法庭调解的四个维度各自独立且相互影响。其中,诉讼维度是基础,社会维度是参照,综治维度是依托,技术维度是保障,共同构成一个独具特色的乡土法庭调解体系。

一、对乡土法庭调解四个维度的分析

(一)诉讼之维——审判框架内的调解如何适应乡土社会

在诉讼框架内进行调解,是法庭调解最核心的关系构成,其中当事人的角色演化并未脱离审判程序,与法的运用结合得最为紧密,调解功能优势能得到最有效发挥。以乡土社会为参照,法庭调解应向"内生外导"型转变,自内向外主动适应农村现实,在参与主体、文本适用、程序规范、效力确认等方面适应乡土外部性。

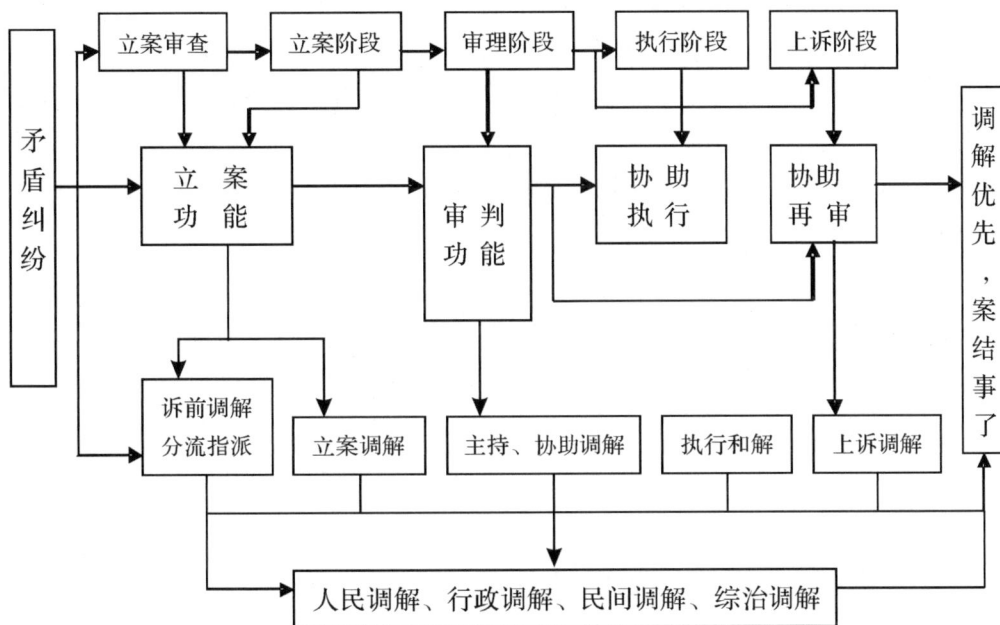

图 10-1　乡土法庭诉讼调解流程

资料来源:陈寒非:《大调解中的法院角色》,西南政法大学硕士研究生学位论文,2011 年 7 月,第 12 页。

1.参与主体。法庭调解的参与主体涵盖审判者层面与当事人层面,前者具备应然状态下的专业背景和谈判逻辑,其审判活动是法治机理的基本构成要素,并与现行法治运作保持一致。在乡土语境下,后者则主要囊括村民及近因元素(如农民工),其社会活动具有农耕印记式的乡俗特性(如非规范性等)。在基层法官与乡土当事人的二元主体结构中,实质上存在着法律专业性、刚性约束与民约乡俗性、习惯运用之间的对立冲突。从缓释此种状况及满足审判调解兼适的内生性需求来看,基层法官须培育调诉机制的本土专业化土壤,同时让调解主导者充分浸润乡土习性,以便扩张专业适应能力和适用幅度。

2.文本适用。在乡土现实中存在大量村规民约、民间习惯及习惯法,村组之间更是"十里不同俗,百里不同风"。对于法庭调解而言,其既构成非诉类调解的基本要素,又充当审判调解文本的重要补充,故援引法律文本与参照乡土规约同样重要,不宜重"法"轻"约"。在立法趋势上,国家正逐步加强对乡土习惯法的文本改造,并尝试其与现行诉调制度进行内生性嫁接,这从《人民调解法》的颁行中能够窥得一斑。在文本适用上,调解活动的复杂性需要法官在适用法律条文与采纳民间习惯间进行多触点式灵活转换。

3.程序规范。程序约束历来是实现实体公正的基本保障,调解活动也需要在多重程序框架下进行。在法庭调解的场域中,基本延续了"诉—审—辨"问答式的程序要义,当事人双方需要在法官主导下达成合意,而在这一过程中,调解程序边界趋向模糊流动(如即兴式的发问、"背对背"调解等)也恰好为成功调解提供了良好的应用语境。乡土法庭调解,应从保障当事人权利的角度出发,充分吸收民间调解、人民调解程序的合理因素,在保证法定程序的刚性约束(如调解协议签字即生效)的前提下激发当事人的配合心态和认同意愿。

4.效力确认。除在法官主导下达成调解协议外,在乡土法庭调解中还存在委托调解、默示调解、口头调解、折返调解、附条件(期限)调解等效力不确定的形式。其中,当事人达成调解协议的意愿和强度处于不稳定状态,此时,法庭应厘清当事人言语表述实质和内心所指,及时促成双方调解意愿达到最大化,并以法定形式固定使之生效。其次,对通过人民调解、民间调解等达成协议的,应报送人民法庭进行司法审查并予以确认。

(二)社会之维——乡土社会特性如何影响法庭调解

1.乡土社会特征。乡土社会是"一种并没有具体目的,只是因为在一起生长而发生的社会"[①]。它与法治社会相对应,是以村落为单位、以土地为依附、以群体为本位、以熟人社会[②]为模式的社会形态。在此种社会形态下,村民生活在既定的血缘和地缘关系中,生活网络相对封闭且治理结构复合多元,由此衍化而来的农村习惯法大多具有属人主义属性(如父债子还),在处理方式上带有比较明显的主观色彩和实用

---

① 费孝通:《乡土中国生育制度》,北京大学出版社1998年版,第9页。
② 社会学者贺雪峰认为,乡土社会在村民小组内是熟人社会,但在较大的行政村内属于"半熟人社会"。

主义,趋向对情感良心的共鸣认同和价值利益的公平分配。这种内控性、自发性包蕴着承续而来的中庸文化、礼让文化、孝廉文化、家族本位文化等多元文化形态,故其对乡土婚姻家庭、邻里纠纷等典型案件调解的实施效果比国家法更好。[①]

2.乡土社会的多元结构对法庭调解的影响。乡土社会治理的复杂性和特殊性决定其需在一个多元调解体系架构下运转,以法庭调解和案件审理为核心,与其相关的调解类型如图 10-2 所示。

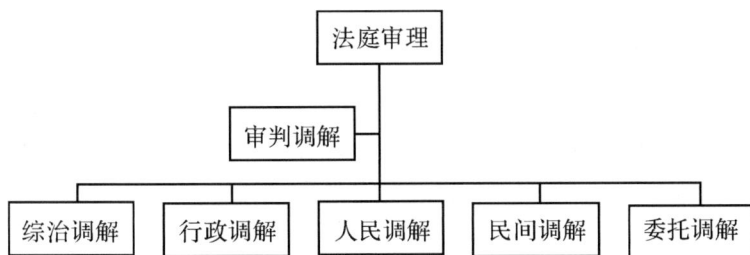

```
                  ┌────────┐
                  │ 法庭审理 │
                  └────────┘
                      │
                 ┌────────┐
                 │ 审判调解 │
                 └────────┘
        ┌────────┬──────┬──────┬──────┐
     ┌──────┐ ┌──────┐ ┌──────┐ ┌──────┐ ┌──────┐
     │综治调解│ │行政调解│ │人民调解│ │民间调解│ │委托调解│
     └──────┘ └──────┘ └──────┘ └──────┘ └──────┘
```

图 10-2 与法庭相关的调解类型

乡土社会中的管理层面和自治因素对案件调解存在着较大影响:在未进入诉讼程序之前,其能够对矛盾纠纷及时排查调处,减少诉讼案件的数量;在调解生效后执行阶段,它们能够协助执行,取得最佳调解效果。在亲缘层面上,乡土社会中存在着"宗族—近亲属—家庭成员"的隐性治理网络,可能影响案件调解的趋势动向。他们通过评论、劝服、态度、行为等显隐方式表达关注,使得当事人在心理层面和道德维度上逐步转向,从而使族人意见和调解趋向处于同等位置。当纠纷关乎家族、家庭利益增减及道德评论时,他们会抱团增强防范,给法庭调解带来巨大阻力。故法庭调解不仅要考虑文本内和程序上的功能依托,更要顾及宗族氏系和家庭成员的活动影响。

表 10-1 乡土社会多元治理结构对法庭双重调解类型的影响

影响因素	具体形态	影响调解类型	影响方式
管理层面	乡镇党委政府及其职能部门	综治调解	综治牵头法庭参与
自治层面	村委会、村民小组、治调小组	综治调解审判调解	协助调处监督执行
亲缘层面	宗族、近亲属、家庭成员	综治调解审判调解	心理影响道德评判
社会层面	媒体、群众	综治调解审判调解	舆论反应

3.乡土正义对法庭调解的要求。乡土正义是在乡土社会这一特定场域中各类组

---

① 高其才:《试论农村习惯法与国家制定法的关系》,载《现代法学》2008 年第 3 期。

织或个体围绕矛盾纠纷解决而做出的不同活动应答以期实现的公平正义抑或情理平衡[1][2]。鉴于法庭大多深处乡村，审调工作会受到乡风民俗的较大影响，其应在发挥自身专业功能的同时适应乡土文化，在互通契合的基础上激发出调解的固有优势。同时，须处理好纠纷内外、体制上下的纵横关系，让法院调判下的裁判正义和乡土社会蕴含的习俗正义实现高度统一，激发这些或源自实体程序法律或来自朴素公平理念的调解努力推动实现乡土正义。

(三)综治之维——法庭调解如何融入基层大调解格局[3]

在诉讼内外的解决方式集合中，法庭调解处于较为特殊的地位，具备自身特殊优势。

1. 在诉讼机制内部，调解具有比判决更为明显的优势：(1)从效力上讲，让当事人从内心真正服从法律效力，尽管该效力是当事人双方相互妥协的结果。(2)从形式上讲，调解方式灵活多变且贯穿诉讼全程，避免因诉讼程序带来阻碍。(3)从心理应答来看，当事人对调解的迎合程度和纳许态度略优于判决，因而具有更大的伸缩弹性。

2. 调解的角色定位。在大调解格局内，法庭调解的角色定位有三种：一是主导者，二是参与者，三是旁观者。笔者认为，法庭调解主导易导致审判权与行政权的混同，而旁观应付则易造成功能形式主义，故唯应扮演好参与者的角色。具体而言，大调解格局中的法庭调解应具备以下三种功能：一是辅助终结案件纠纷，二是取得较好社会效果，三是促进节约司法资源。在参与层面上，作为乡镇综治维稳成员单位的法庭，其调解活动是大调解体系的重要组成部分，在涉法涉诉案件这个关联点上，它能有效吸收其他部门、团体及个人的调解努力，实现调解系统内外的有机沟通，将机制内的程序约束和效力能量传输放大到大调解格局中来，实现调解价值的帕累托最优。这就要求不能将案件调解排除于社会生活之外，而要立足于法，通晓于理，兼顾于情，尽量还原事实本质与生活原貌。在机制运行上，要与其他部门、团体互通有无，取长补短，建立系统内信息及措施的联络互动。

3. 调解与综治调解的二元互动。综治调解以基层人民政府综治部门为主导，吸收信访、公安、司法、法庭及业务部门等力量参与，从而形成综合调解网络体系，以期多角度、全方位地解决纠纷。在个案示例上，笔者认为湖北省秭归县归州法庭参与该镇政法工作例会及"诉调对接"机制的做法较具代表性[4](图 10-3、表 10-2)：

---

① 乡土纠纷解决中关注的内容包括实现当事人双方的公平正义及情理平衡。

② 季卫东：《法治与普遍信任——关于中国秩序原理重构的法社会学视角》，载《法哲学与法社会学论丛》2006 年第 1 期。

③ 典型的大调解格局模式包括武汉江岸模式、江苏南通模式、福建莆田模式等，其中人民法庭都履行了及时参与、工作对接、业务辅助、司法确认等职责。

④ 归州法庭辖归州镇、屈原镇、水田坝乡、泄滩乡四个乡镇，辖区人口 10 万人。

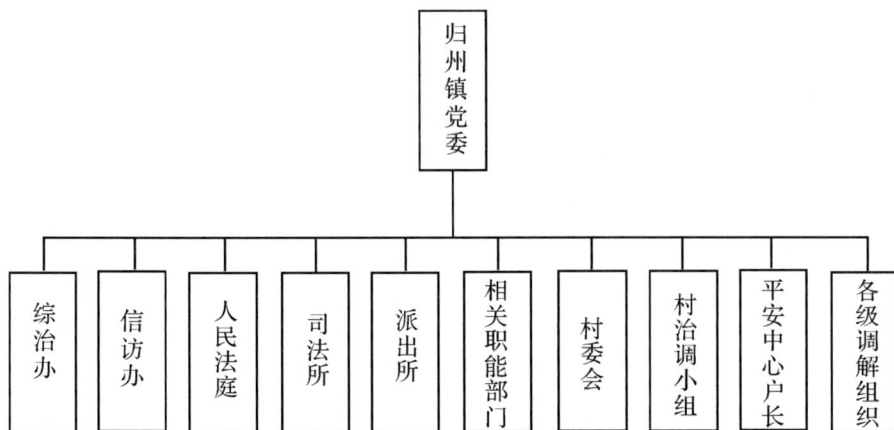

图 10-3　秭归县归州法庭"诉调对接"组织机构模式图

表 10-2　秭归县归州法庭在"诉调对接"工作机制中的做法

"诉调对接"工作机制		法庭做法		机制运行成效	
牵头机关	镇司法所人民法庭	立案引导	诉前建议和引导当事人先行人民调解	在 2005 年未实行机制之前,归州法庭仍固守"坐堂办案"的观念,案件数量逐年增加,最多达到全县法庭的 40%,且调解社会效果和法律效果不理想	2005 年以来,该庭受理案件年均下降 20%,年均调处率达 80.4%,辖区社会治安明显好转,群众对该庭满意度明显提高,调解组织化解矛盾纠纷能力不断增强
网络建设	1.构建了以"平安中心户、组、村、乡为主要层次的四级调解网络;	委托调解	在诉前、诉中、执行各环节,人民法庭经征得当事人同意,委托人民调解员、特邀调解员等进行调解		
	2.法庭聘请 12 个村委会的治调主任和 119 名"平安中心户长"为"诉调对接"调解员。				
	3.邀请县总工会、县妇联、县劳动保障等部门参加。				
例会制度	定期通报矛盾纠纷调解情况,集体研究协商措施。	协助调解	邀请人民调解员或特邀调解员以及专业技术人员协助人民法庭进行调解		
信息通报制度	1.调解组织每月向司法所上报纠纷调处情况; 2.司法所与法庭随时相互通报纠纷调处情况。	指导检查	对人民调解组织等进行个案指导、业务检查		
		业务培训	举办培训班、点评调解文书、现场指导、邀请旁听案件审理		
		确认督促	近两年,先后对 80 件调解协议予以确认或督促		

资料来源:李文峰、杜云宏、杜承文:《关于秭归法院归州法庭"诉调对接"机制的调查报告》,载宜昌市中级人民法院官网,ycfy.chinacourt.org/pubic,于 2012 年 4 月 30 日访问。

法庭加入调解格局,能够使矛盾纠纷在进入诉讼程序以前寻到多元化解决渠道而被分流处理,亦非仅能向法庭起诉,避免出现"讼累"现象。在涉法涉诉案件方面,多部门网络化联动联防机制促进形成调解程序交叉格局,使法庭既能在业务范围内吸收民间、行政等多重元素进行诉讼机制内的调解,又能参与到综治调解中来构成大调解合力中之一极,还能实现案件办理在不同主导层面和实施部门间的灵活切换。但同时也要廓清法庭的功能定位和影响范围,它与其他机构之间应是平等关系,只能做与自身职能密切相关的解纷工作,提供业务服务与指导,而不能超越在大调解中的活动范围及领域,以防止审判权与行政权的混同错位。

(四)技术之维——运用多态技术如何完善调解机制

乡土法庭调解除了依靠过硬的专业知识和了解乡土现况外,还有赖于对调解技能的把控,主要包括以下几个方面:

1. 调解心理技术[①]

从心理角度而言,一次调解活动也是一次调处多方的心理博弈、容斥过程。案件调解并非单纯地在法律技术层面上进行操作,还需深层挖掘纠纷产生的社会根源和心理动因,这就要求基层调解法官必须掌握调解心理技巧等非讼技能,提升完善自身的认知层次、情感品质和人格特征。在乡土社会中,村民对专业法律知识的疏晓浅知和行事方式的随机多态需要法官能够从容应对,冷静处理。他们既须掌握当事人的心理特点和情绪特征,又要根据差异化的民俗习惯和当事人性别性格等偶合因素进行细分,采取合适的心理应对策略,这些都有赖于其平时的知识积累和素养磨炼。

表 10-3　针对不同气质当事人采取的心理应对措施

不同气质当事人	主要表现	心理应对措施
胆汁质型当事人	敢说敢干、易怒易躁	1.快速介入 2.冷后处理 3.适度批评
多血质型当事人	情绪不深,兴奋度强	1.倾听诉说 2.说理劝导
黏液质型当事人	处事谨慎,瞻前顾后	1.说理充分 2.缓慢处理
抑郁质型当事人	胆小心细,优柔寡断	1.宣泄情感 2.反复劝说

2.调解语言的运用

---

① 王律中:《调解心理艺术:调解中心理学问题及对策》,人民法院出版社 2001 年版,第 29～50 页。

调解是一项解决纠纷的活动,也是一门语言运用的技术,语言本身在交际过程中就具有调解的功能[①]。俗话说:"一句话能把人说笑,也能把人说跳。"好的调解语言运用,应当在案件原则性和灵活性的平衡中寻到法、理、情的统一,这对情感表达相对简朴直白的村社成员而言尤需如此。笔者认为,一次话语活动是"意思表达—做出反应"的过程(图 10-4),故调解者的语言表达应当清晰、妥当、有效,实现法律原则与调处弹性之间的有机融合。同时,乡土社会语言体系中含有大量的俗谚俚语,调解者需在法律术语与乡土俗语之间及时快速切换,把控特定调解场域下语言交流的引导性和节奏感,使调解效果达到最佳。

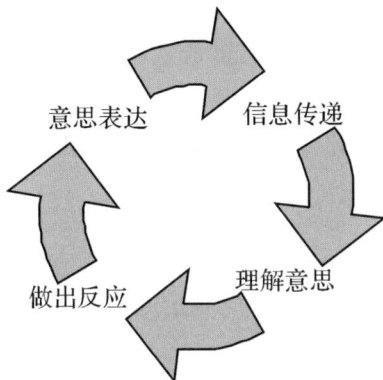

图 10-4

3. 非语言手段的运用[②]

非语言包括体态语(如身体接触)、副语言(如音调)、态势语(如手势)及时空控制等。乡土案件中的当事人大多是粗朴厚实的村民,对情商认知和感情交流较为敏感。在调解语言中糅合适度的非语言手段,能够缓和调解气氛,缓解当事人的抵触情绪,激发当事人的协调情愫,让案件调解趋向良态发展。

二、当前乡土社会法庭调解存在的主要问题

(一)法庭调解对乡土性关注不足

在文本层面上,有关诉讼调解的现行法律法规较少关注乡土调解在程序设计、效

---

① 王洁:《法律语言研究》,广东教育出版社 1999 年版,第 159 页。
② 美国心理学家艾伯特·梅拉比安认为信息的全部表达＝7％语言＋38％语调＋55％非语言行为。

力确认等方面的特殊性,而乡土案件纠纷的复杂性却需要诉调机制能与基层法治现状适度契合(如诉讼内调解与非诉讼调解的对接等)。同时,现行法律文本对民间习惯、农村习惯法中的合理因素吸收不够。在刚性制度效力未济之处,恰恰存在乡村土办法、土制度解决纠纷的广阔空间,故应通过筛选提炼适度吸收其合理成分和有益因素来扩展制度内生张力和保持机制弹性。在实然角度上,乡土调解较多从诉讼机制方面由内而外考量运行,对农村习惯法等的调解功能关注不足,使本地民间习惯、村规民约等仅散见于零碎意象和口头传续之中,缺乏系统性整理总结。

(二)乡土社会元素与法庭调解的融合性不强

实践中将农村习惯法等非诉乡土元素成功融入法庭调解中的个案较少,它既需立法者在甄别个体有益元素的基础上实现二者的"移花接木",又需基层法官在经验事实的基础上反复提炼,形成制度内涵,这将是一个长期积累、逐步演进的过程。同时,基层群众对诉讼调解仍存在认知偏差,甚至视之为畏途,需要进一步加强宣传改造力度。

(三)法庭调解与大调解格局的契合性不足

基层大调解格局往往由党委综治部门牵头,其他职能部门充分参与。法庭作为其中的重要力量,对于非诉讼类矛盾纠纷,往往只能在形式上参与综治调解而较少取得实质性效果。同时,法庭与其他部门联动磨合尚待优化,基于工作性质和职能分工的区分,法庭与别部对同一纠纷考量的角度存在差异,这需要克服认知差异及部门偏见,实现调解格局内不同声音的有序表达及高度统合。在程序上,法庭调解与其他调解层面之间的有机衔接也并非连贯顺畅,如《人民调解法》中规定"司法确认程序需要双方当事人共同申请"实属存在申请要件过于严苛之嫌。

(四)乡土调解技术手段不够完善

我国广大农村地区是法治宣传及司法治理的薄弱地带,千百年来民间习俗的传承因袭给依法治乡(村)带来较大阻力,更毋谈植入现代化的调解手段。基层法官队伍的业务素质参差不齐、硬件设施缺失匮乏给调解技术的开掘拓展带来困难。基层法官整天忙于案件审理,无暇顾及对科学调解技术和乡土调解手段的总结反思,影响适合本土实际的有效调解体系的建立。

三、完善我国乡土社会法庭调解制度的完善建议

(一)诉讼调解对乡土元素的吸收与改良

除了依据法律专业知识外,基层诉讼调解需要吸收乡土知识体系中的有益元素,如民间习惯、习惯法、本地纠纷解决机制等,它们大多是村民在生活劳作中形成的处理形态、文化浸染和伦理积淀,深蕴乡村社会运行的基本价值和伦理规则,其能在乡土社会准固化的关系网络中分配权利义务及调整利益冲突。在诉讼调解中,调解者应在保持调解制度张力的基础上,穿插融入本土居民熟稔于心的行事方式和共通习俗,让其在法益平衡和私权界定的协商机制中充分表达、推行易于认可的价值选项和基本目标。故此,应赋权法官在既定调解框架内对制度内涵进行细化微调,引入利益权衡和甄别选择机制,在具体个案中选择更适合调解程序的国家法规范或民间法俗约。同时,法庭调解的另一重要功能在于弥合诉讼调解制度与民间调解机制之间的差别。基层调解需历经"个案解决—要件抽象—经验涸流"的进程来逐步调适民间习惯,增加"法"、"约"之间的磨合深度,其具有法官造法的精神意象和调解成功的示范效力,在将国家意志的触角深入基层社会的同时适度提升习惯法的应用质量及其对法庭调解的融黏程度。在调解形式方面,应尽量摆脱传统乡土社会中训诫教化式调解的约束,促成其向会商式、开放式及自治式调解模式转变。

(二)充分培育新兴乡土社会调解参与元素

近代特别是改革开放以来,乡土社会的权威主导和传统因素日渐式微并趋于瓦解,国家亟须通过功能扩张将文法理性扎根于乡土社会之中(如送法下乡),表现之一就是国家法律的全面渗透及乡土规则的非正统化趋势。由于形式法律本身的高度抽象性,文本法律运行逻辑与乡村规则运用实践之间存在着诸多隐约冲突,导致乡土社会调解中乡民原始自治精神及本地公共参与因素不断流失,使一个多面供给、富有弹性的应然乡土调解体系未能充分吸收到最优公共力量中的诸多利好因素。随着我国市场化经济的高速发展及法制化进程的稳步推进,国家公权与公民私权之间不再是非黑即白的互峙对立关系,双方扩张叠汇的地带正在形成一个具备协商、润饰、传应功能的自治中间层。在乡土社会法庭调解体系中,这一层面的积极作用亟须被扩充放大。一是在理念层面上,应理顺公权治理与私法自治之间的关系,积极培育基层社会公民的私权意识,促成调解正义达成形式理性与实质理性上的内合统一。二是在文本层面上,调解法官、司法调解人员、人民调解组织等主导主体有义务对民间习惯、农村习惯法及民间调解技巧方法等进行改造完善,促成建立具备本土特色、兼备公私法益的调解制度体系。三是在参与主体上,围绕法庭调解,考虑吸收宗族权威、亲眷

故旧、行业协会①、中介组织等多重增益元素参与,激发出最优调解合力的最大整体效能。四是在调处机制上,可以充分发展农村非诉解决方式。在此方面,人民法庭应以审判权和业务性为依托,着重把控调解初步审查、调解程序监督、司法效力确认等关键环节,使之成为法庭调解活动的延伸和补充。五是在诉讼案件量大且条件具备的基层地区,可以尝试将调解业务外包给中介组织,其中人民法庭重在强化对其进行业务指导和调解监督,以避免出现"诉讼爆炸"的不利态势。

(三)人民法庭要扮演好调解两种角色

除了审诉调解以外,乡土法庭的综治调解职能不容忽视,它是支撑大调解机制运转的重要因素之一,对综调体系建设和个案发展趋势起到业务引领和机制保障作用。具体而言,乡土法庭从内而外应履行如下职责:一是对于大调解格局内的纠纷案件,重在通过业务咨询和司法建议辅助调解顺利进行。二是对于与诉讼密切相关的涉法涉诉案件,应当在保持案件预判力的前提下,充分发挥人民调解、民间调解、行政调解等层面的积极功能,增加判决前达成调解的可能性。三是对于整个大调解格局日常工作而言,法庭可以通过培训、交流、宣传等措施,提升格局内各部门、人员的业务水准和磨合程度。同时,乡土法庭应结合自身实际找准角色定位,做到"不缺位、不错位、不越位"②,特别是对人民调解组织,除了进行业务指导和技能培训外,不应过多干预其调解活动。四是在诉调对接方面,对于已达成调解协议的案件,法庭要从确认人民调解协议效力、发挥支付令、强化执行及调后监督等方面确保调解成果的取得。另外,法庭应充分发挥好"降压阀"和"稳压器"的作用,当少数疑难案件依靠大调解机制较难解决而进入诉讼程序后,法庭应及时行使审判权对纠纷进行处理,保障当事人权利及维护社会稳定。

(四)寻求乡土法庭调解的技术支撑

1. 法官自身要加强调解语言学习。调解语言是一种相对复杂的专业语言类型,由于"语言的智慧和技巧来自实践的磨砺和经验的积累"③,它必须结合具体案情和调解语境才能予以妥当完善地表达。故调解法官需加强对语言知识的学习,如言语行为理论、话语分析、言语交际理论等,还必须结合乡土社会的不同风俗和语言习惯,将一般理论运用到具体案件之中,深度挖掘具备本地乡土特色的调解语言技巧,整体提升乡土语言在调解活动中的功能优势。同时,语言的承载平台是文化习俗和生活

---

① 如养殖协会、种植协会等农民专业合作社。

② 肖扬:《在全国人民调解工作会议上的讲话》,http://www.legalinfo.gov.cn/ldhd,于 2012 年 5 月 10 日访问。

③ 王洁:《控辩式法庭审判互动语言探索》,载《语言文字应用》2004 年第 3 期。

体验,故调解法官不能仅仅是法律专家,还必须是通晓常识、体悟生活的文化者、生活家,这样才能在实践中升华自己对调解的认知和体悟,达到最优调解效果。例如,在家事型纠纷中,当事人会受到传统文化中"家丑不可外扬"的影响,希望能够妥善解决,如果调解过程中能够运用"将心比心"、"相骂无好言,相打无好拳"等劝导俗谚,必然有利于推动矛盾的化解。

2.非语言调解方式的运用。调解是有表情的,调解的表情不仅表现在言辞的妥当、逻辑的完善、感情的投入上,更表现在各种非语言方式的运用上,如眼神交流、面目表情、肢体语言、动作控制等。在乡土社会中,村民大多具有简朴直白的感情,为其良好运用提供了天然基础,如在当事人倾诉流泪时可以为其递上纸巾等,以赢得配合且把握主动。

3.调解心理学的运用。调解是一门以语言运用为载体、以心理疏导为保障的行为科学。准确把握当事人的心理活动脉络,是及时妥善地解决纠纷的重要前提。所谓"攻心为上",只有在当事人心理防线被攻克后,劝导说服才能取得突破性进展。因此,在乡土法庭调解中,应区别对待不同案件、不同当事人以及当事人不同时间的心理状态,选择最适当的调解心理应对策略。如在离婚纠纷和赡养纠纷中,分别可从弥合夫妻感情和渲染家庭亲情的角度进行突破。在一般常态下,心理调解形式应包括倾听、疏导、协商、劝诫、感化、说理等,而在非常态下(如争吵)则应当及时训诫、批评等。在调解实施方式上,则应注意疏导为主、软硬兼施、明暗兼备,准确把控调解节奏。

(五)全面实现四个维度的互融互通

乡土法庭调解的四个维度,互联互通,环环相扣。其中,诉讼制度是基础,社会实情是参照,综治格局是依托,技术支撑是保障。要实现乡土法庭调解制度的进一步完善,既要在单个层面上挖掘潜力,拓展思路,更要实现维度之间的有机融合,全面提升。具体而言,一是要在诉讼制度的文本和实证层面向内开掘,实现其对基层案件调解活动和综治调解活动的导引力度,使案件调解始终围绕诉权诉益开展而不与非诉类调解混同。二是要充分吸取人民调解、民间调解及村规民约、民俗传统等机制类型、文化形态上的增益元素,同时在调解活动中要适时适度地通过语言、心理技术等对之进行改造。三是人民法庭应切实担负起综治职能,从专业性和乡土性上对调解案件进行多维考量,积极参与配合基层综治工作的开展。四是调解法官要加强自身业务及非业务知识的储备,为诉讼调解、综治调解活动的开展及基层调解乡土性的改造提供前提。

结　　语

《诗经》云:"有匪君子,如切如磋,如琢如磨。"法庭调解实如其言,它根植于乡土社会,需要法律专业性与农村习俗性的充分融合,需要基层生活背景与纠纷解决机制的对位统一,更需要大调解格局的完善架构与公平公正价值目标的有机淬炼。在广袤的农村土地上,当习惯法遇上国家法,当社会性邂逅法律性,法庭调解这条主枝将在法治运行的大树上,充分吸收乡土情愫及人文精神,生长出更加繁茂的调解枝叶!

第十一章

基层法庭视野下
法官庭外调查的实证研究

高　伟[*]　蔡　青[**]　纪胜利[***]

一、法官[①]庭外调查的概念及立法变迁

(一)法官庭外调查的概念

　　根据 2011 年《中国法律年鉴》统计,全国基层法庭总共有 12000 个,30 万法官和其他工作人员中的 90％在基层法院和基层法庭,60％以上的民商事案件在基层法庭[②],基层法庭已经成了司法审判的中坚力量。法官庭外调查概念,可以界定为在正式开庭之外,法官作为调查主体就案件事实和纠纷处理对双方当事人、代理人及案外人(单位)所做的调查取证活动。庭外调查所形成的证据材料包括:调查笔录、询问笔录、质证笔录、座谈笔录、办案追记等。具有中国特色的庭外调查是我国基层法官在民事诉讼中践行的一项重要司法制度,对基层法官积极寻找证据材料,发现案件事实真相有着不可或缺的重要意义。

---

　　[*]　高伟,女,陕西省西安市中级人民法院研究室主任、审委会委员。

　　[**]　蔡青,女,1963 年出生,三级高级法官,西安市长安区人民法院党组书记、院长。

　　[***]　纪胜利,男,1978 年出生,陕西省西安市长安区人民法院沣峪法庭审判员。

　　①　根据调查,中级以上的法院案件庭审活动比较规范,庭外调查现象比较少见。实践中的法官庭外调查多见于基层法院和基层法庭,本文研究对象正案多人少、职业化水平较低的基层法庭。

　　②　诸葛平总编:《中国法律年鉴》,法律出版社 2011 年版。

(二)我国法官庭外调查的立法变迁

表 11-1　我国法院调查的立法文件及相关内容

超职权主义时代（1944—1982）	1944	《太岳区暂行司法制度》	针对疑难案件,司法人员应深入群众中,征求群众意见,发动群众提供材料,彻底查清案情
	1944	《苏中区处理诉纷案件暂行办法》	司法人员处理案件,应当尽可能的采取各种手段和方法调查研究
	40年代中期	马锡五审判方式	依靠群众,调查研究,调解为主,就地解决
	1950	《中华人民共和国诉讼程序试行通则（草案）》	人民法院要注意深入调查事实,深入到案发地及案件频发的地方,开展调查取证工作,就地开庭审判,也可开展巡回审理
	1956	《各级人民法院民事案件审判程序总结》	司法人员为了尽可能的查清案件事实,要积极、全面的调查获取相关证据
	1979	《审判民事程序制度的规定》	针对法院受理案件,要避免主观臆断,多深入基层,在群众中进行案件事实与证据的调查,要听取原被告双方的意见
职权主义时代（1982—1991）	1982	《民事诉讼法（试行）》	当事人针对自己的诉求,应当向法庭提供证据加以证明;法院要依照法律规定的程序,调查和收集案件证据
职权审查主义时代（1991—今）	1991	《民事诉讼法》	规定:"当事人对自己提出的主张,有责任提供证据。当事人及其诉讼代理人因客观原因不能自行收集的证据,或人民法院认为审理案件需要的证据,人民法院应当调查收集"[①]
	1992	《最高人民法院关于适用〈中华人民共和国民事诉讼法〉若干问题的意见》	法院调查收集证据包括四种情况:"1.当事人及其诉讼代理人因客观原因不能自行收集的;2.人民法院认为需要鉴定、勘验的;3.当事人提供的证据互相有矛盾、无法认定的;4.人民法院认为应当由自己收集的其他证据"[②]

职权 审查主义时代 （1991—今）	2002	《关于民事诉讼证据的若干规定》	法院收集证据分为两种："一是依申请收集：1、申请调查收集的证据属于国家有关部门保存并须人民法院依职权调取的档案材料；2、涉及国家秘密、商业秘密、个人隐私的材料；3、当事人及其诉讼代理人确因客观原因不能自行收集的其他材料。二是依职权收集：1、涉及可能有损国家利益、社会公共利益或者他人合法权益的事实；2、涉及依职权追加当事人、中止诉讼、终结诉讼、回避等与实体争议无关的程序事项"③

注：①《民事诉讼法》第 64 条："当事人对自己提出的主张，有责任提供证据。……"

②《〈中华人民共和国民事诉讼法〉若干问题的意见》第 73 条："依照民事诉讼法第六十四条第二款规定，由人民法院负责调查收集的证据包括：（一）当事人及其诉讼代理人因客观原因不能自行收集的……"

③《关于民事诉讼证据的若干规定》第 15 条："人民法院认为审理案件需要的证据，是指以下情形：（一）涉及可能有损国家利益、社会公共利益或者他人合法权益的事实……"。第 17 条"符合下列条件之一的，当事人及其诉讼代理人可以申请人民法院调查收集证据：（一）申请调查收集的证据属于国家有关部门保存并须人民法院依职权调取的档案材料……"

20 世纪以来，我国法院调查取证制度经历了一系列的历史变迁，"我国的证据收集在整体意义上完成了职权探知主义的证据收集模式到职权审查主义的证据收集模式的转型。"①长期以来，传统纠问式诉讼模式让法官担负了大量的调查取证工作，为查明事实法官主动调查的要求贯穿着整个立法演变进程。近十年来我国民事审判制度深刻变革，在调查取证领域，确立了"谁主张、谁举证"原则，逐步确立了证据调查取证的主体是当事人及其代理律师，调查取证开始由原来的法官职权主义向指导主义转变，严格限制法官的庭外调查权是改革的大趋势。但"当事人主义"的诉讼模式并不能解决中国司法的所有问题，我国司法裁判历来都要注重社情民意，法官主动调查案情符合百姓朴素的正义观，是法官断案严明的体现，也是我们的司法传统与司法国情。为了保障案件处理能够尽可能的接近正义，现行法律仍对法官庭外调查进行了限制性保留。

---

① 熊裴彦、林忠明：《论刑事诉讼中法官庭外调查权：基于实证研究的讨论》，载《建设公平正义社会与刑事法律适用问题研究——全国法院第 24 届学术讨论会获奖论文集（上）》人民法院出版社 2012 年 12 月第 1 版，第 685 页。

二、基层法官庭外调查权的运行现状

为考察法官庭外调查的表现形式、特点,我们采取了实证调查以及查阅案卷的方式,对随机抽取的西部某基层法院某基层法庭[①]2012—2014年(1—6月)每年审结的200宗一审民事案件、共600宗案件进行了统计分析,并得出了如下的事实和结论[②]。

表 11-2　西部某省会城市基层法院基层法庭 2012—2014(1—6 月)

600 宗民事案件调查中法官调查证据的情况

年度	民事案件数量样本	当事人申请取证及法官同意取证数量情况			法官依职权取证	法官既未依职权、又未依申请自行取证数	法官取证总数[①]	比例
		当事人申请取证数	法院同意取证数	比例				
2012	200	22	10	5%	5	96	104	53%
2013	200	39	19	9.5%	3	89	96	48%
2014 (1—6 月)	200	26	14	7%	3	101	111	55.5%

注:①法官取证总数并不是前面三项数字简单叠加,而是存在交集,又相互包含,比如在某一案件中同时存在三种形式的取证。

表 11-3　西部某省会城市基层法院基层法庭 2012—2014(1—6 月)

600 宗民事案件中 1032 份法官庭外调查笔录分布情况

案件类型	离婚	继承	赡养	侵害人身权	交通事故	承揽合同	土地承包	相邻关系	物权纠纷	其他
案件件数	192	24	32	70	76	38	56	52	26	34
庭外笔录	434	52	62	86	48	74	68	80	46	82
平均件数	2.3	2.2	1.9	1.2	0.6	1.9	0.8	1.5	1.8	2.4

---

①　该基层法院每年受理各类案件10000件左右,该法庭每年受理民商事案件800件左右。

②　本次实证分析的资料来源于基层法院,可能不具有广泛性,但具有代表性。

(一)法官庭外调查笔录呈现"三多"特征

1.数量多。庭外调查笔录不属于独立的证据形式,在法律上也没有明文规定,但普遍存在于法官办案中,特别在基层法院、法庭最为常见。笔者根据类型和数量将查阅的案件大致分为以上 10 类,600 宗案件统计的庭外调查笔录达 1032 份,平均每宗案件中有 1.72 份,最多的一宗案件中有 13 份,但不是每起案件中都有。2.单方调查笔录多。1032 份庭外调查笔录中,双方当事人或者代理人都在场的只有 176 件,仅占总数的 17%,多见于质证笔录;其他 856 件是法官针对当事人或者案外人(单位)所做的单方笔录,其中相当一部分是针对正式开庭过程中遗漏内容所做的询问笔录。3.未经质证的笔录多。1032 份庭外调查笔录中,未经过质证的有 966 件,占全部数量的 93.6%;而法官采信作为定案依据的有 887 件,占总数的 86%,过高的采信率体现了法官对自己所做的调查的偏爱和倚重。

(二)法官"非依法"调查取证数量庞大

1.表 11-2 是基于 600 宗案件中法官调查证据情况分析。根据 2002 年《最高人民法院关于民事诉讼证据的若干规定》(以下简称《证据规定》),法院调查取证有两种情形:要么依职权调取,要么依当事人申请调取。根据表 11-2 统计结果,三年来具备法律依据的法官证据调查微乎其微,只有 43 宗。而法官既未依职权、又未依申请"非依法"调查取证的案件多达 286 宗。

2.表 11-3 是基于 600 宗案件中共 1032 份法官庭外调查笔录的分析。法官依当事人申请调取的证据有 114 份,仅占总数的 11%。其余的 918 份庭外调查笔录分成两种情况:一是法官明确地依职权启动调查程序的共有 16 份,占总数的 1.6%。二是法官"非依法"庭外调查,即法官觉得办案需要,擅自决定调查的证据达 902 件,占到了总数的 87.4%。

(三)庭外调查笔录远远多于正式开庭笔录

调查发现,每宗民事案件中一般有 1~2 份正式开庭笔录,但是法官庭外调查笔录要远远多于正式开庭笔录。600 宗案件中正式开庭笔录共有 406 份[①];而庭外调查笔录多达 1032 份,数量是正式开庭笔录的两倍多。法官庭外调查有替代正式开庭对于事实和证据调查的趋势,究其原因是基层法院案件数量大、办案负担重、审限压力大,加之以"事实不清"上诉发还"错案追究制度"的风险,法官希望办案程序更富于弹性,随时随地主动向当事人、证人进行调查,确定案件事实。其次,保护弱者是民法的

[①] 有些调解、撤诉、移送管辖案件中未形成开庭笔录。

基本价值取向,法官对当事人处于不平等状态诉讼能力予以矫正使其达到平衡状态,实质上使那些因诉讼资源能力失衡所导致的程序不公正在法官的参与下趋于公正,这沉甸甸的1032份调查笔录正是600宗民事案件公正审判的重要保障,也是法官谨慎、细致、负责与良知的体现。

三、基层法官庭外调查必要性分析

习近平总书记强调:"要努力让人民群众在每一个司法案件中都感受到公平正义。"[①]追求客观真实的司法理念要求法官充分查清当事人之间的争议,必须穷尽一切方法探明案件事实,高度谨慎地作出判决。正如学者强调:"法官的庭外调查取证对于无法行使取证权的弱者,充实民事诉讼法对公民权利的救济,实现司法公正有着非常重要的意义。"[②]

(一)法官庭外调查承继着传统法律文化

传统造就今天的习惯,历史从未离我们远去,现在的裁判方式不可避免地沿袭着过去的传统。"当今中国仍然是一个以儒家思想和传统为主导的国家,审判方式不能脱离我们的历史文化传统而存在,更不能割裂我们的传统文化而实施。"[③]老百姓历来崇敬"明察秋毫"的法官,官方和舆论历来推崇"深入群众,调查研究"的司法传统,国家鼓励法官调查办案,这使民事诉讼法规定的通过正式开庭调查确定案件事实演变成了一次开庭审理加若干次庭外调查的模式,这种模式其实是"马锡五"[④]传统审判方式的延续。"重实体、轻程序"的司法文化传统和裁判技术在实践中继续发挥着巨大作用,这种注重法官调查研究的传统及经验在较短的时期内难以发生根本性的改变。正如全国模范法官陈燕萍所言:"掩盖的事实不会自己浮现出来,要想方设法把它挖出来,有时适当地使用主动调查权,才能还给当事人以公道。"[⑤]法官庭外调查取证符合历史逻辑,"走群众路线","走出去办案"已经成为现在法官的鲜明特质。

---

① 杨婷编辑:《习近平:努力让人民群众在每一个司法案例中都感受到公平正义》,《新华网》:http://news. xinhuanet. com/politics/2013-02/24/c_114782198. htm,下载日期:2014年6月2日。

② 齐权洁、钟胜荣:《论民事审判改革对我国证据制度的影响》,载《诉讼法理论与实践》1997年版,第41页。

③ 杨凯:《承接地气:人民法庭审判职能改革完善之理想图景——以基层司法参与社会管理创新为视角的展开》,载《建设公平正义社会与刑事法律适用问题研究——全国法院第24届学术讨论会获奖论文集(上)》,人民法院出版社2012年12月第1版,第9页。

④ 马锡五审判方式要求深入农村、调查研究,实事求是地了解案情。

⑤ 洪爱民:《陈燕萍工作法是做好涉诉信访工作的指南针》,《中国法院网》:http://www.chinacourt. org/article/ detai /2010/02/id /394313. shtml,下载日期:2014年6月25日。

(二)法官庭外调查源于当事人证据举证制度缺乏保障

2001 年《民事证据规定》体现了我国民事诉讼从职权主义向当事人主义转型的立法方向,"我国民事证据的收集,实行的是以当事人为主导,法官收集证据只能是例外的原则。"[1]民事诉讼法赋予了当事人及其其诉讼代理人调取证据的权力,同时规定知道案情的相关证人应当到庭作证。但民事诉讼法缺乏相应的强制手段及惩罚规定,造成了当事人收集证据成了"纸上的权力",当事人及其诉讼代理人必须承担收集证据的责任。在落后的中西部地区,特别是偏僻山区老百姓掏不起高昂的律师费,法官确实需要到乡间、地头、村寨去查证,通过调查来确定法律事实,以求无限接近事实真相。恰如学者所言:"司法活动是一个能动的事实查明、法律和价值判断的过程,它需要严格遵照法律的明确规定,但绝不仅限于居中裁判、机械执法,他还需要司法的能动性。"[2]

(三)法官庭外调查有助于案件的公正处理

有学者谈道:"在现今的社会环境下,要求法官为了实现程序正义而牺牲实体正义是我国法官所不能承受之重,这就显得赋予法官庭外调查权极为必要。""要加强法官调查取证的权利,在民事诉讼中建立科学的案件发现机制。"[3]庭外调查还比较契合基层法院、法庭解决具体纠纷的司法职能,"人民法庭的审判方式应当还是以职权主义为主,当事人主义为辅;以纠问式引导为主,诉辩式为辅。"由于证人具有很强的流动性,外出打工、出国很普遍,甚至有的证人濒临死亡,如果不及时取证,证人证言就会很难取得甚至永久灭失。在这种情况下,法官采用庭外调查方式可以起到保全证据的作用,对于那些证据难以取得或者容易灭失的证据尤为重要。法官由此取得证据最可能接近于真实,更容易获得双方当事人的认可并消除双方的对抗情绪。法官庭外调查笔录作为庭审笔录的重要补充,有助于案件的实体的公正处理。

(四)法官庭外调查与开庭调查成本收益相当

法官选择庭外调查取证一个重要考虑来自于成本问题,正式开庭需要召集所有的诉讼参与人,耗费的时间更多,多数情况下,一次正式开庭无法取得裁判所需要的全部信息,反复多次开庭则会消耗有限的司法资源。庭外证据调查简单、便捷、灵活,

---

① 张卫平:《民事证据制度研究》,清华大学出版社 2004 年版,第 439 页。

② 夏川:《论法官司法能动性与诉讼效率》,《重庆法院网》:http://cqfy. chinacourt. org/article/detail/2009/02/id,于 2014 年 5 月 20 日访问。

③ 李浩:《回归民事诉讼法—法院依职权调查取证的再改革》,载《法学家》2011 年第 3 期,第 45 页。

为法官节省更多的时间和精力,降低法院和法官的司法成本,为了规避过于烦琐的正式开庭程序,法官以便捷的庭外的调查取证替代了正式开庭。事实上,正式开庭审理调查与庭外调查的收益基本相当,都能获得裁判需要的案件事实,有时甚至比正式开庭获取的信息更多,但后者成本更低。所以法官会变通程序烦琐、成本高昂的正式开庭,使用操作起来更为简洁的庭外调查,加之案件数量大幅度上升,庭外调查取证作为正式开庭的补充很受一线办案法官的欢迎。

四、基层法官庭外调查现象的必要检讨

法官庭外调查是一把双刃剑,它在克服辩论主义和职权主义缺陷、促进诉讼程序进行以及发现案件真实的同时,由于规制不足等种种因素,在实践中被权力行使主体的法官滥用或者怠用,违背了司法中立,影响了裁判公正,尤其面对即将实施的"立案登记制"及"绝大多数普通民商事一审案件的管辖权下放至基层法院",过度的庭外调查必然降低诉讼效率,故对法官庭外证据调查现象需要进行必要检讨。

(一)法官滥用庭外调查丧失了中立地位

庭外调查取证虽然为法官办案提供了便利,但程序保障的欠缺不利于法官保持中立的立场。是否启动庭外调查由案件的承办法官决定,法官很容易先入为主、带着自己的倾向性前去调查,甚至绕过庭审质证环节,直接采信取得的证据,使案件审判丧失了公正的基础。民事审判庭审的中立性决定了法官不宜过度的替当事人取证。实践中,法官通常是在对方当事人没有参与的情况下单方调查取证,不但无法保证取证的客观性,也容易使法官在法庭之外形成心证,丢失了应有的公正角色。

(二)法官滥用庭外调查权容易滋生司法腐败

学者有言:"法官拥有言词证据的调查权,将造成相关言词证据改变,给法官这个中间裁判者带来偏袒一方的印象。"[①]庭外调查一般由法官或书记员向被调查人展开,当事人对法官庭外调查处于不知情状态,当然更无机会参与。法官与一方当事人的信息交流、信息透明度不够,对方完全不知晓,法官更有可能进行暗箱操作,带着特定的"目的"前去调查,利用信息优势和手中的权力与双方当事人进行信息不对称的交流,为调查权力"寻租"创造灰色空间,法官在这样的空间内权力腐败的风险和概率非常大。

---

① 付长文、邓虹:《谈法官"庭外调查权"》,载《法学》1998年第3期。

（三）法官不当庭外调查侵害了当事人合法利益

法官不当调查取证主要表现在三个方面：一是没有任何法律依据进行庭外调查取证。由于《证据规定》表述模糊，法官拥有的取证裁量权较大，加之缺乏明确的操作标准，法官调查证据时没有任何约束，甚至不给当事人进行质证的机会，庭外调查过于随意侵害了当事人合法权益。二是法官的调查的范围过于随意，比如在调查中发现法官在开庭时遗漏案件事实问题调查补充，这种庭外调查若不加以限制就会浪费有限的司法资源，降低诉讼效率，司法有倒退回职权主义时代的危险。三是法官怠于履行调查取证职责。法官针对当事人符合条件的调查取证申请寻找各种理由推诿或者置之不理，不给予任何答复。

（四）法庭的正式开庭调查规则和司法规律被虚化

"辩论主义意味着只有当事人在诉讼中所提出的事实，并经辩论才能成为法院判决的基础"[①]。毋庸置疑，正式开庭审理是民事诉讼程序运作的中心，是当事人行使诉讼权利最为集中的阶段以及法官查明案件事实的主要途径，同时也是法官依判决方式结案必不可少的途径。案卷中大量出现的法官庭外调查笔录，致使正式开庭调查成为走形式、走过场，甚至萎缩。久而久之，法官对于正式开庭就会丧失积极性，认为程序法不重要，甚至秉持轻视态度，正式的开庭规则和司法规律被虚置、绕行，法定的规则被突破了边界，这与法官职业化、庭审专业化渐行渐远。

五、完善法官庭外调查取证制度的对策

党的十八届四中全会指出："审判是人民法院审理案件、作出裁判的司法活动，是诉讼的中心环节。法庭是查明事实、认定证据、形成裁判结果的场所。没有庭审，就没有裁判。充分发挥审判特别是庭审的作用，是确保案件处理质量和司法公正的重要环节。"[②]以审判为中心是司法审判权的判断和裁决性质所决定的，强调法官及诉讼参与人的诉讼活动都要围绕庭审进行，确保案件事实和证据经得起法庭质证的检验，确保诉讼证据出示在。法官依职权调查取证和依申请调查取证均属于法官职权调查，但两者的性质在本质上完全不同。依职权调查取证是法官主动干预诉讼的表现，体现了职权主义的诉讼模式；而依申请调查取证则是辩论主义的表现，体现了当事人主义的诉讼模式。《证据规定》要弱化的是法院依职权调查取证，而不是法官依

---

① 黄运焜：《刍论我国民事诉讼调查取证制度》，兴国县人民法院网：http://xgxfy. chinacourt. org/public/detail. php? id＝5041，于 2014 年 8 月 1 日访问。

② 《完善司法管理体制和司法权力运行机制》，载《人民法院报》2014 年 11 月 08 日第 2 版。

申请调查取证,所以解决问题的关键在于实现法院依职权调查取证向法院依申请调查取证的转变。为了更好地发挥法官庭外调查的积极效应,克服司法实践中的弊端,进一步淡化法官的职权主义色彩,健全当事人依申请取证规范,笔者在思考完善我国法官庭外调查取证制度的同时,提出了《法官庭外调查取证制度实施规则》(以下简称《实施规则》)的初步设想。

(一)确立法官庭外调查的基本原则

1. 保持中立与克制的原则

民事诉讼解决的是平等主体之间的纠纷,在等边三角形的诉讼结构中,中立角色要求法官与诉讼天平两端的当事人保持同等距离。这要求法官确保诉讼双方享有均等举证机会,任何带有倾向性的行为都会导致诉讼天平的失衡。法官不能过度的介入调查取证当中,要保持中立、超然的立场,强化当事人举证的积极性。法官对案件事实的认识应当在庭审中通过双方当事人的对抗完成,而不是在法庭之外。因此,现阶段法官庭外调查权的实施必须以当事人申请法官取证为常态,以法官主动依职权取证为辅助手段,保证中立与克制的超然立场,不能带有任何的偏见或者倾向性。

2. 穷尽当事人取证的原则

民事诉讼证据调查应当淡化法官依职权调查主义,民事诉讼证据制度改革的方向是逐步实现当事人向法庭提交证据,改革的整体趋势是限缩法官庭外调查权,规范法官庭外调查行为。这就要当事人最大限度地承担举证责任,降低法官发起庭外调查的频率和随意性。案件事实、证据的查明尽量依靠当事人举证完成,当穷尽了这些手段仍无法查明时,再考虑启动庭外调查程序。

(二)设置法官庭外调查的审批程序

当事人申请调查取证应严格进行审批,并且建立一套可行调查取证监督制度,只有这样,才能保证法官庭外调查权的正确合理行使,又可发挥必要的监督职能,不致因案件承办法官的个人主观或者其他原因滥用。如果同意调查,应当及时启动调查程序;反之应该及时妥当的向当事人进行告知。对此,《实施规则》可以拟定为:

第一条　当事人及其诉讼代理人因客观原因不能自行收集证据,应该在举证期限届满 7 日前向法院提出书面调取证据申请,并提供证据线索以及不能取证的原因。

第二条　当事人调查取证的申请经法院审查予以准许的,应当及时启动调查程序;经审查不予准许的,应当将审查结果告知当事人,当事人对于该决定不服的可以申请复议一次。

第三条当事人申请或者法官认为有必要依职权调查的,应当填写调查取证审批表,由庭长或者主管副院长审批后,可展开调查取证。

(三)法官通过依申请调查取证达到举证能力平衡

1.法官应当用好依申请调查取证的权力

当事人调查取证的申请符合法律规定时,法官必须依法积极进行调查取证。法官依申请调查取证的功能为了是保护属于弱势群体的当事人,当前的社会环境下强势的当事人往往有能力取得对自己有利的证据,司法必须对此种现象做出回应,尽可能避免因当事人法律意识、举证能力甚至经济条件的较差导致不得不承担本来不应承担的败诉结果。在法院调查取证权已被限缩得如此之小的情况下,为了实现实质的公平正义,法官应当用好依申请调查取证的权力。当然,法官依申请调查取证仍应以当事人申请及现行法律规定的范围为限,更不能因为依申请调查侵害了被调查人的权利,造成当事人之间新的对抗能力不均衡。

2.科学界定确因"客观原因"不能自行收集证据材料的范围

将"客观原因"设定为兜底条款,由于其范围难以把握给法官实践运用带来了极大困惑。"客观原因"可以从当事人自身原因以外的其他原因和当事人自身原因来界定。针对诉讼当事人因为经济困难或身体健康因素无委托代理律师能力的,当事人可提供经济、健康情况的证明向法院申请调查取证。因证据本身的性质和特点导致无法收集,这样的证据包括:"涉及国家机密、技术秘密、商业秘密以及他人隐私的情况;涉及他人的储蓄存款情况;限制个人查阅的档案;由相关国家机关保存的不允许个人查阅、摘抄的材料;勘验笔录、鉴定结论。"[①]

对此,《实施规则》可以拟定为:

第四条　当事人因自身健康和经济原因无法取证且无经济能力委托诉讼代理人的,可以向法院申请调查取证。

第五条　存在以下情形的,当事人可以向法院申请调查取证:因证据本身的特性无法获取的;因诉讼相对方、案外人保存证据拒绝交付的;因他人阻碍无法取证的;涉案证据材料情况特殊无法收集的。

第六条　情况紧急,证据存在灭失或者以后难以取得的危险,比如证人外出打工、出国甚至面临死亡等情形,法官可以依职权调取该证据。

第七条　法官调取证据应当依照当事人申请的范围进行,不得主动调取当事人申请范围以外的任何证据。

---

① 赫晓广晔:《民事诉讼法院调查取证制度研究》,载《中国政法大学硕士论文集》2012 年 3 月 1 日版,第 39 页。

第八条　在进行证据调查前,调查人员应当向被调查人出示工作证件,表明调查的合法性。

第九条　法官询问当事人,应告知被调查人如实地提供证据、证言,如作伪证要承担法律责任。

第十条　询问应该由案件承办法官主持,并安排书记员做书面笔录,法官不得自问自记。

第十一条　调查笔录完成后交由当事人自阅,经校对完毕,由被调查人写明"以上笔录经我看过,没有出入",并逐页签名、捺印或盖章,法院调查人员亦要签字,调查笔录不得轻易更改。

(四)严格限制法官依职权调查取证

法官依职权调查历来被理论界所诟病,如果放任就有可能退回到职权主义时代,法官也会丧失自己的角色。法官依职权调查取证应当围绕案件程序性事项进行,涉及实体内容法院不应当介入。如对实体证据进行调查,则必有一方当事人对证据调取产生怀疑,法院也失去了中立地位。另外,《证据规定》第十五条"可能有损他人合法权益情形"表述含糊不清,如果发现在审案件与他人合法权益有利害关系的,法院应当依职权进行主动调查,并对案外人进行释明,告知其可作为第三人参加庭审以保护自己的权益。

对此,《实施规则》可以拟定为:

第十二条　法官依职权调查取证的范围按照《证据规定》第十五条执行。

第十三条　针对诉讼双方向法庭提供相互矛盾的证据,经过庭审质证无法认定其效力的,法官可以依职权调查取证。

(五)法官调取的证据必须经过庭审质证

法官调取的证据涉及案件有关事实,需经过当事人双方就证据"三性"进行质证。在庭审过程中,当事人可以就法官收集证据的情况进行提问,法官应解释证据来源、取证方式及证明目的等情况。在诉讼中处于中立的法官根据诉讼双方意见确定证据是否得到采信。另外,法官依申请调取的证据属于当事人自己的证据,由双方当事人进行质证。

对此,《实施规则》可以拟定为:

第十四条　法官庭外调查收集的证据,必须释明证据来源、取证方式及证明目的,必须在庭审过程中出示质证;未经质证的庭外调查笔录不得直接采信。

第十五条　当事人可以就法官收集证据的情况进行提问,法官应当做出必要的解答。

(六)法官庭外调查的监督、救济程序

(1)监督措施。法官庭外调查取证权必须受到监督,这样不但能够更准确的收集证据,还能够将调查取证活动暴露在阳光之下,更具备认可度与说服力。(2)救济措施。针对法官的不当调查行为,《民事诉讼法》第二百条规定对于法院不符合法律规定依职权进行调查取证或者拒绝依申请调查取证的情况,允许提起再审。另外,还应对当事法官予以处分。

第十六条　法官在行使庭外调查权时,应当通知各方当事人到场,当事人无正当理由不到场,由法官记录在案,不影响取证活动的正常进行。

第十七条　因法官滥用调查取证权的行为,或者怠于行使调查权致使当事人无法获取必要证据,造成了当事人民事权益受损,当事人可以以此为由申请案件再审。

第十八条　由于法官不当庭外调查行为对当事人造成损失的,法院可以依照《法官法》对当事法官给予处分。

结　　语

基层法庭处于中国司法的最前沿,国家的现代化法律在传统的乡村社会中往往陷入困境。农民司法能力孱弱,导致举证能力低下不得不承担败诉的后果,这显然有悖于公平正义之原则,也使当事人对裁判不满、上访不断,法院公信力亦受到质疑的原因所在。民事诉讼最终目的是在查清案件事实的基础上解决纠纷,鉴于传统司法模式的巨大运行惯性,短期之内完全实现当事人举证绝非可能。实现司法公正是司法者永恒的追求,立法应当适度调整人民法院调查取证的范围,积极探索新的调查取证方式,完善法官庭外调查取证程序设置,尽量地发挥其正面作用,对于当下基层司法无疑是非常有益而且必要的。

第十二章

要素式审判在海事法院派出法庭的实践
——广州海事法院派出法庭对审判方式改革的探索

詹思敏* 张 蓉**

要素式审判是广州海事法院为贯彻最高人民法院"完善人民法庭审判管理机制"的精神,落实广东省高级人民法院"推进人民法庭审判方式改革"的要求,在派出法庭进行的关于审判方式改革的尝试。其主要内容是在统一立案标准的基础上,对能够概括出固定要素的案件,在立案时向当事人发放诉讼要素表,由法官指导当事人填写并进行立案,在开庭时按照诉讼要素表的基本要素为线索,引导当事人围绕争议要素进行举证和质证,法院能够更便捷进行审理并制作要素式裁判文书的审判方法。

一、现实基础:派出法庭推行要素式审判的原因分析

(一)受理的案件具有区域类型化特点

广州海事法院是审理一审海事海商纠纷案件的专门法院,属中级人民法院建制。辖区范围广,包括广东省海域及通海的内河可航水域,辖区海岸线 3368 千米。为了方便当事人诉讼,广州海事法院在远离本部的港口城市设立了四个派出法庭,并根据案件分布情况,划分了各派出法庭和本部审判庭的案件受理区域范围①。因广东海运和海洋经济发展存在明显的区域特征,各派出法庭收案类型因管辖区域不同呈现类型化特征。深圳法庭以货运代理合同纠纷、海上货物运输合同纠纷为主;湛江法庭以船员劳务合同纠纷、海上人身损害责任纠纷为主;汕头法庭以港口作业纠纷、海上

---

* 詹思敏,1956 年 10 月,广州海事法院党组副书记、副院长。
** 张蓉,1982 年 11 月,广州海事法院书记员。
① 分别为:深圳法庭受理深圳、惠州区域的海事纠纷;汕头法庭受理汕头、潮州、揭阳、汕尾区域发生的海事纠纷;湛江法庭受理湛江、茂名、阳江区域发生的海事纠纷;珠海法庭受理江门、中山、珠海、肇庆区域发生的海事纠纷;广州、佛山、东莞区域发生的海事纠纷则由本部审判庭审理。

货物运输合同纠纷为主;珠海法庭以船员劳务合同纠纷、海上、通海水域货物运输合同纠纷为主(图 12-1)。

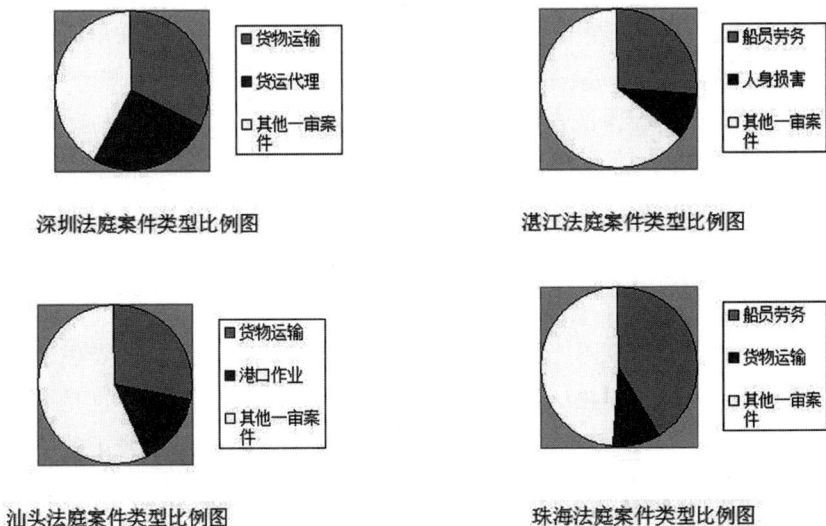

深圳法庭案件类型比例图

湛江法庭案件类型比例图

汕头法庭案件类型比例图

珠海法庭案件类型比例图

图 12-1　近三年(2011—2013)广州海事法院各派出法庭案件类型比例

各派出法庭受理案件的类型化特点,使派出法庭在审判实践中对本区域常见的类型化案件积累了丰富的审判经验,充分了解这类案件的特征、法律关系、关键因素及容易出现的问题,甚至对案件背后的深层次问题都能做出准确分析,完全具备归纳相应类型案件基本要素的条件。各派出法庭可以充分利用自身的审判经验优势,对这些类型化案件尝试新的审判管理工作机制,以提升审判效率和审判质量。

(二)已具备统一的立案标准

为对派出法庭严格实行规范化管理,广州海事法院从案件源头开始,制定了立案规程①以统一立案标准,规范立案指导。首先,各派出法庭严格按照"直接收案、统一审批"的管理模式立案,即由派出法庭接收、审查当事人立案材料,做好信息录入通过网络传送给本部立案庭,再由立案庭统一审批后排案号。其次,立案规程对各类案件的立案条件、立案流程及法律文书样式等做了详细规定,各派出法庭需按照规定的统一标准立案,并按照统一标准对当事人进行立案指导。最后,本部立案庭负责指导、监督各派出法庭的立案工作,并不定期进行检查,以保证全院立案工作的统一性。

立案规程实施后,派出法庭在统一立案标准方面效果显著,同时也产生了意料之

---

① 全称为《广州海事法院立案规范化管理操作规程》,立案规程分案件类别对起诉条件、当事人应提交的材料、立案审查内容及流程等做出了详细具体的规定。

外的附加值——为要素式审判方式打下了基础。一方面,统一立案标准后,同一宗案件,无论是在本部起诉还是任一派出法庭起诉,其是否符合立案条件,是以何种案由立案,其结果都是一致的。客观上达到只要是属于要素式审判的类型案件,从案件的源头立案开始,就能进入其在要素式审判的正确轨道。另一方面,当事人在各派出法庭起诉时,在案件的诉讼请求、证据材料及案件结果的预期等方面,同类案件将受到相似的立案指引。有了立案阶段的统一指引,法官收到的同类案件的证据材料以及当事人的争议焦点,都更具备类型化特征,这无疑为庭审中要素式审判方式的推行创造了良好条件。

(三)新形势对审判提出了更高要求

2014 年 10 月,十八届四中全会通过了《中共中央关于全面推进依法治国若干重大问题的决定》,保证公正司法、提高司法公信力是决议的重要内容,也是人民对司法的要求。司法不规范、不严格、不透明现象都会影响到人民对司法公正的感受。派出法庭因其自身的特点,在保证公正司法,提高司法公信力方面比起本部审判庭更有改进的空间。

1.人员流动大影响裁判标准的统一性。派出法庭实行轮岗制度,人员主要从院本部选派,一般任职年限为 2 至 3 年,任职年限期满后将选派新的人员来补充,因此人员的频繁流动使裁判思路的连贯性受到影响,同一派出法庭对同一问题的认定都有可能因人员的不同而存在差异,这在人员交接的初期表现得更为明显。尽管通过编写内部参考案例、举办全院性业务座谈会可以对统一裁判标准起到一定效果,但这些措施仅有参照、指导的功能,没有从制度上加以规范,因此还是无法抵消人员频繁流动带来的影响。在全面要求提升司法公信力的今天,将裁判标准通过制度来统一的需求显得更为迫切。

2.人员年轻化影响裁判质量的稳定性。稳定的高质量的裁判有助于增进人民司法的社会认同,提高司法公信力。因派出法庭的工作较为繁杂,也较为全面,初任法官一般会在派出法庭工作几年[①]。这一做法能让初任法官充分熟悉整个司法流程,迅速成长为一名经验丰富的法官,但法官是一个需要经验积累的职业,初任法官在成长中可能出现的失误却是派出法庭不得不承受的。庭长及资深法官的指导可以预防部分失误,但这具有主观性和随机性,通过详细具体的制度来规范法官特别是初任法官的审判行为,才是保证案件质量的最好方法。

3.当事人对审判的不理解影响了裁判认可度。当事人对裁判的不认同主要是两方面原因造成的。一是派出法庭受理的案件中,当事人为渔民、船员等自然人的较

[①] 《最高人民法院关于全面加强人民法庭工作的决定》第 31 条规定:"设有人民法庭的基层人民法院的初任法官一般应当到人民法庭工作一年以上"。

多,由于他们法律素养有限,对立案、开庭等专业性很强的司法行为不能完全理解,只要最后结果不符合其预期,他们就很难认同。二是派出法庭所在区域海事专业律师较少,面对专业的海事审判,一般律师也力不从心,很难起到"释法"的作用,这加剧了当事人对审判的不认同。要想获得当事人的认同,提高司法公信力,与其被动等待当事人"觉醒",不如主动拉开专业审判的面纱,利用自身的专业优势将复杂的海事审判简单化,让当事人在整个审判过程中明明白白。

二、职能定位:以要素式审判促进派出法庭职能履行

人民法庭身处基层,位于化解和调处矛盾纠纷的前沿,因此在承担审判工作之外,还被赋予参与基层社会治理的职能[①]。如何充分发挥这两方面职能,各界对人民法庭的讨论和研究较多,但鲜有专门针对海事法院派出法庭的讨论,因此有必要从与人民法庭的异同来探究派出法庭的职能定位以及职能履行的方式。

(一)派出法庭和人民法庭的统一性与特殊性

人民法庭和派出法庭都是所属法院的派出机构和组成部分,代表国家依法行使审判权,作出的裁判是所属法院的裁判[②]。第二,两者设置目的相同。人民法庭处在维护社会稳定的第一线,处于化解和调处矛盾纠纷的前沿,是党通过司法途径保持同人民群众密切联系的桥梁和纽带[③]。派出法庭是为解决跨区域管辖带来的矛盾而设立的,是"海事法院联系群众、服务人民的纽带和桥梁"[④]。第三,设置原则相同。设置人民法庭应当坚持"两便"原则[⑤],派出法庭是也是为了方便人民群众诉讼[⑥]而设立

[①] 人民法庭应承担基层社会治理职能,法院系统及学术界已基本形成共识。《最高人民法院关于进一步做好 2009 年人民法庭工作的通知》第六部分就是"积极主动开展法律服务,最大限度推动农村社会依法治理和全面进步"。在 2014 年 7 月召开的第三次全国人民法庭工作会议中下发的《最高人民法院关于进一步加强人民法庭工作的若干意见(讨论稿)》中同样提及人民法庭要"促进形成基层社会治理合力"。具体参见苏力:《送法下乡:中国基层司法制度研究》,中国政法大学出版社 2000 年版,第 272 页;强世功:《法制与治理——国家转型中的法律》,中国政法大学出版社 2003 年版,第 78~133页。

[②] 参见《最高人民法院关于全面加强人民法庭工作的决定》第 1 条。

[③] 参见《最高人民法院关于全面加强人民法庭工作的决定》第 1 条。

[④] 《深入贯彻司法为民宗旨 全面加强海事法院派出法庭规范化制度化建设》,原最高人民法院民四庭庭长俞灵雨在全国海事法院派出法庭工作座谈会上的讲话。

[⑤] "两便"原则是指"便于当事人诉讼,便于人民法院依法独立、公正和高效刑事审批权"的原则。参见《最高人民法院关于全面加强人民法庭工作的决定》第 2 条、第 4 条。

[⑥] 《深入贯彻司法为民宗旨 全面加强海事法院派出法庭规范化制度化建设》,原最高人民法院民四庭庭长俞灵雨在全国海事法院派出法庭工作座谈会上的讲话。

的。最后,人民法庭和派出法庭都存在人员流动性大、工作繁杂多样的情况。

与人民法庭相比,派出法庭具有以下特点:第一,管辖的地域范围更广。人民法庭只管辖若干个乡镇或街道,而派出法庭管辖地域广阔,一般覆盖几个地级市,在地域上相当于几个中级人民法院的管辖范围。第二,受理的案件类型更专业化。人民法庭受理的案件基本为传统民事案件①,案件标的较小,案情较为简单。而派出法庭只受理专业的海事海商案件,且不受标的额的限制。第三,面对的当事人群体不同。人民法庭一般不受理涉外案件②,因此当事人都为国内居民。派出法庭设立在对外贸易活跃的重要港口城市,可受理涉外、涉港澳台案件,涉外当事人占了很大比例。

(二)派出法庭的职能定位

1.派出法庭与人民法庭一致,都承担审判与基层社会治理的职能。关于派出法庭与人民法庭的关系,目前并没有规范性文件加以明确,对于派出法庭的职能也鲜有讨论。派出法庭的职能定位应结合其性质、设置目的和设置原则来看,如前文所分析的,在这三方面派出法庭与人民法庭都具有一致性。因此,理论上派出法庭的职能定位应与人民法庭一致。此外,相关高级人民法院的人民法庭会议会将海事法院派出法庭纳入其中,《最高人民法院关于海事审判工作发展的若干意见》第22条也提到,相关高级人民法院应当将海事法院的派出法庭工作纳入到人民法庭的管理范畴,可以看出法院系统实际上已将派出法庭纳入人民法庭的管理范畴。可以由此得出结论:海事法院派出法庭的职能定位与人民法庭的职能定位是一致的,既要发挥审判职能作用,又要参与基层社会治理。

2.派出法庭履行职能的方法应有所不同,更侧重以专业审判促进社会治理。人民法庭在庭审方式上,选取的是"法官＋庭下"为中心的模式,在结案方式方面,形成的是一种"调解为主,判决为辅"的格局。③ 人民法庭的目标是要实际地解决无法由理性解决的实质理性问题,用"治理的逻辑"④通过个案纠纷的和平解决来维护社会稳定,以大众性的符合乡土特征的审判方式来达到基层社会治理的目的。

---

① 高其才、黄宇宁、赵小蜂:《人民法庭的案件受理——全国 32 个先进人民法庭的实证分析》,载《云南大学学报》2007 年第 1 期。

② 根据《最高人民法院关于涉外民商事案件诉讼管辖若干问题的规定》(法释[2002]5 号)第 1 条:只有国务院批准设立的经济技术开发区人民法院可以审理涉外民商事案件,其他的区法院不能审理涉外民商事法院,相应地除国务院批准设立的经济技术开发区法院的人民法庭也不能审理涉外民商事案件。

③ 参见高其才、周伟平,姜振业:《人民法庭的乡土司法特性》,载《昆明理工大学学报(社会科学版)》2009 年第 1 期。

④ 参见马志相、周舜隆:《在制度供给中蹚出基层治理之路——兼论人民法庭的传统与改革》,《全国法院系统第二十二届学术讨论会论文集》;万鄂湘主编:《审判权运行于行政法适用问题研究》,人民法院出版社 2011 年版。

虽然派出法庭与人民法庭职能定位一致,但毕竟有自身的特殊性,正是这些特殊性决定了派出法庭履行职能的方法应有所不同。派出法庭管辖区域范围广泛,突破了同一地方性特征的地域范围,很难动用当地的民间智慧化解纠纷。派出法庭仅受理专业的海事海商案件,没有一般乡民之间的"家长里短"式的传统型纠纷,不存在人民法庭的乡土司法土壤。派出法庭作为我国涉外司法的重要窗口,涉外案件多(图12-2),面对涉外当事人,不可能利用当地的传统思维调解案件。因此,与人民法庭司法的主要运作的"治理逻辑"不同,派出法庭应更注重"法治逻辑"①,通过判决来指引民众行为,通过法律适用来建立社会规则,以规范化的司法行为来达到促进社会治理的目的。

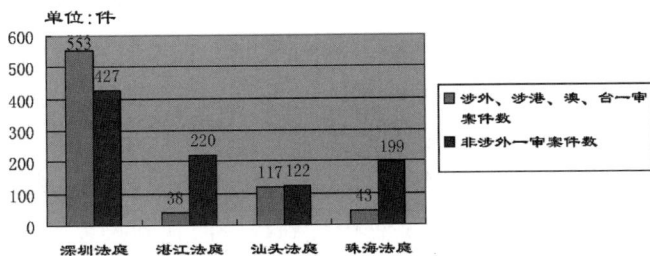

图 12-2　广州海事法院各派出法庭近三年(2011—2013)涉外与非涉外一审案件

　　资料来源:图 12-2 中统计的一审案件仅指 2011 年 1 月 1 日至 2013 年 12 月 31 日期间立案的"初"字号案件,不包括确权诉讼及海事请求保全、海事强制令、申请拍卖船舶等程序性案件。

(三)要素式审判有助于促进派出法庭职能履行

审判方式必须契合法庭承担的司法职能,其采用的司法方式和司法技术必须符合其所处的环境,适合其面对的群体。派出法庭作为港口城市对外的司法窗口,面对涉外当事人,其行为代表我国司法的能力和水平,承担着增强我国涉外海事审判的国际公信力和影响力的作用。因此,规范、公正和高效的、能被当事人所理解的审判行为才是派出法庭履行审判和社会治理两项职能的最好方式。要素式审判一方面要通过统一立案标准、固定庭审要点来进一步规范法庭的审判行为;另一方面,通过统一立案指引、归纳诉讼要点,提高了当事人对司法行为的理解程度,增强了审判对社会行为的规范作用。

---

　　① 参见马志相、周舜隆:《在制度供给中蹚出基层治理之路——兼论人民法庭的传统与改革》,《全国法院系统第二十二届学术讨论会论文集》;万鄂湘主编:《审判权运行于行政法适用问题研究》,人民法院出版社 2011 年版。

三、价值导向:要素式审判契合审判方式改革的方向

派出法庭既包括审判职能,又兼顾社会治理职能。在履行这两种职能时,派出法庭应通过审判的规范性行为促进社会治理的实现,因此审判方式改革应更侧重于前者,充分考虑审判制度的公正、效率价值,以及围绕公正、效率实现所需的附加值。

(一)维护公正:要素式审判有助于统一裁判尺度

司法公正是法的自身要求,也是依法治国的要求。司法公正既要求审判过程遵循平等和正当的原则,也要求审判结果体现公平和正义的精神。同类案件应经历相似的审理程序,有统一的裁判尺度,这是公正司法的应有之义,也是司法公正最直接的体现。要素式审判方法通过《诉讼要素表》,使同类案件从立案、庭审直至判决文书,都是围绕特定的要素进行。也就是说,无论是在哪个派出法庭起诉,无论是哪位法官受理,只要是同类案件,当事人都能在起诉阶段得到一致的立案指引,在审理阶段经过相同的事实调查过程,在裁判文书中看到统一的裁判尺度。这种从过程到结果都保证裁判尺度高度统一的案件审理方式能让当事人最直观地感到司法的公正性。

(二)提高效率:要素式审判有助于实现案件繁简分流

案件繁简分流是提高审判效率的有效方法。在以往审判实践中,法院在立案阶段较为被动,很少主动指引当事人诉讼,导致立案法官对案件了解不够深入,部分可以适用小额诉讼程序或简易程序的案件还是按照普通程序立案审理。要素式审判要求法官在立案时指导原告填写《诉讼要素表》,通过固定各基本要素的情况,保证法官在立案时就能掌握案件的诉讼请求、权利依据、事实及证据材料。这使得法官在立案阶段能相对容易并准确地分析法律关系,进而判断案件能否适用小额诉讼程序或简易程序,有效实现案件繁简分流。

(三)明确责任:要素式审判有助于推行司法责任制

"让审理者裁判、由裁判者负责"是司法规律的客观要求,对公正高效廉洁司法具有重要作用。在司法责任制改革过程中,要达到这一要求必须解决二个问题,一是审理者有能力办好案件,二是对裁判责任有可行的认定标准。要素式审判方式客观上对解决这两个问题都有一定作用。诉讼要素表实际上就是法官审理案件的庭审提纲,犹如医院开出的必检项目,只要对照所列举的项目逐项检查即可,这样有利于厘清庭审思路,规范庭审程序,防止漏查、漏审、漏判,即使是新手法官,也能立刻抓住庭

审要点,稳妥有序地推进庭审进程,完整无缺地查明案件事实。① 同时,诉讼要素表也像一张检验单,在检验法官是否查明事实时有了可参考的标准。

(四)兼顾治理:要素式审判有助于参与社会治理

要素式审判方式不仅方便人民法庭审理案件,也有助于人民法庭参与基层社会治理。一方面让当事人有效参与诉讼,如渔事侵权纠纷案件的当事人多为渔民,他们法律素养不高,往往因举证不能而使正当权利得不到保护。但通过立案时填写诉讼要素表,他们就能了解案件的诉讼要点,知道需提交哪些证据材料,从而有效参与诉讼。另一方面,通过诉讼要素表,在类型化处理案件时法官更能发现普遍存在的问题,可以有针对性地提出司法建议,从而更直接地参与社会治理。

四、构建与实践:以海上人身损害案件要素式审判方法为例

要素式审判方式是以类案分析为基础的裁判方法,下面以海上人身损害赔偿纠纷案件为例说明要素式审判方法的构建过程。

(一)类案构建过程

1. 逐案分析形成调研报告

诉讼要素表是实行要素式审判方式的关键,必须在长期审判实践积累的基础上找出某一类案件共同的因素,才能形成诉讼要素表。所以对相当数量的案件进行研究分析是很必要的。自 2010 年开始,广州海事法院对海上人身损害赔偿案件的受理方式进行思考,组织法官到宁波海事法院考察学习。2012 年成立课题组,收集了本院 2003 年至 2013 年间共 211 件海上人身损害赔偿纠纷案件,归纳出这类案件的损害发生类型、当事人主体身份、庭审争议焦点、损害赔偿情况、结案方式、审理周期等等因素,进而分析这类案件的特点、难点和可能存在的特殊情况,在此基础上总结出这类案件基本要素及要素中的若干要素点。例如,损害赔偿认定标准这类要素中,就包含了:医疗费、误工费、护理费、交通费等 10 个要素点。最后形成了约 2 万字的调研报告。

2. 在调研报告的基础上形成操作意见

调研报告是对基本要素形成的分析和论证,其目的是将这些分析和论证转化为

---

① 广东省高级人民法院副院长谭玲在 2014 年全省人民法庭工作会议的发言:《关于进一步做好人民法庭工作的几个具体问题》。

对审判具有指导意义的操作性规程,这是构建要素式审判方式的第二步骤。在转化的过程中,必须对一些基本要素的表述、标准严格按照法律、法规、最高院的司法解释等规范性文件进行界定并注明法律依据,这一过程相当于将某一问题的所有现行法律规定进行整合。海上人身损害赔偿案件的操作意见就是依据《中华人民共和国侵权法》、《中华人民共和国海商法》、《最高人民法院关于审理人身损害赔偿案件适用法律若干问题的解释》等法律及司法解释对案件范围、诉讼主体、归责原则和承担责任的方式、损害赔偿范围、损害赔偿标准及时效等七个方面的问题分别作出界定。对其中情况复杂的损害赔偿标准问题,又分医疗费、误工费、护理费等十项赔偿标准具体说明。操作意见的作用在于:一是有利于立案法官指引诉讼当事人根据请求收集、提供证据,法官对号入座审查判断证据,审查起诉是否符合立案条件,准确立案;二是有利于承办法官紧紧围绕案件的法律关系,厘清庭审思路,防止漏查、漏审、漏判;三是操作意见已分类别对相关法律规定做了整合,因此可作为承办法官在适用法律时的参考。

3.在操作意见的基础上提炼诉讼要素表

这是最后一个步骤,可谓水到渠成。在操作意见的基础上,提炼出案件审理的要素,并制作了六份诉讼要素表格,包括了原告信息表、被告信息表、受害人信息表,以及在受伤、因伤致残、死亡三种情况下的损害赔偿范围及数额表。这些诉讼要素表便于法官在立案阶段指引当事人对号入座填写并提供相应的证据,也便于法官在接下来的庭审中参考。

(二)个案实践说明

要素式审判方法是一个贯穿立案、庭审直至判决的过程。以一宗广东湛江籍37岁李姓船员落水身亡,其配偶陈某、母亲夏某及儿子李某三位直系亲属起诉的通海水域人身损害赔偿纠纷为例,说明要素式审判方式的实施过程。

1.立案阶段。当事人来法院起诉后,立案法官经初步了解,判断该案是被害人死亡,直系亲属起诉的通海水域人身损害赔偿纠纷。此时,立案法官将指导当事人根据实际情况填写以下表格(表12-1、表12-2、表12-3、表12-4,为方便阅读,已将当事人填写的信息加粗)。

表 12-1 受害人信息

受伤□   残疾□   死亡☑

身份	船舶所有人□		船舶经营人□		船员□	
	旅客□		个人雇工☑			
	其他身份□ 详细：					

人口信息	姓名	年龄	出生年月	婚否	身份证号
	李×	37	1977.01	已婚	××××××
	户口性质	户籍所在地	经常居住地	联系方式	详细住址
	城镇☑ 农村□	广东省湛江市	广东省湛江市	××××	××××××××

	家庭成员关系（直系亲属及其他被扶养人）						
关系	姓名	年龄	出生年月	居住地址	联系电话	工作情况	是否丧失 劳动能力
夫妻	陈×	35	1979.02	××××	××	工人	否
父子	李×	10	2004.01	××××	××	学生	
母子	夏×	58	1956.10	××××	××	工人	否

伤残情况	受伤□ 具体伤情：					
	残疾□	是否申请 伤残鉴定	是□	鉴定机构		费用
			否□	请先进行伤残鉴定后起诉		
		伤残等级	一级□	二级□	三级□	四级□	五级□
			六级□	七级□	八级□	九级□	十级□

死亡情况	死亡☑	死亡时间	死亡地点	死亡原因	尸体是否火化
		2014.01.01	广州黄埔	溺水死亡	是

	下落 不明□	是否申 请宣告 死亡	是□（需要提交 宣告死亡判决 书）	申请宣告 时间	申请人	与死者 关系	案号	宣告死 亡日期
			否□	请先申请宣告死亡后起诉				

表 12-2　原告信息

人数：3

姓名	与受害人的关系	年龄	出生日期	性别	身份证号
陈×	夫妻	35	1979.02	女	××××
		户口性质	户籍所在地址	经常居住地址	联系方式
		城镇☑ 农村□	广东省湛江市	广东省湛江市	××××
姓名	与受害人的关系	年龄	出生日期	性别	身份证号
李×	父子	10	2004.01	男	××××
		户口性质	户籍所在地址	经常居住地址	联系方式
		城镇☑ 农村□	广东省湛江市	广东省湛江市	××××
姓名	与受害人的关系	年龄	出生日期	性别	身份证号
夏×	母子	58	1956.10	女	××××
		户口性质	户籍所在地址	经常居住地址	联系方式
		城镇☑ 农村□	广东省湛江市	广东省湛江市	××××
姓名	与受害人的关系	年龄	出生日期	性别	身份证号
		户口性质	户籍所在地址	经常居住地址	联系方式
		城镇□ 农村□			
姓名	与受害人的关系	年龄	出生日期	性别	身份证号
		户口性质	户籍所在地址	经常居住地址	联系方式
		城镇□ 农村□			

表 12-3　被告信息

人数:1

姓名	年龄	性别	出生日期	身份证号	住址	
谭×	34	男	1980.04	××××	××××	
	身份	赔偿义务人☑		船舶所有人☑	船舶承租人□	港口经营人□
				船舶经营人☑	船舶合伙人□	
				其他□ 注明:		
		非赔偿义务人□		赔偿义务人死亡□	财产继承人□	
					财产保管人□	
				赔偿义务人下落不明□ (宣告死亡后再起诉)		

姓名	年龄	性别	出生日期	身份证号	住址	
（自然人）						
	身份	赔偿义务人□		船舶所有人□	船舶承租人□	港口经营人□
				船舶经营人□	船舶合伙人□	
				其他□ 注明:		
		非赔偿义务人□		赔偿义务人死亡□	财产继承人□	
					财产保管人□	
				赔偿义务人下落不明□ (宣告死亡后再起诉)		

名称	法定代表人姓名及职务	联系电话	住所	办公地址	
（法人）					
	身份	赔偿义务人□	船舶所有人□	船舶承租人□	港口经营人□
			船舶经营人□	船舶合伙人□	
			其他□ 注明:		
		非赔偿义务人□	赔偿义务人死亡□	财产继承人□	
				财产保管人□	
			赔偿义务人下落不明□ (宣告死亡后再起诉)		

续表

名称	法定代表人姓名及职务	联系电话	住所	办公地址
(法人)				
	身份	赔偿义务人□	船舶所有人□	船舶承租人□
			船舶经营人□	船舶合伙人□
			其他□	
		非赔偿义务人□	赔偿义务人死亡□	财产继承人□
				财产保管人□
			赔偿义务人下落不明□ (宣告死亡后再起诉)	

填表人：×××　　　　　　　　　　　　　　　　填表时间：×××

表 12-4　损害赔偿范围及数额(死亡)

请求事项及数额	相关情况及证据要求			
死亡赔偿金☑	年龄	计算公式		金额
	60 岁以下☑	广东省上一年度城镇居民人均可支配收入或农村居民人均纯收入×20 年		32598.7×20＝651974
	60 周岁以上 75 周岁以下□	广东省上一年度城镇居民人均可支配收入或农村居民人均纯收入×[20 年－(实际年龄－60 周岁)]		
	75 周岁以上□	广东省上一年度城镇居民人均可支配收入或农村居民人均纯收入×5 年		
被扶养人生活费☑	年龄	计算公式		金额
	18 周岁以下☑	广东省上一年度城镇居民人均消费性支出或农村居民人均年生活消费支出×(18 周岁－实际年龄)		24105.6×8＝192844.8
	18 周岁以上 60 周岁以下□	广东省上一年度城镇居民人均消费性支出或农村居民人均年生活消费支出×20 年		
	60 周岁以上 75 周岁以下□	广东省上一年度城镇居民人均消费性支出或农村居民人均年生活消费支出×{20 年－(实际年龄－60 周岁)}		
	75 周岁以上□	广东省上一年度城镇居民人均消费性支出或农村居民人均年生活消费支出×5 年		
丧葬费☑	计算公式			金额
	广东省上一年度职工月平均工资×6 个月			4945.4×6＝29672.5
办理丧葬事宜支出的费用☑	交通费☑ 证据编号:	亲属姓名	办理事宜	往返地点	次数
		陈×	处理后事	湛江—广州	4
		夏×	处理后事	湛江—广州	2
		李×	处理后事	湛江—广州	2
	住宿费☑ 证据编号:	亲属姓名	天数	标准
		陈×	9	168 元/人/天
		夏×	5	168 元/人/天
		李×	5	168 元/人/天
	误工费☑ 证据编号:	亲属姓名	误工时间	收入状况
		陈×	9	3900 元/月
		夏×	5	3200 元/月
		李×	5	5000 元/月

表 12-1、表 12-2、表 12-3 为受害人、原告及被告基本信息,主要用于法官判断原告是否有诉权、被告是否适格。表 12-4 是赔偿范围和数额,其中对需提供证据的赔偿项目标有"证据编号"字样。通过填写表格 12-4,当事人可以明确:(1)可以获得赔偿的项目包括死亡赔偿金、被抚养人生活费、丧葬费、办理丧葬事宜支出的费用;(2)各赔偿项目的标准,如丧葬费按照广东省上一年度职工月平均工资,以六个月总额计算即为 29672.5 元,而并非以实际发生的费用为准;(3)预估可以获得赔偿的总额,即各项赔偿项目数额之和约 880000 元;(4)死亡赔偿金、被抚养人生活费及丧葬费无须提供证据,而办理丧葬事宜支出的交通费、住宿费及误工费则需要提供证据。通过上述表格,当事人在立案时即受到统一的规范性指导,可知应提交哪些证据,并对诉讼结果有合理预期。

2.庭审阶段。法官也可将诉讼要素表作为提纲进行法庭调查,将当事人填写的信息逐一核查清楚,包括:根据表 12-1~表 12-3(1)原告、被告、被害人的基本信息及相互间的关系;(2)被害人死亡原因;(3)被抚养人的范围;(4)根据表 4 逐项核查要求赔偿项目的证据和事实。同时,参考操作意见,对法律适用相关的问题进行调查。如本案如是涉及海船的碰撞造成李某溺水死亡,根据操作规则第三部分"归责原则和承担责任的方式"第 17 条指引,法官能快速确定适用《中华人民共和国海商法》确定责任,即由于一船过失造成的,由有过失的船舶承担赔偿责任;碰撞船舶互有过失的,各船舶负有连带责任。此时,法官就需查明李某溺水死亡的原因。

3.裁判阶段。裁判主要分为事实认定和法律适用两部分。法官可以通过诉讼要素表列明的因素逐项查明事实,并对存在的特殊情况进行适当补充,再通过操作意见对法律适用的指引找到适用法条和裁量标准。例如,本案中原告提出精神损害抚慰金请求时,法官可在操作规程列明的范围 1 万元至 10 万元内,再结合案件实际情况合理确定。通过诉讼要素表和操作意见,法官可以快速、准确并以相对统一的标准作出裁判。为使当事人清楚、明白地看懂裁判文书,还可配套推行要素式裁判文书,以配合立案及庭审阶段的要素式审判方式。

结　语

从要素式审判方式的实践过程可以看出,要素式审判可以通过诉讼要素表,保证立案指引的统一,提高当事人有效参与诉讼的程度;通过操作意见,保证裁判标准的统一,提高审判质效;将来还可以通过要素式裁判文书,保证判决书的可读性,充分发挥判决书对社会行为的指引、规范功能。因此各个派出法庭正酝酿在其他类型化案件推行要素式审判方式。要素式审判方式虽然是广州海事法院派出法庭针对自身情况进行的一次关于审判方式的尝试,但派出法庭在裁判质量、裁判效率和司法公信力方面面临的问题也是众多人民法庭共有的,希望要素式审判方式在统一裁判尺度、实现案件繁简分流、明确裁判责任、兼顾社会治理等方面的价值能对人民法庭的建设有所裨益。

第十三章

迈向回应型司法：
巡回审判制度的反思与突破

——人民法庭便民审判方式探索

梁桂平[*]　蔚琼琼[**]

　　随着我国社会转型和法制建设的深入，人们对司法的需求和预期与日俱增，诉讼日益成为群体利益重要的表达和救济途径，与此形成对照的却是法院司法能力相对不足的现实。近几年，最高人民法院大力推行的巡回审判制度体现了"司法两便原则"，[①]是促进司法能动回应社会和社会管理创新的一种有益探索。2007 年以来，笔者所在基层法院整合城乡司法资源，完善便民诉讼站点建设。截至 2014 年 5 月，法院以两个法庭为依托在辖区共设立 11 个巡回审判站（便民诉讼站），72 个便民诉讼联系点，选聘诉讼联络员共 114 名。[②] 虽然巡回审判运行的载体已经搭起，但是巡回审判运行的实际效果尚需实践予以检视。

一、实践反思：巡回审判制度存在的主要问题

（一）立法不成体系，缺乏可操作性

　　目前，我国尚无体系化的巡回审判规章制度，巡回审判实施的法律依据主要体现在《中华人民共和国民事诉讼法》第一百二十一条和《最高人民法院关于人民法庭若干问题的规定》第十八条。这两条仅是原则性的规定，并没有具体而明确的操作规

---

　　[*]　梁桂平，1981 年 5 月生，重庆市九龙坡区人民法院审判员，西南政法大学经济法学博士研究生。

　　[**]　蔚琼琼，1983 年 9 月生，重庆市政府法制办公室主任科员。

　　[①]　"司法两便原则"指最高人民法院在《关于全面加强人民法庭工作的决定》中强调的"坚持便于当事人诉讼、便于人民法院依法独立、公正和高效行使审判权的原则"。

　　[②]　从目前基层法院的部门架构及职能分工来看，巡回审判事务多由处于最基层的人民法庭来承担。

范。2010 年 12 月 22 日《最高人民法院关于大力推广巡回审判方便人民群众诉讼的意见》的颁布是对上述原则性法条的具体阐释,明确了大力推广巡回审判的重要意义、原则目标、制度建设以及监督指导,可以说是巡回审判进一步制度化、规范化的指导方针。至于实践中该怎样具体运用巡回审判,该指导意见也没有给出统一的实施细则。同时,"各地方法院的自主规尚不完善",[①]例如,巡回审判案件范围不明确,哪些案件应当进行巡回审判,哪些案件不宜进行巡回审判缺乏相关规定,实践中完全由承办法官根据法院要求了或上级的检查来确定,随意性大。另一方面,当事人对是否巡回审判没有建议权,完全听命于法官,容易产生抵触情绪。

(二)司法为民流于形式,功能单一

巡回审判就案办案,流于形式,法律宣传效果不明显。对巡回审判组织的人选、巡回地点的选择、巡回审理的程序形式、巡回审判前的准备以及群众参与巡回调解的规制草率、随意,缺乏制度性安排。有的法院为完成工作任务或出于政绩考虑,对没有必要使用巡回审判的案件、地区盲目使用巡回审判,忽视法律规定"根据需要采用巡回审判"的制度设置。[②] 有的巡回审判开庭时只有原被告双方当事人到场,其他人根本不知道开庭的时间、地点,承办法官开庭前匆匆到庭,开庭后又匆匆离场,不对案件涉及的相关法律法规进行释明和宣传,起不到应有的普法教育功能。

实践中,多数巡回审判仅是将开庭的地点由法庭搬到巡回审判站或院坝,立案、开庭前的准备、结案一般都在法院内完成。巡回审理一件案件在时间、精力、经费保障上比法庭办案成本要高,而近年来基层法院案多人少矛盾突出,法官每天被大量矛盾纠纷所包围,难以抽出时间进行巡回审理。基层人民法庭出于节约司法成本和提高结案率的考虑,少巡回或不巡回。

(三)过于追求社会效果

巡回审判具有注重调解的特征,但调解应当在法律规定的范围内进行,首先还是应符合诉讼的法律效果,不能久调不决。实践中出现有的法院过于提高基层人民法庭的调解率。例如某法官在巡回审理陶某诉雍某离婚纠纷一案中,当庭调解未果,双方对立情绪严重。为提高调解率,庭后法官邀请便民诉讼联络员联合调解,结果事与愿违。

(四)物质保障不充分

从笔者参与法官巡回审判的情况来看,现场一般没有法警,审判组织为一名审判

---

① 王宗冉:《当前我国基层巡回审判制度运行之完善》,载《法律适用》2010 年第 8 期。
② 严晓英:《我国巡回审判制度研究》,西南政法大学硕士学位论文,2009 年 4 月 10 日,第 31 页。

员独任审判,庭审安全难以保障。一些当事人为顾及自己的面子,对巡回庭审不予配合,经常会出现当事人、旁听人员之间互相谩骂、随意发言插话等扰乱法庭秩序的现象。受办案条件的限制,巡回审判组织根本无法控制庭审现场秩序,司法权威受到挑战。此外,基层人民法庭警车数量有限,如果巡回审理案件,法庭的其他审判工作将会因巡回审判而受到很大影响。

(五)巡回审判与审判管理脱节

网上办案要求立案、审理、结案、归档必须网上录入,庭审必须使用数字化法庭录音录像并及时上传,要求纸质卷宗与电子卷宗同步,案件考核以网上数据为基础,信息化技术的运用使巡回审判的管理处于"真空",一定程度上导致法官巡回办案随意性大。巡回审判中的巡回收案、当场送达,就地开庭,就地结案无法与审判管理流程衔接,缺乏一套简捷、高效、公正的巡回审判流程。有的收到起诉案件后,先拿回来立案,立案后再回去送达,送达确定开庭时间后再回去开庭,开庭后还要再回去送达法律文书,一个案子要跑好几趟,反而不利于矛盾纠纷的快速解决。

(六)巡回审判缺乏监督考核机制

以笔者所在地区为例,受经费限制,没有建立独立固定的巡回审判站点,实践中多是借用镇村会议室,无国徽、无条幅、无基本办案设施,缺乏与基层组织的协调联动,巡回审理都是按照法庭的形式临时布置。因巡回审判形式不完整,辖区群众不知道固定的巡回时间和地点,也就难以参与旁听或调解,难以亲自感受司法的力量和监督司法的公正。

另外,巡回审判缺乏独立的考核机制,法官不愿意巡回审判。随着审判管理流程软件的开发与运用,巡回审判案件也以网上数据为考核基数。在办案任务繁重的情况下,有的法官为了减少工作量,将传票开庭地点写为巡回审判站点,而实际开庭地点仍在审判法庭内。有的法官在网上报结案时,随意选择案件点击为巡回审判,一定程度上造成巡回审判的数据不真实。

二、历史考察:巡回审判制度的演变

(一)巡回审判的国外发展

西方最早的巡回审判实践起源于法兰克王国的特派专员调查制度,11世纪时,诺曼人把这种方法带入英国。① 最初,英国的巡回制度是国王进行中央集权统治的一种形式。英皇授权"巡回官"下乡探访民情,代理国王行使行政、司法职权。

真正司法意义上的巡回审判制度出现于亨利二世时期。1164年,亨利二世颁布《克拉伦登法》,规定王室法院的巡回法官审理地方土地纠纷案件,规范司法行为的随意性和非专门化,使司法机构固定化、专门化。1176年,亨利二世颁布《北安普顿法令》,成立了6个巡回法庭,每个法庭由3名法官组成,分别巡回审案。1194年,查理二世发布《巡回法庭章程》,规定更加详细、全面,同时确立了巡回控诉的程序。② 从此巡回审判成为英国一种常态的司法制度。

到了13世纪,英国巡回审判制度趋于定期化、规范化、制度化,确立综合巡回法庭和普通巡回法庭。13世纪中期美国、意大利等国家也先后建立了巡回法庭。自此巡回审判为世界上许多国家所适用,现已成为一项重要的诉讼制度。

(二)巡回审判的国内考证

巡回审判在我国由来已久,早在中国封建社会初期,就有关于巡回审案的实践。"西周初期,有些诸侯国在他们的封国内实行巡行审判制度,就是地方官吏或诸侯巡行乡邑,就地决断庶民百姓间发生的争讼案。"③如《史记·燕召公世家》记载,召公之治西方,甚得兆民和。召公巡行乡邑,有棠树,决狱政事其下,自侯伯至庶人各得其所,无失职者。西周之后大部分朝代都设有巡抚,指派"钦差大臣"、"御史"专门体察民情,巡回督办案件。

到了民国时期,为了适应战时环境,服务抗战需要,国民政府在战区实行巡回审判制度。④ 于1938年颁布《战区巡回审判办法》,1939年公布施行《战区巡回审判民刑诉讼暂行办法》。抗战结束后,上述两部规定被废止。抗日战争时期,我党在根据地建立了巡回法庭⑤和专门人民法院。曾担任过陇东法庭庭长、陕甘宁边区高等法院院长、最高人民法院副院长的马锡五同志,打破陈规束缚,走群众路线,深入田间地头解纷止争,被称为"马锡五审判方式",随之巡回审判的民事诉讼模式得以确立⑥。

新中国成立后,人民法庭建设不断加强,巡回审判得到了进一步的发展和完善。

---

① 程汉大、李培锋:《英国司法制度史》,清华大学出版社2007年版,第28~29页。
② 马青莲、郑好:《中世纪英国陪审团制度成因探究》,载《云南大学报》2007年第3期。
③ 冯卓慧:《从传世的和新出土的陕西金文及先秦文献看西周的民事诉讼制度》,载《西北政法大学学报》2009年第4期。
④ 罗金寿、熊利民:《民国战区巡回审判制度述略》,http://www.law-lib.com/lw/lw_view.asp?no=13253,于2014年3月10日访问。
⑤ 1939年颁布的《陕甘宁边区高等法院组织条例》第10条规定:"高等法院得设立巡回审判法庭。"
⑥ 俞世春:《论我国巡回审判制度的完善》,载《湘潭师范学院学报(社会科学版)》2009年第1期。

1953 年第二届全国司法会议决议提出,县级人民法院逐步普遍建立巡回法庭,负责审理简易的刑、民案件,领导管辖区域内的调解工作。1954 年的《人民法院组织法》第十七条规定:"基层人民法院根据地区、人口和案件情况可以设立若干人民法庭。"自此,巡回审判在全国得以普遍推行。"文革"时期,公检法被砸烂,我国法制建设包括巡回审判制度受到严重影响。1982 年《中华人民共和国民事诉讼法(试行)》再次确立巡回审判制度,第七条规定:"人民法院审理民事案件,应当根据需要可能,派出法庭巡回审理,就地办案。"但自 20 世纪 80 年代末以来,参照西方程序法治和形式正义的审判方式改革,越来越强调庭审规范化,强调当事人举证责任,这些改革对巡回审判制度造成了较大的冲击,实践中巡回审判的运用也逐渐减少。以重庆市江津区人民法院为例,2000 年以前有 18 个派出人民法庭,之后最高人民法院实行"五化"改革,人民法庭开始撤并,2000 年 18 个人民法庭合并为 7 个,2003 年再次合并为 4 个。2004 年之后,最高人民法院的工作报告及颁布的一系列规范性文件多次提到巡回审判,倡导人民法院,尤其是基层人民法庭积极开展巡回审判工作。与社会转型加快相适应,我国的巡回审判制度也迎来了复兴之路。

(三)巡回审判的基本含义

巡回审判是什么,历史上国内外法学者没有提出明确的主张,至今法律本身也没有作出明确规定,没有统一的判定准则。从上文中西方巡回审判实践的历史演变可以看出,巡回审判具有几个共同属性,即(1)巡回审判的主体是司法官员(兼具行政性);(2)巡回审判的依据是命令或法律的授权;(3)巡回审理地点是各地(如乡下或交通不便地方);(4)巡回审理的时间包括定期和不定期;(5)巡回审理的案件有民事、刑事案件,以民事案件为主;(6)巡回审理都遵循一定的程序。

从词义学上考证,"巡回"是按一定的路线到各地进行活动,"审判"是法院根据法律规定审理和判决刑事、民事案件。结合中西方巡回审判实践的共同属性、词义解释和我国转型期社会的司法需求,笔者以为巡回审判是指人民法院,为方便人民群众诉讼,根据本地实际情况,合理配置司法资源,深入农村和偏远地区、经济社会矛盾集中地区,定期或不定期巡回收案、就地开庭、就地调解、就地结案的一种审判方式。

三、现实考量:巡回审判制度发展的基础

巡回审判制度作为回应型司法的一种运行模式,其产生绝非偶然。用黑格尔的辩证法思想来理解就是:只有理性的事物才是现实的,只有现实的事物才是理性的。

(一)政治基础

目前我国推行的巡回审判制度是"马锡五审判方式"的继承与发扬,是新时期人

民司法贯彻群众路线的具体体现。"马锡五审判方式"的精髓是群众路线,在当时的传统社会结构中,司法是作为一种政治手段与方式加以运用的。[①] 而群众路线也是中国共产党一以贯之的工作指导方针。在权力的架构中,司法权作为国家政权的一部分,代表国家行使审判权,对人民负责,理应依靠人民群众,从群众实践中汲取改革的方向和动力,不断满足人民群众的多元化司法需求。因为司法的独立和中立不是绝对的封闭的体系,而是一个与社会互动的开放的体系。

(二)社会基础

我国正处于由市场经济推动的社会全面转型时期,面临结构转换、机制转轨、利益调整和观念转变,乡土社会急剧变迁,城市规模集中扩展,因利益调整所带来的各种矛盾风起云集,法院面临"诉讼爆炸",法官常常处于矛盾包围之中。为解决矛盾,对法律适用既需准确把握法律效果,又要适时考虑社会效果。这种社会现实为当前中国的司法权运行方式提出了新挑战。

值得注意的是,我国城乡发展、地区发展不平衡不协调的现状并没有根本改观,群众诉讼能力不高、举证能力较差、法制意识淡薄的现状难以适应现代诉讼方式所规定的技术化、专业化要求。如果在审判活动中一味追求绝对的司法消极、被动,很可能出现裁判结果与事实相违背,从而导致群众不敢诉讼、不能诉讼、疏远司法。[②] 为此,法官需要从高高的审判台走下,送法下乡,调判结合,案结事了,积极地适应现在的司法新需求。

(三)司法实践基础

本土化的上级巡回审判。西周时期,地方官吏巡行乡邑,决断民间争讼。如《诗·甘棠》,据说是颂杨召公听讼于基层的诗篇[③]。南北朝时,宋孝武帝还亲自到建康秣陵县、南豫州、江宁等地"听讼"。唐朝,对地方上特别重大案件,如不便解送中央审判,可派监察御史、刑部员外郎和大理寺评事充当"三司使"前往审判。[④]

巡回审判制度的经典实践是马锡五审判方式。它是我国在当时的社会背景下,通过实践创造出的一种具有中国特色的纠纷解决模式。与西方传统的司法消极主义相比,马锡五审判方式充分发挥了法官的能动作用,充分展现了司法的人民性特点。

---

① 曾益康:《从政治与司法双重视角看"马锡五审判方式"》,载《西南政法大学学报》2009 年 8 月第 4 期。

② 江伟、谢俊:《"马锡五审判方式"的意义及实现》,http://www.law-culture.com/showNews.asp? id=15782,于 2014 年 4 月 20 日访问。

③ 张晋藩主编:《中国法制史》,群众出版社 1982 年版,第 47 页。

④ 齐志远:《论"一村一法官"互动司法模式》,中国法院网,http://www.chinacourt.org/html/article/200907/13/365252.shtml,于 2011 年 5 月 10 日访问。

审判方式和地点的选择以方便群众、教育群众为原则；强调法官的调查研究；充分考虑习俗，注重引导民意；让群众参与调解，"把法律的力量、道德伦理的力量、乡风民俗的力量和群众监督的力量有机结合"①。司法的便民利民、规范教育以及民主监督的功能在巡回审判这个载体上得到了集中体现。

四、理论困惑：自治型司法与回应型司法的冲突

(一)司法职业化与司法大众化的冲突

巡回审判在当代再次推行后，面临司法大众化与司法职业化的冲突。有的学者认为，"马锡五审判方式"作为一种司法理念或方式，与建立在西方法律传统之上的现代民事诉讼模式在逻辑上是根本对立的，二者很难相兼容。② 司法职业化是否会出现韦伯所说的"形式理性化"，从而脱离现实，脱离当下的生产生活，大众化司法是否脱离专业人士的引导，脱离理性程序的规制而出现执法盲动，则成为隐忧。

转型期的社会现实和矛盾特点要求司法改革必须完成司法职业化与司法大众化的双重任务。然而，制度设计与实践探索出现了冲突：目前我国正在着力构建以专门化、技术化和程序化为标志的现代诉讼制度。该制度更多的是借鉴西方法治发达国家的诉讼模，体现出司法人员职业化、司法活动专门化的特征。实践中，以形式理性和程序法治为指导理念的司法改革遇到了困境。为此，实务部门又重彰巡回审判制度，尤其是"马锡五审判方式"，期望找到解决问题的方法。考虑到现实中当事人诉讼能力低的现状，巡回审判制度在法院和当事人的诉讼作用分配上适当地向当事人倾斜，要求法官在诉讼过程中合理地行使释明权，保证当事人充分地行使诉讼权利。河南、福建、江苏、山东、重庆等多地法院巡回审判的实践表明，巡回审判方式更易于被群众理解和接受。

(二)自治型司法与回应型司法的对比

从司法与社会的关系看，现代诉讼制度(趋向司法职业化)是自治型司法的重要部分。自治型司法的主要属性包括：(1)司法活动与政治的、道德的和其他社会因素相疏离；(2)法律秩序采纳"规则模型"，司法活动被分为若干细小的法律程序；(3)程序是司法的中心，司法过程严格遵守法定职权，自由裁量权授权范围狭小；(4)强调当

---

① 陈海发、冀天福：《扛起"马锡五"的大旗——记河南法院开展"马锡五审判方式"活动》，载《中国审判新闻月刊》2009 年 1 月。

② 范愉：《简论马锡五审判方式——一种民事诉讼模式的形成与其历史命运》，载《清华法律评论(第二辑)》，清华大学出版社 1999 年版，第 228 页。

事人举证责任,法官中立,保持消极被动;(5)司法活动的道德基础是专心于法律过程的完整性[1];(6)司法评价忠于法律,只受既定程序的限制,社会参与性差。

从司法的实践看,巡回审判方式(趋向司法大众化)是回应型司法的重要组成部分。回应型司法的主要属性包括:(1)司法的目的价值(实体正义)得以强化;(2)司法过程重视民间公共秩序的维持;(3)积极寻求替代性的解纷模式,扩大司法对社会的认知能力;(4)司法行为具有一定的开放性和弹性,从而促进法制的改革和变化[2];(5)司法活动的道德基础是社会的合作;(6)对司法的评价,从法律和社会多个层次进行。

(三)对两种模式的回应

不管是现代诉讼还是巡回审判,都必须以司法职业化为前提。只有通过法律职业化,才能够训练出高素养的法官,也才能够提升法官群体应对各种复杂社会难题的能力。巡回审判虽符合我国当前的司法需求与发展,但其改革仍应在符合现代诉讼规律的基础上,从我国特定的司法土壤中吸取改革的养料。正如苏力所言:"中国的法治之路必须注重利用中国本土的资源,注重中国法律文化的传统和实际。"[3]若一味追求以"当事人主义模式"为标准构建我国诉讼程序,强行将"当事人主义"适用于不同地区、不同案件类型、不同诉讼环节,其结果不仅不能发挥"当事人主义"的优点,而且还会增加司法救济成本,浪费司法资源,引起社会民众对司法的不信任。哈贝马斯认为,是否包含着被认可的价值,才是有无合法性的最好证明。

在当前的社会环境下,巡回审判的发展思路主要是将现代民事诉讼制度与传统审判方式中的合理元素相结合,一方面法院要对社会公众的司法需求和问题具有敏感性,及时作出回应;另一方面法院在敏感性的基础上,要有区别的、有选择的司法,运用公正合理方式解决社会公众司法问题,同时为司法自身的改革获得认识的来源和自我矫正的空间,开辟变化发展的途径。

五、发展路径:巡回审判制度的规范化建设

巡回审判的程序化实现要处理好社会期待与司法限度、个案正义与普遍规则、调解优先与司法裁判、便民诉讼与程序公正、能动举措与司法资源、司法服务与司法中

---

① p.诺内特、p.塞尔兹尼克著,张志铭译:《转变中的法律与社会:迈向回应型法》,中国政法大学出版社2004年修订版,第18页。

② p.诺内特、p.塞尔兹尼克著,张志铭译:《转变中的法律与社会:迈向回应型法》,中国政法大学出版社2004年修订版,第6页。

③ 苏力:《法治及其本土资源》,中国政法大学出版社,2004年3月修订版,第6页。

立的关系①。只有这样,巡回审判制度的运行才不至于走向司法大众化的极端。

(一)制度设置

巡回审判制度是司法制度的一部分,完善立法时,可以借鉴英国 1194 年制定的《巡回法庭章程》、1938 年国民政府制定的《民国战区巡回审判办法》以及 1942 年晋西北行政公署制定的《陕甘宁边区巡回审判办法》的立法体例,更加全面、详细地规定巡回审判运行规则,如巡回审判的区域和时间、巡回审判的案件管辖、巡回审判组织、巡回审判的辅助机关及职责、巡回审判的物质保障、巡回审判的地点、巡回审判的开庭规范、督导考核、巡回审判案件与法庭审判案件的管理衔接等等。

(二)规范内容

1. 巡回审判的受案范围

应当进行巡回审判的案件:(1)赡养关系纠纷;(2)一方或双方当事人肢体残疾或因其他原因行动不便的案件;(3)高发的典型案件;(4)就地巡回审判能够有效宣传法律、维护社会稳定的案件,如土地承包、流转纠纷。可以进行巡回审判的案件:(1)婚姻家庭继承纠纷;(2)相邻关系纠纷;(3)简单债权债务纠纷;(4)轻微的侵权纠纷。

不宜进行巡回审判的案件:(1)不公开审理的案件;(2)当事人对立情绪激烈、有可能发生群体性事件的案件;(3)双方当事人均不同意适用巡回审判的案件;(4)疑难复杂案件。

2. 巡回审判开庭地点的确定

农村和城市均可以开展巡回审判,不局限于偏远山区、交通不发达地区。《最高人民法院关于大力推广巡回审判方便人民群众诉讼的意见》第 5 条规定,经济发达和较为发达地区的基层人民法院和人民法庭,要以着力化解经济社会发展中的矛盾纠纷,着力解决影响社会稳定的突出问题,着力提供更加便捷有效的司法服务为出发点开展巡回审判工作。如重庆市江津区人民法院辖区有三大工业园,在珞璜工业园建立巡回办案点,筹建双福工业园巡回法庭,定期巡回审理德感工业园纠纷。利用公安交警部门的资源设立道路交通事故纠纷巡回法庭,确定专门合议庭定点审理道路交通事故纠纷。

3. 巡回审判的开庭前准备

(1)对于准备实行巡回审判的案件,在送达时应当告知案件当事人,听取双方当

---

① 夏锦文:《当下能动司法亟待处理的六大关系及解决思路》,载《法律适用》2010 年第 10 期。

事人对巡回审判的建议或意见,记录在卷;(2)对于定点式巡回审判,开庭前三日内将开庭时间、地点、案件性质委托便民诉讼联络站工作人员在巡回审判地进行公告;(3)根据案情需要,邀请当地群众代表旁听庭审,邀请便民诉讼联络员[①]协助法庭做好双方当事人调解工作。

4.巡回审判组织与程序

固定巡回审判组织,并实行定期轮岗交流,保持审判人员与社会关系的适当疏离,防止因裙带导致不公正。巡回审判组宜采取"1+1+1"模式,即由一名法官、一名书记员、一名法警组成;影响重大的典型案件,可以采取"3+1+1"模式,即三名法官、一名书记员、一名法警组成。

巡回审判的程序总体上应当符合民事诉讼法,但可以简化答辩和举证时限等细节规定,灵活调解,最大限度地方便当事人诉讼。

5.巡回审判的物质保障

为基层法庭配备巡回审判工作专车,车上配备笔记本电脑、便携式打印机等开庭设备,抽调法警保障巡回审判工作安全。加强定点式巡回审判法庭建设,每个乡镇至少设立一个定点巡回审判法庭并配备必要的办公设备,并在定点巡回审判法庭前显著位置公告该巡回点的接待、收案时间、开庭时限。

(三)基本形式

1.定点式巡回

在人员居住相对集中、交通相对便利的集镇设立巡回审判法庭,悬挂站牌、国徽、巡回审判横幅,配备审判台及当事人座席。巡回审判必须着制服、带法槌、审判组织及当事人的座位牌等,形式理性必不可少。在案件选择上,对于可以进行巡回审判的案件,一般实行定点式巡回审判,当事人不在同一村镇行政区内的,以被告住所地的巡回法庭作为巡回审判点。

2.流动式巡回

开庭的具体地点不固定,如田间法庭、马背法庭、院坝法庭等。该种形式随意性较大,应严格限制适用的条件,原因就是巡回审判作为一种诉讼程序制度,应当符合

---

① 笔者所在基层人民法院构建了"庭、站、点、员"四位一体的便民诉讼网络,实现巡回审判与群众参与司法的有效衔接,由基层人民法庭定期对巡回审判站、便民联系点及便民联络员的工作进行指导考核。

司法运行的规律和法治理念,不能因追求实质正义而损害形式正义的价值。如赡养关系纠纷以原告住所地作为巡回审判点;一方或双方当事人行动不便的案件以行动不便的一方住所地作为巡回审判点,均行动不便的以被告住所地作为巡回审判点;高发的典型案件、能有效宣传法律知识促进人民群众增强法律意识维护社会稳定的其他案件以被告住所地作为巡回审判点。

(四)监督考核

1. 建立巡回审判与基层组织的合作机制

基层人民法庭依托便民诉讼网络平台,建立与便民诉讼联络站点的司法助理员的沟通、协作机制。在巡回办案过程中,法官可以通过吸收人民调解员参加法庭调解,旁听案件,并在结案后针对个案指导分析,总结交流经验,既实现对民调组织的业务指导,又能充分做好沟通。建立与基层陪审员、乡镇人大代表的联系机制。巡回审判影响大的典型案件,可邀请陪审员或人大代表列席审判,听取合理建议。

2. 确定独立的考核激励机制

确定巡回审判案件在其办案总数中的比例(比如 10%),实行奖勤罚懒,如果比例过高,可能会影响正常审判工作的开展。这可避免法官为了达到巡回审判次数,随意选择案件进行巡回审理,而不考虑巡回审判的普法宣传及促进社会法治的功能。建立巡回审判工作专项经费,制作巡回审判考核档案,包括案号、案由、当事人、开庭地点、是否有参与调解,结案方式,旁听人数,社会效果评价等,实行月报表、季报表、年报表统计管理,根据结果予以奖惩。

结　　语

从国家司法权运行的发展看,巡回审判制度的落实有助于合理配置有限的司法资源,及时化解矛盾纠纷,维护社会和谐稳定。同时,巡回审判还承载一项重要的功能,就是通过个案的公正审判,让老百姓以看得见的方式亲自感受司法的力量、监督司法的公正,这比起媒体网络的宣传更加深入人心,普法宣传的效果也更扎实,有助于推进我国的法治化进程,尤其是乡土社会的法治治理,可以有效将现代法与民间法、职业化与大众化有机结合,实现法律的教育、预测和规范功能。

第十四章

人民法庭建设发扬枫桥经验的历史检讨与当代进路

——"法治枫桥经验"的乡土逻辑分析

林智明[*]

尽管苏力教授早已宣称:"中国已经不是'乡土中国'了",[①]目前中国传统城乡社会的二元结构在急剧的城镇化运动中还没有消失,费孝通先生主张的"乡土中国"与"市场中国"的区别还有其历史意义。虽然法治具有"放四海而皆准"的普适意义,但植根在国家治理相对薄弱的、遵循民间法主导的内生秩序实施自治的乡土社会,"乡土法治"依然构成一个有别于国家法治的现实的法学命题。国家法治在乡土社会的逐步渗透,民间法日薄西山式的阻抗与被改造,构成了乡土法治别样而精彩的风景。人民法庭、枫桥经验作为中国乡土法治两大显著标识,一直纠缠着发生了十分丰富的历史关联。对其加以总结检讨与深入分析,探索乡土法治背景下人民法庭建设的进路,对今后完善社会主义法治体系建设无疑具有重要的理论与实践意义。

一、枫桥经验的现代发展

(一)枫桥经验的历史发展:与时俱进品格的证成

"枫桥经验"历久弥新,具有旺盛生命力。[②] 历经 50 年的沧桑巨变,从阶级斗争到和谐社会,从计划经济到市场经济,从人民民主专政到法治中国,"枫桥经验"基本反映并适应了始终"捆绑在土地上的中国"对维护社会稳定的需求,架设在城乡二元结构之间面对日益加剧的城镇化不断调适,发挥着化解矛盾维护社会稳定的重大作

---

* 林智明,男,1976 年生,广西壮族自治区防城港市中级人民法院研究室助理审判员,广西大学民商法硕士。

① 参见苏力著:《制度是如何形成的》之《新乡土中国序》,北京大学出版社 2007 年版,第 258 页。

② 参见孟建柱在"枫桥经验"50 周年大会上的讲话,《"枫桥经验"50 周年大会召开,孟建柱出席并讲话》,南海网新闻 2013 年 10 月 11 日。

用。事实证明,在国家政策指导、人民群众需求变化以及社会矛盾客观变化与规律的综合效应中,"枫桥经验"不是一个僵化不变的理论体系,具有适应中国独特城乡社会的灵活、与时俱进的理论特征。从制定主体看,从50年前毛主席作为主要领导推动,到公安部、中央政法委主要推动,浙江省委政府坚持不懈地培育推广,"枫桥经验"获得了中央高层的普遍肯定,在公检法部门特别是基层组织中广为应用,支持主体的多样化,促进其在不同的历史时期根据政策变化的需要不断地得以推陈出新,不断变化。从适用领域看,"枫桥经验"经验也经历了重大场景转换。在"枫桥经验"提出之初,适用于"四类分子"的阶级斗争上面,党的十一届三中全会后用来处理人民内部矛盾,成为了维护社会治安主要理论经验。从理论内涵上看,"枫桥经验"是逐渐深化的经验,从专门解决"四类分子"改造问题,到依法治理、化解矛盾、减少和预防犯罪,到创新社会管理,"枫桥经验"的内涵不断丰富拓展,从对敌斗争经验,到保持社会稳定经验,再到促进社会和谐经验,其内容不断深化拓新。[1] 习近平总书记主政浙江时把"枫桥经验"进一步发展提出"平安浙江",2013年10月批示要求发扬优良作风,创新群众工作方法,善于运用法治思维和法治方式解决涉及群众切身利益的矛盾和问题,把"枫桥经验"坚持好发展好,把党的群众路线坚持好发展好,"枫桥经验"在法治中国背景下得到最新的发展走上了法治化的伟大历程。

(二)枫桥经验的理论内核:历史的扬与弃

有学者认为"枫桥经验"属于民间法,50多年的发展展示了从诞生及逐步成长成熟的历程。其最初是20世纪60年代改变武斗四类分子的文斗方法,浙江省委发动枫桥群众开展"武斗还是文斗好"的大讨论形成了"武斗斗皮肉,外焦里不熟;文斗摆事实、讲道理,以理服人,才能斗倒敌人,擦亮社员眼睛"的一致看法。随后浙江省公安厅形成"发动和依靠群众,坚持矛盾不上交,就地解决,把绝大多数四类分子改造成新人,实现捕人少,治安好"经验,获毛主席批示叫"矛盾不上交,就地解决",要求"各地仿效,经过试点,推广去做"。[2] 20世纪80年代初到90年代初,枫桥经验从改造"四类分子"阶级斗争经验发展为社会治安综合治理经验。诸如"组织建设走在工作前、预测工作走在预防前,预防工作走在调解前,调解工作走在激化前"的"四前工作方法","预警在线、矛盾问题早消化;教育在先、重点对象早转化;控制在先,敏感时期早防范;工作在先,矛盾纠纷早处理"的"四先四早"工作机制,"治安联防、矛盾联调、问题联治、事件联处、平安联创"的社会管理模式,等等,新提法新理念层出不穷。习近平总书记在浙江工作期间发展提出平安浙江做法,2013年10月又对枫桥经验的作出批示,抓住群众路线以及法治思维法治方式这两个理论核心,当初"矛盾不上交,

---

① 蓝蔚青:《"枫桥经验"为什么能成为中国经验》,《今日浙江》2013年第10期。
② 参见《回首"枫桥经验":重视调解,不乱抓人》,人民网2013年10月12日。

168　依法治国与人民法庭建设·第一卷

就地解决"的提法就随之淡化了。

尽管枫桥经验的理论形态经过50多年的发展已可谓"人是物非",但作为一种社会治理经验体系,其理论核心已经成熟和稳定的:(1)矛盾不上交,就地解决。这是其最初的理论形态,是枫桥经验之所以成为中国经验的根本;(2)矛盾预防、早解决;(3)调处的工作方法;(4)发动和依靠群众的路线方针。习近平总书记提出的平安建设以及法治建设对枫桥经验的改造可谓新的超越式、跨越式大发展,但还有待理论建构与发展,是其新的理论特征因素但尚未成为新的理论内核。尽管如此,法治的要求经习近平总书记提出以后,对枫桥经验的当代发展在理论和实践层面上势必将产生重大、深远与广泛的影响。

(三)枫桥经验的理论特征:矛盾论的视角分析

枫桥经验到底是什么?50年丰富多样的理论形态、各种各样的提法令人眼花缭乱,很多在法院工作多年的同志特别是人民法庭干部都不甚了解,往往断章取义或落后时代,认识理解要么不全要么不新,这导致应用工作指导发生偏差甚至错误。从矛盾论角度对枫桥经验加以理论定位、框定与把握就极有必要。

1.枫桥经验无疑是矛盾论的理论范式。枫桥经验是发生与基层调处社会矛盾实践的,无论早期针对四类分子的阶级斗争,还是社会主义改造完成以后人民民主专政,其都是以化解社会矛盾作为立足点与根本点的。

2.枫桥经验主要对象是基层社会矛盾。枫桥经验具有经验论的理论品质,是基层处理一线社会矛盾的经验总结,在广度上有就地解决的要求,在高度上有矛盾不上交的规制,在时间维度上就有矛盾早调解以及预防矛盾的划定。主要是对基层治理组织提出的处理矛盾的总体和原则性要求。

3.枫桥经验属于群防群治的综合治理方法。在工作方法上,枫桥经验强调的是发动和依靠群众的作用,坚持的是群防群治的综合治理路线,在工作机制上创立了联调、联治等联动工作制度。

4.枫桥经验在价值目标上体现了社会维稳的理念。化解社会矛盾,维护社会稳定就是应用枫桥经验的主要追求,体现的是纠纷解决的思想,本质上并不必然内含规则之治的信仰。

二、人民法庭建设与枫桥经验历史关系分析

(一)早期的契合:枫桥经验与早期的乡镇法庭体系

从中国基层社会治理角度看,枫桥经验与马锡五巡回审判乃同时代产物,而且后者对早期人民法庭建设影响尤为深刻,但稍加分析,我国人民法庭体系的许多构造已

超出了巡回审判的范围,反而来自于枫桥经验。枫桥经验对早期乡镇法庭体系建设发挥了重大的影响。首先从法庭设置上看,根据每个乡镇法庭的行政区划来设置法庭,来源于枫桥经验就地解决纠纷的原则要求。为了就地解决纠纷,就必要就地设置纠纷处理机构,当地缺乏纠纷处理机构就无法开展并实现就地解决矛盾纠纷。其次从职能上看,人民法庭颇受枫桥经验综合治理论的影响。人民法庭作为基层机构直接在枫桥经验指导下参与社会矛盾的基层治理,其业务既包括审判又包括指导人民调解,既审理民事纠纷又承担刑事自诉案件的审理,既开展审判工作又应基层政府要求规范参与计划生育、征地拆迁等综治工作。与法院民事审判庭等其他机构相比,人民法庭的综治性质是最明显也最强。最后在司法价值上看,早期人民法庭也被视为人民民主专政的"刀把子",司法工具论特征明显,社会维稳思想根深蒂固,背对背和稀泥等违法调解以及暴力执法等不良做法得以发展起来。

(二)历史的衰落:两便原则下人民法庭体系改革对枫桥经验的背离

尽管如此,枫桥经验并没有被明确奉为人民法庭建设的圭臬,1991 年颁行民事诉讼法后两便原则(方便法院审理,方便人民群众参与诉讼)被确定为人民法庭的工作原则。两便原则下的人民法庭体系改革很多与枫桥经验相背离,枫桥经验长期被边缘化。首先,从法庭设置上,法庭撤并抛弃了就地原则的僵硬要求。乡镇法庭体系中许多法庭案件少,配置差,难以开展正常工作,2002 年—2004 年左右许多法院为优化资源都建设中心法庭,抛弃了一个乡镇设置一个法庭的建制思路,从此枫桥经验在人民法庭建设方面的影响走向了衰落。到 2008 年以来,有些基层法院干脆全部撤销人民法庭,即便保留个别法庭,也全部在城区挂牌定点办公,就地解决矛盾原则跌至历史最低潮。进入 21 世纪后,有些已全面撤销人民法庭的基层法院根据工作需要恢复个人法庭建设。两便原则对人民法庭体系改革风云一直发挥着指挥棒作用,早期枫桥经验影响的乡镇法庭体系被整得支离破碎,顶多保留人民法庭设立在乡镇的简单要求而已,而就挂城区办案的法庭而言,枫桥经验和乡镇法庭就已名存实亡了。其次,人民法庭与基层法院民事审判庭的分案形成了制度,在属地管辖内民一庭具有调配权,可指定异地由其他人民法庭立案审理。同时根据诉讼标的进行划分,达到一定数额的民事案件归院部民事审判庭办理。如此的诉讼构造突破了"小事不出村,大事不出镇"的做法,不少纠纷走出所在乡镇异地立案办理,或走上市里县上到城区法院立案交民事审判庭审理。最后,各级法院落实民事诉讼法规定,人民法庭办理的案件可上诉、抗诉、申诉、信访,矛盾不上交的原则要求也被抛弃。枫桥经验受到两便原则和诉讼制度的重创,在人民法庭建设中长期被边缘化。

(三)当代的勃兴:枫桥经验指导人民法庭建设思想地位之确立

习近平总书记 2013 年对枫桥经验作出批示枫桥经验与法治实现紧密结合后,运用枫桥经验探索人民法庭建设的潮流一时风行起来。枫桥经验甚至被确立高于两便原则的人民法庭建设思想，不少法院重捡枫桥经验的百宝箱，回到枫桥经验的旧纸堆中寻找走出人民法庭建设迷离混乱困境的救命稻草。防城港市上思法院在这方面率先做出了探索，形成了可贵的法治样本。该院针对进入社会矛盾凸显期维护稳定的迫切需要，推动创建"无诉村屯、社区"，将社会调解网络纵深到乡村，设置驻村法官工作室和"法治村长"，联合有关机构推动诉前调解，努力化解矛盾，做到小事不出村、大事不出镇、矛盾不上交，实现"无诉村屯、社区"建设，有力地维护了社会稳定。上思法院对枫桥经验的重新应用，取得了良好效果，其做法被防城港市政法委和广西高级法院肯定，并在广西的一些法院得到推广。枫桥经验法治化命题，或者讲枫桥经验与法治的恩恩怨怨问题，就炙手可热起来，引起司法实践和理论界的广为关注和热烈讨论。

三、人民法庭建设发扬枫桥经验若干理论问题分析

在习近平总书记 2013 年批示之前，枫桥经验的法治问题已被实践与理论关注但尚未取得推动其跨越发展的效果。习总书记 2013 年批示在明确把握了枫桥经验群众路线的历史特质的基础上提出了法治的要求，枫桥经验法治化因而成为必须解决的时代任务。涉及哪些问题，怎样的法治化，怎样的方案，迫切需要加以解决。

(一)乡土法治与风桥经验理论关系辨析

直至 1999 年宪法修正案我国才提出实行依法治国，建设社会主义法治国家，因此枫桥经验诞生并一直成长应用在法制甚至阶级斗争的年代，从反武斗转文斗，从阶级斗争到治安综合治理，枫桥经验主要从效果方面倡导化解社会矛盾维护社会稳定。即便强调调解处理的工作方法，一直也较少涉及规制治理。从这个起源角度视之，乡土法治与枫桥经验是两个完全不同的概念。另一方面，虽然枫桥经验存在需要从理论高度进一步总结的问题，枫桥经验与中国特色法治建设模式之间具有内生性、衍生性和共生性，[①]两者不仅不存在根本矛盾反而可以调试与融合的。枫桥经验反映了国家矛盾处理的基本策略与方针，是站在政法工作高度对化解社会矛盾的统领，乡土法治是国家发展到法治时代对化解矛盾治理社会做的新的发展，因此乡土法治相对枫桥经验是更高层次的概念。在枫桥经验法治化命题当中，枫桥经验必然围绕法治要求在治理理念、治理方式上围绕规则之治对自身理论进行再革命、再扬弃，剔除其中不符合法治的东西，补充法治的因素，并促进法治融合入枫桥经验的理论体系当

---

① 谌洪果：《"枫桥经验"与中国特色的法治生成模式》，载《法律科学》2009 年第 1 期。

中。这主要涉及枫桥经验中矛盾处理方式、制度、机制等方面，当然法治对枫桥经验的渗透是全面而深刻的。因此，在深入推进依法治国当中，机械生硬地照搬已有的甚至历史上的枫桥经验形态，不一定合理。应该实现枫桥经验法治化后，形成新的理论成果"法治枫桥经验"之后再推广，应用于人民法庭建设才能进行科学的指导，法治枫桥经验才能成为新时期探索人民法庭体系改革进路的指导思想。

(二)乡土诉讼维权与枫桥经验

枫桥经验应用于诉讼，遭遇的最突出的问题是当事人诉讼维权问题。民事诉讼法以后来制度形式在诉讼领域层层突破枫桥经验的核心原则，在前"法治枫桥经验"时代形成了紧张甚至矛盾关系。首先，枫桥经验片面强调国家化解社会矛盾并贯彻维稳要求，忽略了对人民群众诉权和合法权益的维护。人民必须接受国家乡村治理组织及机构的调处，符合国家对社会稳定的大局安排，诉权即寻求到法院诉讼维权的权利即受到了侵害和阻拦，造成了大量立案难的问题。而且在调处结束后，不准予申诉信访，人民群众是申诉信访权利也受到严重损害。其次，枫桥经验难以维护社会公平正义。大量调解采用了违法、暴力、威胁等行为，无视个别人尤其是弱势群体的合法权益，建立在权利不等价让渡基础之上，枫桥经验表面上维护了社会稳定，但却因公正公平的缺失，进一步加强加剧了社会矛盾，为社会动荡不安埋下更加不稳定的因素。最后，枫桥经验在社会矛盾凸显期越来越显示了它的局限性。在当今转型社会，人民内部矛盾因经济结构的调整和社会结构的变化利益化矛盾不断加剧，利益格局冲突成为基本表现形式，并具有多法性、多样性、复杂性、非对抗性的特点。[①] 这已远非 20 世纪 60 年代枫桥经验诞生之初简单的社会矛盾可比，要成功化解社会矛盾，枫桥经验在固守就地解决原则、矛盾不上交的领地上越来越显得捉襟见肘了，明显落后于民诉法规定而在诉讼维权上被人民群众所抛弃。尊重诉权以及诉讼法律制度，成为枫桥经验法治化的首要任务。

(三)乡土救济机制与枫桥经验

过去的人民调解以及当今的联动调解，是枫桥经验长期赖以运行的救济机制。这个机制具有以下特点：第一，调解组织网络化，强调"纵到底横到边"，以严密的调解组织构建乡土治理的治理体系，排挤司法机构的有效进入；第二，就地解决矛盾，矛盾不上交。要求在矛盾发生地处理矛盾，不允许异地立案办理，更不允许越级办理，达到并严守"小事不出村，大事不出镇，矛盾不上交"的维稳效果。这显然不符合民事诉讼法的规定，严重落后于法治发展。民诉法对矛盾纠纷的管辖具有属地原则、属人原

---

① 钱锋：《新时期社会"矛盾论"与"稳定观"的思考》，载《法律适用》2009 年第 10 期。

则以及合意选择管辖法院等多种规定,严格遵照就地原则显然不符合法院管辖的诉讼制度。从诉讼制度构造来讲,我国法院实行二审终审制度,起码允许当事人将矛盾纠纷提交到地级市中级法院审理,在再审申诉信访等场合甚至矛盾可到省级甚至进中央,严格坚持矛盾不上交也有违诉讼构造,在实际效果上不利于矛盾处理反而会加剧深化矛盾。相对于民诉法的程序构造,矛盾不上交就体现了正当程序与程序公平的缺失;第三,维稳观念下往往带来违法处理甚至暴力处理,调处主体片面盲目追求社会矛盾的简单、粗线条化解效果,在工作方法上往往过于人治或行政命令化,缺乏应有的法治理念、法治思维和法治方式;第四,调解机制没有约束力,因此未能从根本性化解矛盾,陷入调了再调还是调的循环怪圈。由于排挤司法救济机制的介入,司法公信力也难以在乡土社会中生根落地,更不说逐步培育起来;第五,司法能动主义倡导提前介入诉讼,虽然具有及时化解矛盾的合理性,[①]但却违背了不告不理司法原则,与人民调解、行政调解等"抢饭碗、争地盘",合法性成为难题。综言之,枫桥经验下的乡土诉讼机制具有浓厚的乡土气息,天然排挤国家法治体系的建立以及法治救济机制的介入,构造乡土法治体系与机制是推进乡土法治的另一个重要任务。

四、乡土法治视角中人民法庭建设的当代进路

(一)"法治枫桥经验"的构造

　　2013年习近平总书记对枫桥经验的批示对"法治枫桥经验"提出了总体的要求,进而50周年大会中央政法委孟建柱书记的讲话对"法治枫桥经验"进行了精辟深入的阐述。从枫桥经验法治化以及法治融入枫桥经验的角度,笔者试加以理论的梳理与总结。

　　1.从"依靠发动群众"到"依靠发动群众"与"执法为民"并重。

　　2013年习近平总书记对枫桥经验的批示要求继续把党的群众路线坚持好、贯彻好,适应时代要求创新群众工作方法。长期以来,枫桥经验从国家治理大局出发片面要求人民群众参与社会调解以及形成了一种义务,这对充分动用社会资源有效地化解矛盾纠纷具有显要作用但忽略了对人民群众合法利益的依法保护,难以从顶层设计中预防各种违法、暴力调处现象。孟建柱书记指出:"纪念毛泽东批示'枫桥经验'50周年,就是要在新的历史阶段,把'枫桥经验'坚持好、发展好,把党的群众路线实践好,把人民群众合法权益维护好,进一步凝聚其维护社会和谐稳定、促进经济社会

---

① 钱锋:《新时期社会"矛盾论"与"稳定观"的思考》,载《法律适用》2009年第10期。

又好又快发展、坚持和发展中国特色社会主义的强大力量"。① 可见"依靠发动群众"与"执法为民"并重,是新时期"法治枫桥经验"的明显特征和要求。

2. 从"就地解决矛盾、矛盾不上交"的就地原则改为管辖原则。从习总书记的批示以及孟建柱书记的讲话中可看出,法治枫桥经验已经彻底地扬弃了就地原则,已经不谈"小事不出村、大事不出镇、矛盾不上交"的传统要求了。原因很明显,就地原则不符合民事诉讼法关于诉讼管辖、诉讼制度的规定,基本被法治所淘汰。法治枫桥经验要吸收融合民诉讼法关系诉讼管辖、诉讼制度的规定,就有必要遵守民诉法关于纠纷管辖规定。因此,不是全面否定了就地原则,强调在当地处理社会矛盾还有重要意义,改为管辖原则则实现了法治化。

3. 树立预防矛盾思想,发展预防矛盾的法治体系。孟建柱书记的讲话将预防矛盾当作新时期创新群众工作方法加以重点论述,要求充分发挥基层党组织、群众自治组织、社会力量的作用,充分发挥人民团体、群众组织、社会组织的优势,充分发挥信息网络的作用,进一步提升新闻媒体沟通能力,紧紧依靠基层组织和广大群众预防社会矛盾。

4. 培养社会主义法治理念和法治思维。在社会转型时期和依法治国时代,随着经济社会的迅猛发展和群众法律意识与依法维权意思的增强,传统简单粗暴甚至违法的矛盾处理方式已经不符合法治的要求,新时期的矛盾处理工作要求不能仅仅依靠以权压人、以德服人,更要善于以理服人、以法服人。孟建柱书记在纪念毛泽东批示"枫桥经验"50周年上指出,坚持把群众路线与法治方式结合起来,运用法治思维和法治方式来预防和化解社会矛盾,正是"枫桥经验"所蕴含的创新精神的必然要求。② 这一方面要求基层组织以及乡土社会逐步树立法治信仰,严格遵守并依照法律办事,牢固树立社会主义法治理念,进一步改变官本位的不良作风。另一方面要求在应用枫桥经验预防和调处矛盾时要能够尊重法律制度尤其是诉讼法律的规定,尊重而不非法损害乃至剥夺人民群众的诉权,推崇规则之治坚守社会公平正义,维护人民群众的合法权益。

5. 善于用法治方法预防化解矛盾,推崇规则之治。讲究程序公平,严格按照规定的程序办事,不能抛开程序擅自非为。做好合法性审查工作,多从法律可行性角度做严密分析,确保预防化解矛盾工作的"法律关"。妥善处理好乡土调解机制与仲裁、诉讼机制的关系,尊重诉讼法规定和人民群众对处理机制的选择意愿。加强乡土调解的合法性,做到真正的案结事了。树立违法终身责任追究制度。建立与完善乡土法

---

① 参见孟建柱在"枫桥经验"50周年大会上的讲话:《"枫桥经验"50周年大会召开,孟建柱出席并讲话》,南海网新闻 2013 年 10 月 11 日。

② 参孟建柱在"枫桥经验"50周年大会上的讲话:《"枫桥经验"50周年大会召开,孟建柱出席并讲话》,南海网新闻 2013 年 10 月 11 日。

治体系,逐步在乡土社会树立司法公信力,培育良好的法治氛围。

(二)乡土法治逻辑中人民法庭建设的当代进路

当前,两边原则指导下的人民法庭体系改革极为混乱与迷离,方便诉讼方便群众成为了随意性的借口。事实已证明,缺乏指导思想指引的司法改革必然会迷失方向甚至导致失败。如前所述,两便原则不足以包容人民法庭建设各方面,作为矛盾处理基本范式的枫桥经验从一开始就对人民法庭体系建设发挥了重要影响。当代,在乡土法治中探索人民法庭建设的路向,就必要树立"法治枫桥经验"的指导思想地位,以进化了的法治化的新的枫桥经验为金钥匙,打开人民法庭建设的新天地。

1.建立与完善基层法治体系。党的十四届四中全会提出要完善社会主义法治体系。乡土法治的推进,仅靠乡土自治体系来达成与维持,往往进展缓慢而且效果欠佳,建立网络化的法治体系逐步推行国家法的渗入与治理,应是最佳的选择。人民法庭撤并工作,现在看来,在一定程度上损害了基层法治体系,可能得不偿失。根据工作需要和两便原则及时调整人民法庭在乡镇层面的配置与布局是十分有必要的,但不能推动人民法庭的退出机制造成乡镇法治体系的真空。就地原则已被证明因僵化甚至违法而被历史所扬弃,但根据管辖原则建设中心法庭加强基层法治体系建设无疑符合党十四届四中全会的精神。由此产生的另一个问题是,乡镇法治体系足够了吗?有必要建立村级法治体系吗?中国地域辽阔,许多乡镇人民法庭都没有能满足人民群众方便开展诉讼需要因而发展出复杂多样的巡回审判方式来。因此,与其加强人民法庭巡回审判的压力与成本,倒不如加强村级法治体系的布局与管理。驻村法官工作室、"法治村长",司法 ADR 等满足了乡土社会对法治体系的需求,在未来人民法庭体系工作中应加以重视。

2.调解配角定位。从前述防城港市上思法院样本分析,建立驻村法官工作室和"法治村长"创建"无诉村屯、社区",从法院的角度无非因大量纠纷涌入法院造成法官办案压力日益增大,故而有将纠纷提前化解在法院大门之外的需要。但法院建立诉前调解机构一下子充当整个社会矛盾一线调解的带头人和主要机构,致使新的调解压力迅速形成。未来人民法院诉讼调解的功能应着力于充分发挥人民调解、司法调解的主要作用基础上做辅助性、指导性的配角定位,让人民调解与司法调解承担更多的、主要的矛盾调处工作,人民法院应专攻审判。[1]

3.规范驻村法官、"法治村长"制度的运行。驻村法官、"法治村长"应该建设成为中心人民法庭的派出机构,既然在乡镇建设了人民法庭就没有必要在基层法院院部另确定对村级法治体系的管理机构。由于自然村、行政村众多,驻村法官、"法治村长

---

[1] 参见林智明、唐春杨:《论社会管理体系中辅助性调解机制的构建》,《以法护航——防城港和谐崛起问策征文活动优秀文集》,广西人民出版社 2012 年出版,第 230 页。

"将会是极其庞大的队伍,有必要与编制部门落实人员编制并解决好相关的工资行政待遇问题。根据不告不理诉讼原则,法院诉前调解与人民调解、司法调解不同,应严格限制为立案调解,这应是驻村法官、"法治村长"主要的工作方式,只有当事人有必要找法院立案处理找上门或找到人时,法院才能介入在立案阶段开展调解工作,不应该主动上门在当事人没有选择诉讼机制意愿情况下过于提前化解矛盾。在联动机制和 ADR 处理纠纷当中,驻村法官、"法治村长"的主要工作是指导人民调解和司法调解推行法治,进行依法调解。在调解没有取得平息纠纷的情况下,驻村法官、"法治村长"应该尊重人民群众诉权,交由人民法庭立案处理,不能简单粗暴地阻拦当事人到法院立案,更不能故意制造立案难问题,以致侵害人民群众依法享有的各项诉权和合法权益。

第三编

人民法庭职业保障

第十五章

论基层人民法庭法官的
执业困境与职业保障

——以15位模范基层人民法庭法官的先进事迹为切入点

张亚彬* 娄国琴**

一、引 言

(一)问题意识

问题意识,即本文的主题以及关注的问题。一方面,人民法庭作为人民法院的最基层单位,处于司法为民的最前沿、化解矛盾的第一线,是人民法院参与依法治国、推进法治中国建设的司法"前哨"[①]。而人民法庭的法官是司法前哨的"哨兵",是人民法庭的核心要素。正如苏力先生所言"研究中国基层司法制度,有必要以法官为中心"[②],故研究人民法庭建设,有必要以人民法庭法官为中心。另一方面,执法办案又是法官职业的本职和关键,故关注人民法庭法官在执法办案过程中需要克服的困难,即本文所称执业困境并加以解决是人民法庭建设的关键和着力点。人民法庭法官执业困境的消除是一项系统工程,但根据人民法庭法官职业特点提供相应职业保障是务实有效之举。此即本文的问题意识。接下去的问题是如何真实而全面地发现基层法庭法官的执业困境,那就应该到基层法庭法官们的工作和生活中去。

---

* 张亚彬,1987年1月生于山东诸城,吉林大学法学硕士。现任绍兴市中级人民法院审管办助理审判员。

** 娄国琴,1989年2月生于浙江绍兴,西南政法大学学士。现任绍兴市越城区人民法院袍江人民法庭书记员。

① 参见《坚守和谐社会的司法"前哨"——浙江省人民法庭工作巡礼》,载《中国审判》2013年第3期。

② 苏力:《乡土社会中的法律人》,载《法制与社会发展》2001年第2期。

(二)研究方法[①]

本文尝试采用抽样及文献研究[②]的方法,以15位模范基层法庭法官的先进事迹作为切入点,观察他们的工作和生活,设身处地地感知和总结人民法庭法官所面临的执业困境。对于文献研究的方法,文献材料的搜集既是前提且又至关重要。依托中国知网搜索引擎,模范基层法庭法官的先进事迹数量较大,全部进行研究并不可行,需要借助科学的抽样方法来确定研究样本的"量"并保证它们的"质"。

关于"量",本文综合考虑时效性、总体规模、地域差异、内容异质性程度、研究的精确度要求等因素,把样本数量确定为15。关于"质",本文对样本有两方面的要求:第一是事迹内容的周详性。一方面,材料必须是关于模范人民法庭法官先进事迹介绍[③],另一方面,对事迹的介绍要相对周详,否则就不适合用于文献分析。第二是材料来源的权威性。样本出处为《人民法院报》《中国审判》及省级、国家级党刊等权威刊物。通过这样的抽样方法,本文相信,这些材料虽然运用了一定的修辞,但总体上其叙事是贴近人民法庭法官的工作生活而真实可信。模范人民法庭法官大多有十多年甚至二十多年的基层法庭工作经历。在一定意义上,他们是基层人民法庭法官的过去、现在和将来,具有一定的代表性。

二、样本清单、编码与初步分析

(一)样本清单

表 15-1   收集样本清单

(以人物姓氏拼音为序)

编号	人物	地点	材料题目[①]	材料出处
1	陈升霄	湖北宣恩晓关法庭	守护土家山寨的安宁	《人民法院报》2013.09
2	陈燕萍	江苏靖江江阴园区法庭	心系百姓 坚守正义	《人民法院报》2010.01

---

①   研究方法有三个层面的含义,即方法论、研究方式、具体方法及技术。本文是指具体方法及技术。

②   文献研究最为显著的特征是它不需要直接接触研究对象,因而又被称为"非介入性研究"。参见路留超:《模范法官评选和法官角色定位》,吉林大学硕士研究生学位论文,2011年7月,第4页。

③   搜索条件设定为篇名"法庭"并且包含"记",所搜索的内容多为先进事迹报道。

编号	人物	地点	材料题目①	材料出处
3	郭兴利	四川剑阁开封法庭	"背篓法官":肩负公平正义	《人民法院报》2013.09
4	胡岳柏	湖南桃源漆河法庭	坚守法庭二十五载	中国审判 2013.02
5	黄登林	广西隆林德峨法庭	山村里的法律天平捍卫者	当代广西① 2012.06
6	姜春玲	北京朝阳双桥法庭	简单执着一路行	中国审判 2009.04
7	廖厚新	广西乐业花坪法庭	守望基层的"草根法官"	中国审判 2014.04
8	刘学讲	安徽明光潘村法庭	扎根基层的追梦人	中国审判 2013.10
9	潘锦波	广西苍梧石桥法庭	倾心为民的"平民法官"	广西法治日报② 2013.02
10	阮菲	湖北武汉江夏区金口法庭	柔情感动10万乡亲	中国审判 2012.06
11	徐玉弟	上海闵行颛桥法庭	柔情系百姓 挚爱融冰雪	《人民法院报》2009.03
12	闫胜义	河南兰考东坝头法庭	愿做圪巴草扎根在乡村	经济日报③ 2014.08
13	杨凯	陕西彬县新民法庭	渭北高原"铁法官"	中国审判 2011.09
14	喻赤	江苏东台唐洋法庭	耕耘在人民法庭的"孺子牛"	中国审判 2010.10
15	翟树全	吉林农安哈拉海法庭	"感动吉林"的乡村法官	《人民法院报》2010.12

注:①材料题目只显示主标题,副标题多为"——记×省×法院×法庭×法官"形式(参见本页注释

---

① 《当代广西》是中共广西壮族自治区委员会主管主办的机关刊物,是广西唯一的一家省级党刊。

② 《广西法治日报》是广西唯一省级法治类党报。

③ 《经济日报》是国务院举办、中央直属的党报。

1,搜索条件的设定方式决定了副标题的形式)。副标题中显示的信息在该表法庭和人物栏中体现,故本文做了删减。

上述样本具有以下三个特点:一是,从地域分布看,涵盖东中西部地区,以中西部地区基层法庭法官为主。既有北京、上海、江苏等东部沿海地区的基层法庭法官,又有陕西、广西、吉林、河南、湖北、湖南、安徽等中西部地区基层法庭法官,以中西部地区基层法官为主。二是,从材料时间来看,为 2010 年前后刊发的事迹报道,多数为 2010 年以来的事迹报道,保证了研究的时效性。三是,从性别特征[1]看,女少男多。女法官 3 名,其余 12 名法官为男性。3 名女性法官分别是江苏靖江江阴园区法庭副庭长陈燕萍,北京朝阳双桥法庭庭长姜春玲以及湖北武汉江夏区金口法庭庭长阮菲。

(二)编码与初步分析

编码是通过设置一定的主题,并按照添加标签代码[2]将样本内容类型化。本文通过通读样本内容,归结出 5 个标签代码后将样本内容归入,以便进行初步分析。基层法庭法官先进事迹多采用讲故事的"叙事"方式来表现法庭法官的优秀品格。所谓叙事是指"讲述一个事件或者一系列事件的口头或书面的话语"[3],故事情境中含有某些困境、冲突与挣扎[4],而这些困境、冲突和挣扎之中恰恰隐含着人民法庭法官所面临的执业困境。或者说恰恰是这些执业困境彰显了其优秀品格。比如多数模范法庭法官都有的"扎根基层,坚守法庭"的品格,这种优秀品格恰恰是在基层法庭艰苦的工作和生活环境中彰显出来的。这样一来,执业困境与优秀品格往往呈因果关系而对应存在,本文尝试以文本中呈现的优秀品格为线索,来寻找基层法官所面临的执业困境。初步分析是指对标签代码下的样本内容进行分析,指出执业困境的表现形式。编码与执业困境表现形式呈一一对应关系。

标签代码 1."扎根"与"坚守":艰苦的工作环境

文本显示,多数模范典型都具有十多年,甚至 20 多年扎根基层、坚守法庭的经历。年份(截止文章刊发时)分别为陈升霄 22 年,陈燕萍 14 年,郭兴利 23 年,胡岳柏 25 年,廖厚新 23 年,刘学讲 20 年,潘锦波 18 年,闫胜义 27 年,喻赤 25 年,翟树全 20 年。这些法官将大部分甚至全部职业生涯奉献给了基层人民法庭。

---

① 从本文样本看,并无存在苏力先生所言"中国司法有意无意地把自己塑造成了一个知心、体贴、周到的女性形象",起码在最近五年来基层人民法庭司法中并非这样。参见苏力:《中国法官的形象塑造——关于"陈燕萍工作法"的思考》,载《清华法学》2010 年第 3 期。

② 类似于微信收藏栏中"轻触添加标签"。

③ 热奈特:《叙事话语·新叙事话语》,中国社会科学出版社 1990 年版,第 5 页。转引自潘晴雯:《从说理走向叙事——思政话语的转换及其意义》,载《探索与争鸣》2012 年第 8 期。

④ 丁锦宏:《道德教育中的叙事方法探究》,载《思想·理论·教育》2003 年第 12 期。

多数基层人民法庭,特别是中西部省份设在偏远地区的法庭,办公用房及用车等条件相当简陋,工作环境十分艰苦。例一,翟树全法官所在的吉林农安哈拉海法庭"不足10平方米、靠烧煤取暖"。例二,黄登林法官因为"很多村屯还未通车,只能靠步行,长年累月的走村串户,自己也不记得有多少个周末跋涉在崎岖的山路上",甚至"有很多个雨雪天气留宿在群众家中"。例三,陕西彬县杨凯法官供职过的渭北高原上的香庙法庭,"从原来的乡拖拉机站借用了5间破旧瓦房,从香庙乡政府借用了3张桌子,从县法院拉了3张床,这就是全部家当"。例四,郭兴利法官"有一只川北特色的竹编背篼,上大下小。下面装卷宗,安全;上面放国徽,宽敞;一背就是整整十年。很多时候天不亮就出门,摸着黑回家,两头不见天",故人送外号"背篼法官"。由于条件艰苦,很多人不愿意坚守法庭,比如郭兴利所在的四川剑阁开封法庭,先后有19名法官与郭兴利共过事,但都因种种原因,离开了这个地处三市交界、生活和工作环境艰苦的偏远乡镇。

标签代码2."廉洁"与"公正":人情、金钱、关系的干扰

文本显示,"廉洁"与"公正"是样本着墨颇多的法官品格。无论是陈燕萍的"道德洁癖"、胡岳柏的"凭良心说话"还是廖厚新的"法律面前众人平等"、潘锦波的"办案只认法,不认钱情权"、阮菲的"秉公执法、廉洁自律"等等,都是这种精神品格的典型写照。特别是像胡岳柏法官的儿子自幼患病,郭兴利法官的妻子突患重病,家庭十分困难,但他们依然坚守着廉洁公正的品格,难能可贵。

"廉洁"与"公正"的品格在人情、金钱、关系的干扰下显得更加难能可贵。有的法庭法官系当地土生土长,所在辖区亲戚熟人多、同学朋友多。人情关系常常盘根错节,难免遇到打招呼说情的情况。但他们摒除人情、金钱、关系的干扰,坚守廉洁底线,捍卫司法公正。例一,陈升霄法官就遭遇高中老师找他说情,堂弟找他开后门的情况。但他依然按法律规定公正处理。维护法律尊严,"不要让国徽受到玷污"。例二,陈燕萍法官的丈夫有一情同手足的朋友,托陈燕萍丈夫为其说情。但陈燕萍并没有因此而网开一面,依法判决该朋友败诉。该当事人感叹:"陈燕萍真是认法不认人"。例三,廖厚新法官,其侄子将邻居告上法庭,找到廖厚新想寻求"帮忙",但被他一口回绝。例四,潘锦波法官,在审理一起离婚案件中,女方的父母为达到强迫女儿离婚的目的,特地跑到潘锦波办公室送了一沓钞票。潘锦波对女方父母的这种"送钱办事"的行为进行严厉批评,最终女方父母意识到了自己的错误并赞扬"潘法官认法不认钱"。例五,翟树全法官"送礼不要,请吃不到。平时也很少联系人,甘于寂寞和孤独,守着法官的良心"。

标签代码3."忙碌"与"拼命":疏于照顾家庭 透支自身健康

文本显示,基层法庭法官工作很忙、很拼。例一,陈燕萍法官"白天忙着发传票、调解、开庭,晚上忙着写判决书、查阅案卷等,经常忙得晕头转向,累得腰酸背痛"。例二,姜春玲法官"工作太忙,为了让每个同志都能得到家庭的理解和支持,每年三八节,姜春玲都精心策划召开一次别开生面的座谈会"。例三,徐玉弟法官"为了完成繁重的任务,他一天开五六个庭是寻常事儿,加班更是家常便饭,他坚持做到当天宣判、当天完成法律文书",人称"拼命三郎"。例四,黄登林法官"干起工作有股子拼劲"。因"当事人大多是农民,他们居住分散,且都得起早摸黑下地干活,要当面给他们送达司法文书,就得赶在他们出门前或者晚上下地回来之后。农忙时节,黄登林往往天还没亮就带领着干警出发,晚上九、十点钟还在走村串户,常常深夜才回到庭里"。

由于工作太忙,加之有些"寄宿"法官①一周才回家一次等客观原因,疏于对父母、子女、配偶等家庭成员的照顾。例一,陈燕萍法官"女儿中考没考好,自责了好一阵"。例二,黄登林法官"因为工作太忙,很少有机会照顾自己的小家"。例三,胡岳柏法官"因为工作的繁忙,他只能住在法庭",无法伺候仅仅 10 多里外年迈的双亲。例四,刘学讲法官的女儿小时候曾经在一次电话中哭着说:"爸爸不好,爸爸不陪我,爸爸没有妈妈亲"。

有些法官甚至因工作劳累,透支自身健康而患病,不仅不能照顾家庭反而给家庭带来巨大压力和负担。如廖厚新法官"由于长年累月的加班加点,身体健康每况愈下,经常产生盗汗、乏力、头痛等症状"。而根据有关调研②,基层法官群体中,繁重的工作任务已导致部分法官不同程度出现心理压力过大、焦虑不安等情况,严重影响了法官的身心健康。

标签代码 4."案结事了":对综合素质的严要求

文本显示,"案结事了"也常被提及。基层人民法庭司法实践中,"案结事了"被当作执法办案的重要指标甚至是基本要求。"案结事了"要求法官在解决纠纷的过程中不仅要解决案件本身所包含的纠纷,还应该注意案件背后可能涉及的纠纷,这实际上对法官提出了新的要求,有的时候甚至已超出法官自身的权限③。

例一,陈燕萍法官审理的一起亲兄弟之间的纠纷,"在亲友、村干部多次调解未能见效之后闹上法庭。陈燕萍先后十多次进村,请来了村干部和德高望重的老人一道调解,讲情、讲法、讲理多管齐下",才使兄弟俩尽释前嫌。例二,廖厚新法官所承办的一宗相邻权的案件,本已调解结案并且当事人已签收。但被告人王某的妻子不服调解拒绝履行,经多次说明,仍然拒绝履行。"本可以按规定采取强制执行措施,但他却没有这么做。他三番五次地上门对王某一家进行劝解"才得以履行。例三,徐玉弟法

---

① "寄宿法官"是指工作日住在法庭宿舍,周末回到城里家中的法官。

② 诸暨市人民法院课题组:《关于健全法官职业保障制度的调研报告》,载浙江法院内网,法官调研,http://203.0.64.53/html//content/20130929000145/20140919000011.html。

③ 李瑜青、张建:《司法实践中"案结事了"理念——以法社会学为视角》,载《华东理工大学学报(社会科学版)》2014 年第 2 期。

官承办的一起抚养纠纷案件,被告汪强遭遇工伤事故。"从法律上来说,这起案件要硬判(判决被告按月支付赡养费)也没有问题,但那样只能案了事不了"。徐玉弟并未轻易下判,开始为维护原、被告的合法权益四处奔走。多次跟残联、居委、工伤单位、劳动部门沟通协调,汪强不仅获得了大部分伤残补偿金,还有了一份稳定的工作。后该案调解结案。

法庭法官在办理案件时既要正确适用法律,也要做好当事人思想工作,想方设法化解矛盾,避免产生信访案件,兼顾法律效果和社会效果的统一。"案结事了"对法官专业水平、职业素养、社会经验等综合素质提出严要求。

标签代码 5."窘迫"与"愧疚":收入水平较低

文本显示,基层法庭法官清苦甚至有点窘迫的生活在样本中常被提及。例一,翟树全法官,"前几年,你每月的工资才 600 多元,就是现在,才 1700 元。这些年来,农安县法院的历届领导几次要调你到县法院机关工作,但你没有去,你说,靠你这点工资收入,到县城活不了,而在农村,日子还能过"。他的两个孩子在农安实验中学读高中时,回家时的最大愿望是吃块大豆腐。孩子的愿望听上去让人心酸!例二,闫胜义法官"一家三口连一间自己的房子都没有,仅有的 2 万元钱存款,还是省吃俭用攒下来准备留给儿子上大学的"。如若自己或家人遭遇疾病等生活变故时,更显窘迫。如郭兴利法官"妻子患重病到成都住院,要交 3 万元押金。这位有无数个办法让当事人握手言欢、摆脱困境的法官,此刻却蹲在墙角直掉眼泪"。

与窘迫的生活相呼应的是,多位模范基层法庭法官提到对家人的愧疚。例一,胡岳柏法官"工作了几十年,奋斗了一辈子。却因为条件所限,他不能将父母接到工作所在的集镇安享晚年,每念及此,他都感到很惭愧"。例二,郭兴利法官面对妻子佟女"你站起都能挡住一大片天,还拿不出 3 万块钱?!"的玩笑无言以对。他们无疑是称职的法官,然而作为子女、丈夫和父母却往往心生愧疚。

另外,基层法庭执法办案有时有一定的对抗性和危险性。如陈升霄法官遭遇当事人"要钱没得,要命有一条,没得时间和你们啰唆,你们想怎么办就怎么办"的生硬搪塞。有时,基层法庭法官还需要协同党政机关维稳,处理矛盾容易被激化而发生危险的突发案件,比如胡岳柏法官就被"点将",调处过一起扬言抬棺闹事的人身损害赔偿纠纷。有时甚至遭到当事人的谩骂、侮辱甚至持刀威胁。比如陈升霄法官在执行过程中就遭遇被执行人家属的柴刀威胁。

三、进一步分析与原因透视

上述执业困境是内外因综合作用的结果。既有现行政策落实不到位,也有法律职业工作者注定要面对的困难和考验。既有短时间难以解决的深层次矛盾,也有一些可以通过完善相应制度予以化解。

(一)人、财、物向基层倾斜的政策落实不够到位

政策层面,人力、物力、财力要向基层法庭倾斜。人力方面,由于基层法院机关同样存在"案多人少"的矛盾,甚至总体上比法庭要更为严重,故人力上向基层法庭倾斜往往停留在口号而未落实到位。财力、物力方面,2005年9月出台的《最高人民法院关于全面加强人民法庭工作的决定》第24条、25条、26条、27条对加强物质保障做了较为具体的规定。其中第24条规定,由高级人民法庭统一制定本辖区内人民法庭和海事法院派出法庭的总体规划;交通工具、法庭设备、现代化办公设备和计算机网络建设,也纳入总体建设规划和年度建设计划,所需经费纳入基层人民法庭的经费预算,逐年安排解决。第27条规定,人民法庭的专项建设经费,要严格管理,专款专用,任何人不得以任何理由截留或挪用。但受制于现行法院财政依附于辖区政府财政的现状[1],以上政策落实不够到位。

(二)法官职业性质决定人情、金钱、关系的干扰如影随形

法官手握审判权,通过权利义务的配置分割利益,各方当事人为寻求利益最大化,总会想方设法对法官施加影响,人情、金钱、关系是常见的三种方式。虽然基层法庭,特别是中西部地区的基层法庭所立案子多为"细事"[2],大部分案件是打架引起的人身损害赔偿、离婚纠纷、赡养纠纷、土地房屋相邻关系、民间借贷等,但每一件都关系当事人的切身甚至重大利益。故基层法庭法官也像其他各级法官一样,常面临人情、关系、金钱的干扰和诱惑。有的法庭法官系当地土生土长,比如胡岳柏法官,老家离法庭所在地的距离10多里远。故所在辖区亲戚熟人多、同学朋友多。难免遇到打招呼说情的情况,受人情、关系、金钱的干扰的风险更高。

我国自古以来就重视人情关系,基层尤其如此。中国社会是乡土性的,这就导致了一个熟人社会的存在。人情关系的处理变得尤为重要。在很多时候很多领域,人情关系的力量甚至可以超越规则和法律。基层一线法官尤其是法庭法官的职业和岗位决定过了他们在办案过程中更容易受到各种人情关系的干扰。一些法官往往会在人情关系和依法办案之间处于面临两难境地。如果一概不理会关系、人情、领导等的招呼,就会冒犯各种关系而得罪人,对自身的职业发展和生活状态改善会有一定影响。但是如果听凭人情关系,又容易造成审判不公,要处理好这其中方方面面的关系

---

[1] 王亚新:《司法成本与司法效率——中国法院的财政保障与法官激励》,载《法学家》2010年第4期。

[2] 借用清律成文法"细事"的概念,主要是社会本身而非国家所关心的事。参见黄宗智:《清代的法律、社会与文化:民法的表达与实践》,上海书店出版社2007年版,第9页。转引自丁卫:《乡村法治的政法逻辑》,华中科技大学博士研究生学位论文,2007年7月,第3页。

显得尤为困难,给法官执业带来很多困扰。

(三)"案多人少"与"压力型体制"[①]推动力基层法庭法官忙碌

基层法庭,特别是东部地区设在城郊或开发区的法庭,往往存在着与很多基层法院同样的深层次矛盾——"案多人少"。这是基层法庭法官忙碌的推动力。

一方面,矛盾和纠纷大量融入基层法庭且日益呈现复杂化[②]。首先,随着经济社会发展,各种利益分配方式日趋多样和复杂,社会矛盾亦日益多发且呈现复杂化。而全国统一取消农业税后,基层政权和自治组织的管理和服务能力日益弱化[③],加之公民维权意识增强,汇聚到基层法庭的案件数量逐年增多且类型日益多样化。其次,随着城市化以及城镇化进程加快,城镇聚集大量流动人口,流动人口之间以及流动人口与本地居民之间容易产生摩擦而催生各类纠纷,致使案件数量大量增加。

另一方面,法庭管理与形势和任务不相适应,人员配置不符合新的审判机制运行的要求。人民法院应将审判与立案、执行、监督分开,实现真正的公正、公开审判,对于人民法庭而言,这就提出了一个人员充足的要求。人民法庭要在组织上确保司法公正,必须配备足够的审判力量。人民法庭要有庭长、相对数量的法官、书记员、执行员。但在实践中,人民法庭人员较少,一些基层法院负责人容易在思想上轻视基层而重视机关,在调配人员时将一些业务能力强、年轻力强的法官留在院机关,导致人民法庭审判力量薄弱。这更加剧了法庭办案法官的办案压力。

"案多人少"的矛盾加之"压力型体制"的配合,使法官被包围在超负荷的工作状态中。"压力型体制"是指一级政治组织为了实现工作任务而采取的数量化任务分解的管理方式和物质化的评价体系。为了完成各项指标,各级组织把任务和指标层层量化分解,下派给下级组织和个人,责令其在规定的时间内完成,然后根据完成任务的情况进行政治和经济方面的奖惩。在基层人民法庭,法庭为了完成日益增加的办案任务,采取数量化任务分解的管理方式,加之案件办理本身有审限的法律限定,下派到个人时,往往使个人被包围在超负荷的工作状态中。且法官职务晋升及奖金核定等奖惩是以此为依据的,故个人要在这种评价体系的压力下"陀螺式"地运行。

(四)现行法官薪酬制度未能公平体现法官劳动强度

2005年4月25日第十届全国人民代表大会常务委员会第十五次会议通过的《公务员法》将法官、检察官纳入公务员序列。现行法官薪酬制度跟普通公务员无异,

---

① 参见丁卫:《基层法官如何回应农村司法——以秦镇法庭为例》,载《江西师范大学学报(哲学社会科学版)》2012年第1期。

② 社会矛盾多发且日益复杂从受理案件数量逐年增多以及案件类型日益多样化可见一斑。

③ 陈柏峰:《村庄公共品供给中的"好混混"》,载《青年研究》2011年第3期。

未公平体现法官劳动强度,导致工作辛苦程度与法官收入严重失衡。劳动辛苦程度方面,如前所述,基层法庭法官工作环境艰苦、工作忙碌、综合素质要求严、时时受到外力不当干扰且有一定的对抗性和危险性。因此,应享受相对优越的薪酬待遇,这也是法治发达国家的通行做法。而现实却是基层法庭的法官常常囊中羞涩,过着略显窘迫的生活,甚至在遭遇疾病等生活变故时因没钱而"直掉眼泪"。

在法律层面,我国《法官法》第 12 章专门对法官的工资、福利及保险作出规定,其中第 36 条规定"法官的工资制度和工资标准,根据审判工作特点,由国家规定",第 38 条又规定"法官享受国家规定的审判津贴、地区津贴、其他津贴以及保险和福利待遇"。但是上述规范过于笼统,没有具体操作规范,实际未予落实。而在现实层面,法官的待遇主要取决于行政职务职级,而基层法院相比于行政机关来说人员基数大,综合素质普遍较高,职务职级竞争尤为激烈。相对于其他党政干部,法官行政职务职级的晋升相当慢。如样本中的很多模范法官,十几年、甚至二十几年如一日出色地工作,只能出任所在法庭副庭长。更有甚者,部分优秀基层法庭法官穷尽几乎整个职业生涯都没能获取行政职务。如胡岳柏法官,坚守法庭二十五载,却依然是一名普通审判员。

综上,现行薪酬制度造成工作辛苦程度与法官的收入严重失衡,导致法官职业吸引力下降。问卷调查显示,法官的自我评价降低。法官中认为法官职业是高投入、高回报、社会地位高的,仅有 2.8%,而认为是高投入、低回报、社会期望高、工作时间长于其他行业的,达 70.1%[1]。职业待遇偏低,导致人心思动,队伍不稳定。以绍兴诸暨法院为例,近两年该院已有 10 余名法官及其他工作人员调离[2],其中不乏经法院多年培养的,正是骨干力量的部门中层正副职,对法院来说,无疑是人力资源上的不小损失。

(五)司法过程政治化[3]导致基层法庭和法官难以独立

当代中国政治体系中,党的领导被作为重要宪法原则和实际工作准则贯彻到政治生活的各个方面。党组织渗透到各权力机构并进行着权力与资源的有效控制,使中国政治系统中各个部分具有高度的同构性。中国政治制度各个组成部分中,党及其领导下的政府掌握国家的权力、资源及其分配。党和政府利用单位制度作为权力

---

① 徐建新、陈成荣:《关于法官职业保障的调查与思考——以温州法院的实践分析为样本》,载《浙江审判》2014 年第 10 期。

② 诸暨市人民法院课题组:《关于健全法官职业保障制度的调研报告》,载浙江法院内网,法官调研,http://203.0.64.53/html//content/20130929000145/20140919000011.html。

③ 吴英姿:《"乡下锣鼓乡下敲"——中国农村基层法官在法与情理之间的沟通策略》,载《南京大学学报》2005 年第 2 期。

与资源的分配主要渠道，法官与其他社会成员一样，被组织到一个个单位中。法官依赖于单位获得维持生存和发展的各种资源，包括物质资源和晋升、培训机会等非物质资源。法院依赖政府获得维系正常工作和发展所需的人、财、物、权等各种资源。这种依赖关系导致司法难以独立。

由于不存在法律与政治的分化性结构，法律与司法在社会中发挥的作用主要是充当党治理社会的工具，司法过程呈现政治化。为了配合社会治理的需要，法官在行使审判权审理案件的同时，还要承担维护社会稳定的职能。政府用社会纠纷量的多少，特别以是否有上访、闹访及其他激烈形式表现出来的纠纷多少作为判断标准，考察法官的工作实绩。能否有效化解矛盾，避免矛盾激化遂成为评价法官工作能力的重要指标，具体通过年终考核、奖金评定以及本文所依托的评选"人民满意法官"等活动体现出来。

（六）由基层法庭所扎根"新乡土中国"①的特点所决定

基层人民法庭孕育并根植于"新乡土中国"特定的土壤之上，故基层法庭法官面临执业困境的原因还要到基层人民法庭所扎根的"新乡土中国"的特点中去寻找。所谓"新乡土中国"是指，近代以来特别是改革开放以来，开展以工业化、市场化、信息化为主要特征的城市化及城镇化建设，乡土社会发生了"质"的变化。以血缘、地缘结成的"熟人社会"正在过渡为"半熟人社会"②。这里"新乡土中国"的概念比照费孝通先生所创生的"乡土中国"③的概念，并不是具体的中国社会的素描，而是包含在具体的当代中国基层社会里的一种特具的体系，支配着社会生活的各个方面。

"新乡土中国"脱胎于"乡土中国"，依然具有"乡土中国"的一些特点，如下特点助长了基层法庭法官的执业困境。一是，存在着民间规则和国家法则相冲突的情形。"中国的纠纷解决制度，一方面要满足双方当事人的复仇感情，另一方面又要满足合法性这一国家正义，于是被迫在这二者之间走钢丝。"基层人民法庭的法官成为"钢丝上的舞者"而不断经受着哈姆雷特式的拷问，在情感导向的礼治逻辑和规则导向的法治逻辑的夹缝中艰难抉择④。如果完全按照国家法来"一刀两断"，有时难以获得足够的权威来妥善化解纠纷，需要借助民间规则来"劝说或训诫"当事人。这个过程中往往需要法庭法官具备良好的专业水平、丰富的社会经验以及不厌其烦的耐心。二

---

① 参见贺雪峰：《新乡土中国》，广西师范大学出版社 2003 年版。
② 吴春梅、刘晓杰：《新乡土社会价值困惑与公共领域矛盾化解的价值向度》，载《理论与改革》2009 年第 4 期。
③ 参见费孝通：《乡土中国》，中华书局 2013 年版，第 3 页。
④ ［日］高见泽磨著，何勤华等译：《现代中国的纠纷与法》，法律出版社 2003 年版，第 211 页。转引自王彬：《司法能动主义视野下的乡土司法模式》，载《山东大学学报》2010 年第 5 期。

是,法治观念还较为淡薄。如前所述,陈升霄法官遭遇过当事人"要钱没得,要命有一条,没得时间和你们啰唆,你们想怎么办就怎么办"的生硬搪塞。这种搪塞对基层法庭的法官可能早已见怪不怪。有时人民法庭法官甚至遭到当事人的谩骂、侮辱甚至持刀威胁,由此可见个别当事人的法治观念何等淡薄。另外一个重要的表现是个别当事人"完全的利益导向"和"缠访、闹访"。"完全的利益导向"是指只要判决结果是对己方不利就认为它是错的而不顾裁判的说理是否正确。而"缠访、闹访"是指在"完全利益导向"的基础上,通过信访方式来推翻生效判决而从中渔利。而在现行"一票否决"的"维稳"机制下,承办相应案件的法官往往面临很大压力,即使其判决完全合法。

"新乡土中国"自有其新的特点。如前所述,随着工业化、市场化、城镇化发展,流动人口增多,各种利益分配方式日趋多样和复杂。加之维权意识日益增强而基层政权和自治组织的管理和服务能力日益弱化,社会矛盾多发且日益复杂。大量矛盾和纠纷涌入基层法庭,特别是东部省份设在城郊及开发区的法庭案件大量涌入。以绍兴市越城区袍江人民法庭[①]为例,2012—2014年新收案为1832件、1870件、2025件,呈逐年递增趋势。人均结案数分别为228、288、352个,维持在高位运行,且呈逐年上升趋势。每个基层法庭的法官平均每天接近一个案子,又要送达、又要写判决或制作调解书,常常忙得团团转。

四、基层人民法庭法官职业保障

所谓基层人民法庭法官的职业保障,是指为解除基层人民法庭法官的后顾之忧,使其免受外部不当干扰而依法独立、公正行使审判权所采取的保障措施。司法的生命和灵魂在于公正,法官的核心品格应该在于公正廉洁,基层法庭的法官亦是如此。保障基层法庭司法公正离不开基层法庭法官职业保障的加强。正如模范基层法官所身体力行的那样,形塑基层法庭法官的人格魅力、培养对法治的信仰对基层法庭法官保持廉洁公正固然重要。但这些是一个长期且"可遇而不可求"的过程,更为重要还是从制度层面加强职业保障,扭转基层法庭法官工作辛苦程度与法官收入水平和发展空间严重失衡的现状,助推基层人民法庭司法公正。

(一)加大人、财、物向基层倾斜的力度

基层法庭艰苦的工作条件已形成共识,也已引起重视。在2014年7月8日至9日召开的第三次全国人民法庭会议上,孟建柱同志指出"各级法院要帮助人民法庭解

---

① 袍江人民法庭成立于2011年12月30日,坐落于国家级开发区——袍江经济技术开发区,现辖马山、斗门、孙端三镇,辖区面积118.3平方公里,辖区人口30万人,其中流动人口15万。

决经费保障、业务装备、基础设施等方面的问题和困难,为人民法庭开展工作提供有力保障"①。上述保障方式有优点也有缺点。优点方面,保障的主体明确为各级"法院",不提倡向所在辖区政府张嘴、伸手,有利于各法庭保持与辖区政府的独立性,保证独立公正办理与政府及其官员有关的案件。缺点方面,保障主体是"各级"法院,没有明确是哪级法院,容易因扯皮而造成"多头负责,没人负责"的局面。根据"人民法庭是基层人民法院的派出机构和组成部分,在基层人民法院的领导下进行工作"②的规定,宜明确基层法院为保障主体,规定"基层法院应负责解决人民法庭经费保障、业务装备、基础设施等方面的问题和困难"。在不久的将来,人财物实行省级统管后,应明确统管机关(如各省高院)负责解决人民法庭经费保障、业务装备、基础设施等方面的问题和困难,落实前述保障政策,为人民法庭开展工作提供切实有力的保障。另外值得一提的是,应加强信息技术的开发应用,提升人民法庭执法办案的科技含量和质量效率。

人力方面,人员调配上应适当向法庭倾斜,充实基层人民法庭人员。一是配备政治素质好、业务水平高、群众工作能力强的同志担任庭长职务,庭长职级适当高配。据笔者观察,许多地方基层法庭庭长职级高配已实行多年。如湖北省郧西县法院在地方党委、政府等部门的支持下,已经专门出台文件明确法庭庭长为副科级。③ 从效果看,这样的做法有利于选好法庭带头人。二是探索新招录公务员到法庭锻炼的机制,既可以锻炼年轻同志做基层群众工作的能力,又可以有效充实基层人民法庭人员。三是应注意优化法官年龄结构,实现有效的"传帮带"。四是根据法官数量配备相应的书记员、司法警察等司法辅助人员。五是要合理规划法庭布局。各基层法院在辖区范围内,要根据法庭的办案量、管辖区域和人数、交通情况等因素,科学布局法庭设置以防忙闲不均而无形中损耗人力资源。

(二)提高法庭法官薪酬待遇

如前所述,相比于一般公务员,基层法庭法官工作环境差、工作辛苦、要求严、工作压力大,又有一定的对抗性和危险性且容易受到人情、关系及金钱的干扰,所以应当给予优厚的经济保障。司法改革山雨欲来,当务之急在于,在实行法官员额制的基础上,提高基层法庭法官在内的法官薪酬待遇④。一方面,提高薪酬待遇是对法官劳心费力工作的补偿和认可,提升法官职业的自豪感和尊荣感。从队伍建设的角度看,

---

① 《第三次全国人民法庭工作会议召开》,载《法律适用》2014年第8期。

② 参见《最高人民法院关于人民法庭若干问题的规定》法发【1999】20号,第4条。

③ 湖北省高级人民法院政治部课题组:《破解制约人民法庭队伍建设的困局》,载《人民司法》2011年第17期。

④ 法官"朋友圈"里一句调侃流传很广:"不提高工资待遇的司法改革都是耍流氓",可以作为法官群体热切期望借司法改革的东风适当提高薪酬待遇的注脚。

有利于增强法官职业吸引力,稳固队伍、温暖人心。另一方面,有利于提高人民法庭法官抵御人情、关系及金钱干扰的能力,保证法官的公正廉洁。

人力资源理论告诉我们,和其他任何职业一样,提高薪酬待遇是重要的激励机制。司法是社会公平正义的最后一道防线,而法官则是这最后一道防线的守护者。公正被认为是法官所应具备的核心品质,它意味着平等地对待各方当事人而不偏袒任何一方,对所有的人公正地适用法律。可见,无论是基于人追求公平的天性,还是履行司法职务所要求,法官对公平的感知可能是各个行业中最敏感且最强烈的。薪酬待遇等激励机制的设计应当使法官用自身被要求具备的公平价值观去审视个人的努力与报酬后,感受得到公平所得,进而甘心为国家和社会提供正义的产品[1]。试想当法官感受到本人的付出与报酬比不公平时[2],在其要求解决而现实又达不到时,他们在被要求公正地裁判人的生命和自由的予夺、决定权利和财产的归属,以及政府机关及其公务员行为的合法性时,必然会产生联想性的抱怨情绪,降低工作的积极性,用减少付出或"权力寻租"来寻求心理平衡。而减少付出与权力寻租恰恰是效率和公正的天敌。

提高薪酬待遇还是重要的保障机制。一方面,如前所述,基层法庭法官承办的大部分案件虽不是大案、要案等,但每一件都关系当事人的切身甚至重大利益。当事人往往千方百计托人、找关系甚至不惜用金钱收买。适当提高基层法庭法官的待遇,有利于提高法官抵御关系、人情、金钱干扰的能力。另一方面,在基层法庭所处的"新乡土中国"环境中,人情的交往仍是日常生活的重要内容。基层法庭法官也生活在世俗生活中,也需要办理孩子入托、家人治病等各种事情,而人情交往讲究"来而不往非礼也",法官手里最可供交换的就是审判权。而为了保证法官不去"权力寻租",最有实效的办法就是适当提高法官待遇,作为法官守护公正底线的补偿和保障,也有利于增强基层法庭法官抵御生活变故的经济能力。

(三)保障休息权、名誉权、人身权

如前所述,当前基层法庭特别是经济发达省份设立在城郊及开发区的法庭也面临"案多人少"的深层次矛盾。基层法庭法官承受超负荷的工作压力,"白加黑"、"五加二"常常不是美德的体现而是"压力型体制"下不得已而为之。一方面,工作应该保质保量地完成。另一方面法官的休息权[3]也应得到认真对待和保障,应科学界定工

---

① 王雷:《论法官的管理激励》,载《人民司法》2002 年第 11 期。

② 现实中的例子就是法官和法警待遇存在一定程度的倒挂现象。法官准入门槛高、工作压力大,薪酬待遇反而低,这在法制健全的国家实属罕见。难怪一些法官戏言"羡慕法警的工作"。

③ 参见蓝寿荣:《休息何以成为权利——劳动者休息权的属性与价值探析》,载《法学评论》2014 年第 4 期。

作强度,合理分解工作压力。首先,如前所述,人力方面应适当向法庭倾斜,充实基层人民法庭人手。其次,应根据法院辖区人口数量、往年案件数量来确定法官的数量,使法官人数与案件数之比处于一个合理的区间。再次,通过综合分析法官一年的工作时间、所办案件类型、案件数量、案件难易程度,以及法官必要的学习培训时间、法官其他事务性工作等因素,科学界定法官每年审判案件数量的合理区间值。当法官的实际办案数超过最大值时,可确定为超负荷工作,应及时分解其工作量,使每一名法官都能在最佳状态下审判案件。

基层法庭法官名誉权、人身权需要保障。一方面,应依靠现行法律制度,对针对基层法庭法官的恶意诽谤甚至人身伤害的行为从严打击。另一方面,可借鉴德国法院的做法,设立法官职业权益保护委员会,以法官协会作为法官对外维权的日常机构,对外界侵害法官权益的行为开展维权行动。

(四)健全职业发展权保障机制

基层法庭法官发展权需要保障。首先,应取消违背司法规律的考评指标。如二审发改率,因为新证据等原因改判的案件不能作为瑕疵案件纳入法官考评和业绩档案。应改用发改瑕疵率,经专业法官会议或审判委员会评定为程序或实体瑕疵的案件才能作为瑕疵案件。再比如信访指标,非因案件瑕疵造成信访即使为进京访也在所不问。再比如,坚持权责利相一致原则,不宜罚多奖少。特别对于执法办案一线的法官,案子办得多难免有些瑕疵,在惩戒的同时要酌情对办案数量较多的法官予以奖励,避免"干得越多,错得越多,罚得越多"的负面激励效应。

其次,应健全晋升遴选机制,打破单一的行政化晋升渠道,合理设定法官的职业愿景。完善法官等级定期晋升机制,确保基层人民法庭法官即使不担任庭长、副庭长领导职务,也可以正常晋升至较高的法官等级。同时建立不同级别的"审判业务专家"荣誉评定机制,给予模范法官额外的声誉地位和物质奖励,从而有效克服法官职业发展中的"天花板现象",把法官的职业目标与国家法治建设目标和司法体制改革目标真正统一起来。再次,人力资源是需要充电的。《法官法》第26条规定,对法官应当有计划地进行理论培训和业务培训。法官培训是适应日益复杂的纠纷解决的需要,也是法官发展权的重要内容。法官的培训,贯彻理论联系实际、按需施教、讲求实效的原则。笔者认为,基层法庭法官培训制度应结合基层法庭的执法办案实际,多一些地方性知识[1]的培训和横向的经验交流。[2] 通过培训的实效性来引导基层法庭法官消除"培训等于疗养"的不当观念。

应健全法官职务豁免制度,避免法官受到不当打击。责任制是保证案件不受人

---

[1] 参见《地方性知识与现代法治建设——"枫桥经验"的启示》,载《公安学刊》2013年第3期。

[2] 参见许鹏:《法律之外——一名一线法官眼里的法官培训》,载《法律适用》2009年第2期。

情、金钱、关系干扰的重要机制。但应当注意的是,"让审理者负责"的前提是"由审理者裁判",应当在实现"由审理者裁判"这一前提的基础上来提"让裁判者负责"。应按照"权力"、"责任"与"利益"相统一,即"权责利相统一原则"来构建法官办案责任制。同时,应当严格界定案件质量问题的甄别机制,防止对案件瑕疵界定过于宽泛而打击办案法官的办案积极性。更为重要的是,法官办案终身负责并不意味着无限责任,应完善法官职业豁免制度。① 法官履行法定职责非因故意或重大过失,非因法定事由不得被追究责任,以保证法官依法独立公正行使审判权。

(五)保障基层法庭相对独立于当地乡镇党政机关

如前所述,一方面,加大物力、财力、人力向基层倾斜的力度,另一方面,同时要防止人、财、物对法庭所在辖区党政机关的依赖。审判权系中央事权,基层人民法官的审判权亦不例外,应建立基层人民法庭独立于当地乡镇党政机关的体制机制。第三次全国人民法庭会议上已明确基层法庭物质保障的主体为各级"法院",不提倡向所在辖区政府张嘴、伸手,有利于各法庭保持与辖区政府的独立性,保证独立公正办理与政府及其官员有关的案件。防止类似案件承办法官向政府职能部门甚至成为诉讼被告的政府"汇报"案件审理情况的发生。

其次,乡镇领导也要加强法治思维。法庭不是党政机关的一个部门,不宜将招商引资、扶贫、治安、计划生育等政府职能加之于法庭头上。乡镇领导应带头支持人民法庭公正司法,遇到本地企业和外地企业发生纠纷,不得偏袒本地企业。应知道,良好的法治环境是改善投资和生活软环境的重要因素。

(六)强化"规则之治"助推"新乡土中国"法治现代化

所谓"规则之治"是指以制定法规则为中心,通过法官在办理案件的过程中不断回归和确认制定法规则,实现规则对人们行为的指引作用以实现规则的统治②。

然而如前所述,基层法庭司法在一定程度上呈现出"以纠纷解决为中心"的倾向,落实规则只是附带完成的目的。相应地,基层法庭法官为求案结事了,常常要为当事人考虑各种各样与涉案法律争议无关的世俗事务的细节,甚至忽略不告不理的被动司法原则,主动干预实质性争议。加大了司法的经济成本,而法官平添的工作量也加剧了司法人力资源的吃紧。

过分强调纠纷解决还带来一定的负面效应,比如法官将道德、政治、经济、民意等事实与法律糅合在一起,导致法律的确定性与预测性很低,法律规则在制度上的反复

---

① 参见宁杰、程刚:《法官职业保障之探析——以〈法官法〉中法官权利落实为视角》,载《法律适用》2014 年第 6 期。

② 苏力:《农村基层法院的纠纷解决与规则之治》,载《北大法律评论》1999 年第 1 期。

适用性很差,应有的指引作用无从发挥。因为要达成解决纠纷的社会效果,为解决纠纷所做的各项与法律争议无涉的工作加大了司法的经济成本,而法官巨大的工作量也加剧了司法人力资源的吃紧。

改革的方向应该是强化"规则之治",保证法律适用的确定、统一、连贯,增强人们对司法结果的预期能力,发挥司法面向未来的控制和指引功能。这样纠纷解决不仅是当时的解决,更应该是长远的解决;不仅是个案的解决,还应该是普遍的解决。

结　　语

本文以 15 位模范基层法庭法官的先进事迹为切入点,试图借此观察他们的工作和生活,设身处地地感知和总结法庭法官所面临的执业困境,并对造成上述执业困境的原因进行分析,发现通过加强职业保障有利于消除上述执业困境从而助推基层人民法庭司法公正。希望以上浅薄的思考可以对基层法庭建设有所裨益。

第十六章

在应然与实然之间：
人民法庭法官安全保障窥探

——以湖南省 H 市 51 个法庭为样本

梁孝常① 周 丽② 何文魁③

> 法律不管对人做怎样的界定，它必定也对所有的人同样适用。
>
> ——[古罗马]西塞罗

引 言：透过攻击法院干警事件背后的思索

案例一：不满其子离婚的有关问题处理制造爆炸案

2006 年 1 月 6 日清晨 9 时 20 分，甘肃省民乐县一名 62 岁的老农因对法院审理其子离婚案件中一些问题处理不满，闯进民乐县人民法院会议室引爆炸药，造成了 5 人死亡、5 人重伤、17 人轻伤的惨案。④

案例二：暴力抗法故意伤害执法干警

2010 年 6 月 17 日上午，广西梧州市长洲区人民法院在强制执行一起案件时，遭到被执行人陈宏生用硫酸泼洒执法干警，造成六名干警被硫酸烧伤。⑤

案例三：混入办公楼向安检干警泼洒硫酸

2013 年 2 月 26 日，在湖北省武汉市江汉区人民法院内，一名男子混进办公楼

---

① 梁孝常，1960 年 8 月出生，洪江市人民法院党组书记、院长。
② 周丽，1983 年 5 月出生，洪江市人民法院托口法庭庭长。
③ 何文魁，1990 年 3 月出生，洪江市人民法院托口法庭书记员。
④ 佚名：《肇事者闯入法院引爆炸药 民乐县委副书记被炸死》，载中国新闻网（2006 年 1 月 8 日），于 2014 年 11 月 15 日访问。
⑤ 孙洁：《广西夫妇向 6 名法警泼硫酸被拘 两法官或失明》，载中国新闻网（2010 年 6 月 17 日），于 2014 年 11 月 15 日访问。

内,突然掏出藏在身上的一瓶硫酸,泼洒到一名与其素不相识、正在进行安检的女法警身上,造成该名女法警头部、手部等大面积烧伤。[①]

透过这三个案例可以看到,法院干警在工作场所、执法现场均可能成为当事人及其亲属发泄不满的对象。近几年来,法院干警被攻击的事件呈上升势头。然而,1~5人的人民法庭处在司法为民的最基层,解决了大量纠纷,法官应当享有崇高的地位与尊严,然而其经常被攻击、报复,安保现状堪忧,人身安全得不到有效保障。对于法庭法官而言,在合法权利屡屡受到侵害的现实情况下,职业保障成了保障其顺利适用、实施法律的基础,只有保障其安全才能进一步彰显公平正义、树立司法的权威与公信力。到底怎样保障人民法庭法官的安全,笔者结合实际情况进行探索。

一、应然图景:法庭法官应享有崇高的地位与尊严

法庭法官把自己的青春洒在基层,因为条件艰苦,有的爱人也离开了自己,但是有的法官在法庭工作了 30 余年,不离不弃,解决了数千起纠纷,默默无闻,功德无量,应当享有崇高的地位与尊严,受到法律的严格保护。

(一)法庭法官重要但心酸无人知

“法院是法律帝国的首都,而法庭法官应当是法律帝国的王侯”,其应当享有崇高的地位与尊严,忠于事实与法律,正确适用法律不受任何人干扰、攻击与污蔑。法庭法官作为公平公正的裁判者,承担着基层法院 40%~50% 的工作量,对于司法权威、司法公信力的树立功不可没。法庭法官的工作可以说是很孤独的,但是他们日复一日坚持司法为民无怨无悔。然而,他们需要尊严与地位,如果任何人都可以对法庭法官的人身、财产权利进行侵害、攻击,而侵害人又得不到有效的制裁时,法庭法官就可能难以保持理性,法庭队伍也将没有保障、不稳定,法庭法官将没有安全感,法庭的尊严也将日益衰退,法院的权威、法律的威严也将被亵渎。

(二)法庭法官流失但工作没落下

目前,湖南省共设置人民法庭 495 个,人员共有 1698 人,其中法官 914 名,约占全省法官总数的 11%。对于 H 市,近些年加强了基层法庭的正规化、规范化建设,表面上看法庭的人员构成基本合理(见表 16-1),但是法庭的保障机制还是不足(见表16-2)。其中,正科级的 3 名法庭干警均 59 岁,即将退休,而 19 名法庭庭长或负责人现还属于科员。由于法官流失、法庭干警流失严重等原因,法庭审判员与书记员比例

---

① 向清顺、曲严:《庭前被泼硫酸 法警头部烧伤》,载《楚天都市报》2013 年 2 月 28 日第 14 版。

失衡(见图 16-1),法官断层,然而人员变动也大。例如,2013 年 F 法院三个法庭的人员配置是一审一书、二审一书、二审二书,而到了 2014 年就变成了一审一书、一审二书、一审三书。其中,多数新进人员办案经验有限,经验有待积累,让书记员做审判员的事,又享受不了审判员的待遇,而唯一的审判员要监督所有案件,工作量非常大。

表 16-1　H 市 13 个基层法院法庭基本情况

类别	基本情况		男女比例		年龄构成				学历构成		
划分	法庭总个数	法庭总人数	男性	女性	35 岁以下	35—40 岁之间	45—50 岁之间	50 岁以上	大专	本科	研究生
数量	51	125	103	22	70	35	13	7	6	117	2
占比	/	/	82.4%	17.6%	56%	28%	10.4%	5.6%	4.8%	93.6%	1.6%

表 16-2　H 市 13 个基层法院法庭办公配备情况

类别	办案情况			职级配备			人员配备			车辆配备	
划分	法庭总结案数	法庭的人均结案数	审判员人均结案数	正科	副科	科员	一审一书以下	二审一书	三审一书	有车	无车
数量	4697	37.6	53.4	3	37	85	35	9	7	10	41
占比	/	/	/	2.4%	29.6%	68%	68.6%	17.7%	13.7%	19.6%	80.4%

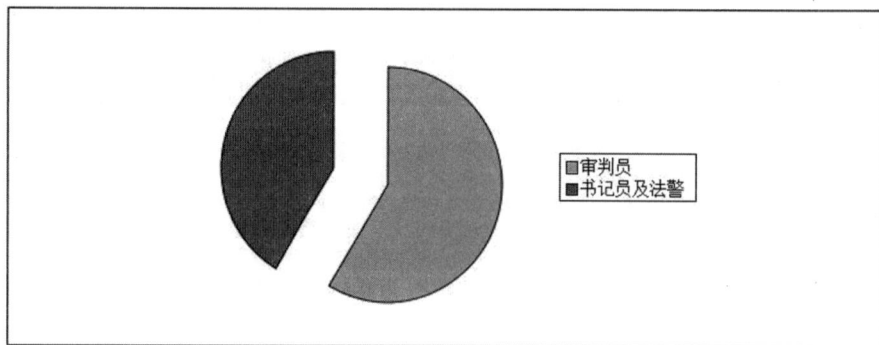

图 16-1　法庭法官与书记员占比 N＝125

(三)法庭法官都很缺但安全最关心

　　法庭法官要有地位、有尊严,需要一个优秀的团队来解决当事人的纠纷,践行司法为民,传播法治思想。但是人员配置往往根据案源的多少来确定,H 市有的法庭管辖 13 个乡镇,人员多;而有的法庭只管 2～3 个乡镇,导致在边远地区出现了一人庭,调解时搞"一条龙"服务,开庭时还要借书记员,有的甚至开庭时也是自己便开庭边记录,工作非常不易,很容易受到攻击。如果从马斯洛需求层次理论的角度上看(见图 16-2),人民法庭正处在温饱阶段,由于人员少、装备技术的相对落后等种种客观原因,安全需要成为首要任务。

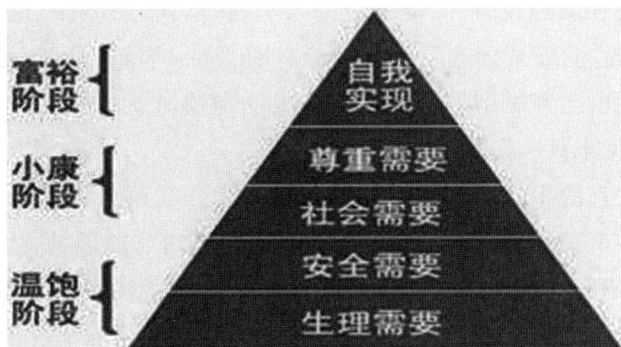

图 16-2　马斯洛需求层次理论

二、实然现实:法庭法官可以随意地被攻击

在办案过程中,每名法官每年都要与那些带着怨气的当事人打交道。据不完全统计,H 市每年有超过 100 起攻击法庭法官的事件,法官承受着巨大的心理压力,时刻担心着某些当事人或亲属的攻击、诬告、陷害等,法庭法官职业慢慢变得队伍不稳定,职业没尊严,安全没保障的凄凉惨状。

(一)不稳定:法庭法官流失严重

近几年来,法院干警的人身、财产权利被侵害案件屡屡发生,而法庭法官处在办案一线,危险性不言而喻。法庭法官本应有职业保障机制,但关键是"得不到落实"。几乎每个法庭法官都不同程度地被诬告、陷害或威胁,对于判决不服的当事人总是爱找些不合逻辑的借口对法官进行侮辱、诽谤,当看到法庭人员比较少时,纠集亲戚朋友、社会混混等挑衅法官、攻击法官,甚至聚众闹事、进行打砸等。然而,附近的政府并不是总是有空及时来帮忙"解决问题",对于轻微伤以下的法庭法官也很少向院领导汇报,若找派出所民警帮忙与当事人对峙,次数多了也嫌麻烦,导致法庭法官只能"忍气吞声"。最高人民法院《关于人民法庭若干问题的规定》中规定,每个法庭至少需要配备三名以上法官,一名以上书记员。实践中,很少干警愿意到法庭,H 市的 44 个法庭的审判员与书记员均只有 1～3 人,只有 7 个法庭有 4 人,根本谈不上配备法警。然而,机关法庭法官就存在老龄化问题严重,例如,F 法院 40 岁以上审判员占

89.2％。基层法庭是人才培养基地,但是由于机制不够健全,如有的审判员工作 30 余年还是科员,有的在法庭当庭长,但到了机关庭就又变成了副庭长,导致出现"法官年年招,用人年年缺"的怪圈。

(二)没尊严:法庭法官一不小心就成了"出气筒"

随着人们维权意识的提高,大量纠纷进入法院,然而,一方面对法庭法官的培训较少,他们大多数是"自学成才型",办案经验有限;另一方面行政机关的干扰,利害关系强,舆论压力又大,当判决结果达不到当事人的期望时,往往会思维定式的迁怒于承办法官,发生侵害事件。

1.侵害法庭法官的生命健康权——性质最恶劣。当事人及其亲属、代理人或者案外人如果对案件审理和判决不满,有的怀恨在心,携带管制刀具、金属器械、腐蚀性物品、爆炸物等对法庭法官行凶,进行殴打、蓄意报复,目的在于造成法官及其亲属的伤亡,例如案例一。在法庭,由于人员有限,侵害人可以携带作案工具随意进出审判区,没有人对他们进行安检,导致连法官的办公场所与住所都成了危险地带。至于造成法庭法官伤亡的,除极少数被追究刑事责任外,大多数攻击法官的情形是采取教育、训诫方式,少数情节严重的才予以罚款、司法拘留。这种放任态度让那些肇事者"得寸进尺",有下一次机会就还会继续攻击法庭,让司法的威信力大打折扣。然而,"远水救不了近火",考虑到各种因素,对于情节轻的,法院方面也不愿意从老远的地方赶来解决问题,反而采取放任态度,不追究肇事者的责任,也不要肇事者赔偿。

2.侮辱、诽谤法庭法官的人格尊严——职业的耻辱。有些当事人及相关案外人对判决抱有不切实际的期望,当自己的"胃口"得不到满足时,大闹法庭、大闹法院;有的为发泄私愤,常常在审判庭上哄闹,当面非难、辱骂承办法官。对此,对近百名法庭干警交谈、询问发现,面对侮辱、诽谤等,男女法官表现并不一样(见表 16-3),但均可以用一个"忍"字来描述。对于这种委曲求全的应对方式,让肇事者对其行为付出的代价较少或者无须付出代价,这样既加深了对法庭法官的伤害,也严重挫伤了其职业的尊严与地位。

表 16-3　法庭法官对于被攻击人格尊严的表现

法官性别	表现内容
男性	当面是"打不还手、骂不还口",但有的闹到深更半夜时,也会与当事人争吵,当事人走后也会发牢骚,有的因此就离开了法庭,有的考去更好的地方,有的辞职去当律师等。
女性	对于当事人的吵闹、侮辱、谩骂等,女法官是天生弱者,表面上很顽强,回到办公室、家里后,哭得泪流满面,有的也因此得抑郁症等,甚至也辞职去从事其他职业了。

3.威胁法庭法官及其近亲属——安全感缺乏。有的当事人为了达到非法目的,

在长达数年的时间里找法庭法官麻烦;有的纠集社会闲杂人等用电话、信件等威胁承办法官,有的在网上诋毁法庭法官,目的在于搞臭法官的名声;有的无理多次向人大、检察、纪检等机关状告主审法官不公。一般情况下,对于这些别有用心的人的侵害或者不实举报行为,大多数不会处理、不会答复,法庭法官也只会被动接受。这样,既损害了法官的名誉,也伤了法庭法官的自尊,损了法律的威严。

(三)无保障:法庭法官的权利被忽略

很多法官承受着被误解、辱骂、诋毁、威胁、诬告、殴打、围攻等精神或肉体伤害,然而法庭法官职业保障先天不足、自身人身安全受威胁与法律法规不够健全的情况下,还要对要对各种社会利益的再分配进行裁判,其可能成为刀尖上的舞者,职业也成了高危职业。有的当事人在法庭静坐、以死相逼,有的当事人辱骂、漫骂、污蔑承办法官,有的当事人到处散布谣言抹黑法庭法官形象,有的当事人携带凶器对承办法官等进行人身攻击、报复,有的当事人或亲属聚众到法庭闹事等等。面对各种各样的攻击,法庭人员面临着巨大的压力,身心疲惫。公民的人身、财产权利受到不法侵害时,可以到法院找法官请求法律保护,然而,法庭法官的合法权利屡遭侵害时,却往往被忽视。国家必须平等地尊重和关心每个人权利,包括法庭法官,不得为了社会福利、利益,或者社会效果而牺牲人权。[①]人类不存在任何差别,在法律面前人人平等,法庭法官作为公平正义的化身,其履行职责应当受法律的严格保护,不应当成为法治进程中的一种特例。

三、悖论解读:法庭法官安全无保障的成因分析

法庭地处偏远、交通不便、生活艰苦、工作条件差,经常辗转于机关与法庭之间,办一个案子的工作量远大于机关法庭,而且加班是常态。但是,法官应享受的津贴、补贴与办案经费均不足,加班也没有享受加班费。由于法庭法官平时要应付多种考核与评比,有的法官还长期处于超负荷的工作状态,非常疲惫,而自身权益保障在立法、条件与思想上均重视不够。

(一)立法上:从《法官法》到司法解释执行力均不强

目前,我国对于法庭法官权利的保护,主要有"二法一解释"(见表16-4),但是由于存在诸多弊端,导致实践中执行力不强,甚至不执行。对当事人、案外人等伤害法庭法官,大多数采取教育、训诫方式,缺乏威慑力。当不法分子摸透了这一点后,进行

---

① [美]罗纳德·德沃金,信春鹰、吴玉章译:《认真对待权利》,中国大百科全书出版社2008年版,第1页。

辱骂而有恃无恐,情绪激动时甚至殴打法庭法官也肆无忌惮,而实践中极少追究侵害人的刑事责任,导致不法分子逍遥法外。面对不法分子,法庭法官其实很想追究他们的相应责任,但是势单力薄,要寻求各部门及公安的力量,自己又不能快速、有效的解决,只能采取消极的躲避方式。

表 16-4 "二法一解释"涉及法官权利的主要条文

法律或司法解释	《中华人民共和国法官法》	《中华人民共和国公务员法》	最高人民法院制定的《关于依法保障法官权利的若干规定》
实施或修正时间	1995 年 7 月 1 日实施,2001 年 16 月 30 日修正	2005 年 4 月 27 日通过,2006 年 1 月 1 日实施	2005 年 11 月 8 日发布
涉及法条	第八条	第三条	第一条至第二十条
评析	原则性强,没有具体的配套措施,导致条文缺乏可操作性,执行力不强,落实不到位。	内容过于宽泛,将法官纳入《公务员法》的调整范围,无法体现法官职业的特殊性。	倡导性强,认可度不高,保障机制不足,对于有关机关不配合、不执行等没有追责、问责机制。

(二)条件上:从历史到现实法治均薄弱

1.在历史上,我国的封建社会长期存在"人治"现象,片面的追求"以德治国",司法与行政不分,法治文化缺失。在古代培养的是一种崇尚权力与清官的观念,而不是崇尚法律的思维,导致如今的法官地位不高、不受尊重。当事人所追求的往往是实际的公道,而不是形式的法律。[①] 有的当事人对案件的判决无异议、也不上诉,但向当地党委、行政机关或人大告状,当问题得不到妥善解决时,承办法官便成了攻击对象。国家管理层法治意识强则国强,法治意识弱则国弱,在全面推进依法治国的过程中由于"官本位"现象突出,整个社会对法官还缺乏认同感,导致法官的社会地位不高。法官的社会地位偏低,直接影响话语权,让当事人"信访不信法"、信政府不信法院等,同时,让当事人焦虑,产生对司法产生不信任的社会心态。当然,这样司法权威慑力不够的结果是当事人不畏惧法官,不畏惧法律,攻击法官便成了常态。

2.现实中,司法权是从行政权中分离出来的,而法官的管理采取"行政化"管理模式,导致办案过程中经常受到权力阶层的干预与控制。司法权的威信可谓先天不足。《法官法》等规定了法官津贴等,但实践中由于种种原因执行不了,大多数的法庭法官均未享受此待遇,让法官自身都感觉没保障、不公平。法官的使命重大,但不具有政

---

① 韦伯著,洪天富译:《儒教与道教》,江苏人民出版社 1997 年版,第 122 页。

治、经济与社会地位优势，当法官被侵害时，反映的不只是法官的威信不高，更折射出的是一种司法的脆弱、法治的薄弱。[①] 例如，F法院在审理一起建房施工合同纠纷过程中，一方当事人的丈夫去世，儿子打架被拘，她又看到法庭是"二女一男"，所以纠集邻居朋友多次大闹法庭，要死要活的，既不相信法律、法官，又认为世界对她不公、是黑暗的，严重干扰了案件的审理、威胁法庭法官的安全。

(三)思想上：从法庭法官权利被忽视到当事人误解法律

1.对于法庭法官工作，重视"勤政廉政"，重视职权的履行，忽视其权益的保护，即重义务轻权利。不可否认，随着法官队伍建设的加强，还是存在个别"害群之马"损害法院形象。但是，法庭法官的权利保护更要重视，实践中法庭法官被侵害时，往往表现出来的是反应能力低下、应急机制不够和处理措施缺乏，法官担心当事人的安全，怕出事，自己又不敢采取防卫措施，更不会与当事人正面较劲，一忍再忍，有时躲到办公室。年纪大的当事人到法庭闹事的时间可能长达数周，甚至数月，法庭法官尊严都好像被邻居们"笑没了"。法庭法官常常只是教育或训诫一下，而可能导致对方变本加厉的嚣张，若要采取罚款、拘留等程序，程序又非常复杂，经过几天的折腾，法官最终采取的还是"容忍"的方式，这样就助长了一些目无法纪分子。

2.对于当事人的意识形态，受传统人治主义精神影响，多数人法治意识薄弱，尤其是基层群众。有的当事人认识上存在偏差、误区，期望值过高；有的当事人追求的是快速解决问题，追求结果正义、实质正义，不太关心司法的运作、办案过程的程序正义，甚至不切实际的希望凭一张诉状、一份笔录法庭就应当帮他解决所有问题。在司法行政化的背景下，法庭法官无法独立地权威无法体现，尤其是外部的干扰会强迫法官在法律的规定外作出裁决，而内部的"招呼"总能在法律的自由裁量权内作出判断。法官为什么会让步？法官是追求正义的，但是要达到良好的社会效果、维护地方社会秩序，保证"定纷止争"结果，往往也会追求现实正义。法庭法官会寻找理想与现实的平衡点，可是当自己的自由裁量权不被理解、外界的干预失去了平衡时，自己就可能成为发泄对象、攻击目标、替罪羔羊。

四、应然与实然契合：法庭法官安全保障窥探

对于法官的职业保障，除了人身权利保护外，还包括保障法官能够依法公正地作出裁判所需的身份保障、经济保障、尊严保障、特权保障等一系列保障措施的总和。[②] 而构建法官的权利保障机制，要着眼于司法改革大局，并依赖于立法、行政与

---

① 黄石勇：《基础正义》，人民法院出版社2006年版，第52页。
② 赵小锁：《中国法官制度构架》，人民法院出版社2003年版，第168页。

司法机关及社会各界的大力支持与长期努力。[①] 至于如何保障人民法庭法官的安全,笔者认为可以从立法、条件与思想上进行保障。

(一)前提:让法律成为法庭法官的"护身符"

1.专章规定法庭法官的权利保障。《法官法》及其司法解释让法官权利具体化、明确化,但是过度依赖于外部支持,内部动力不够,权利保护落实不到位。如果用法律专章规定法庭法官的权利保障,或者设置法庭法官专门保护机构,让原则性、倡导性的规定可以有方法、有步骤、有保障的实施,让不执行法律的有关主体担责,那么法庭法官不仅更安全,而且工作也会更有保障。同时,可以建立法官轮岗制度,避免法官长期服务一个地区,形成利益链条;建立法院区域协调制度,以保证在外地的审判、查封、扣押、执行等工作顺利进行,让法庭法官出行有照应,办事有保障。

2.加大攻击法庭法官的追责力度。开庭期间、文书送达及案件的执行过程中是法庭法官最容易受到攻击的时候,由于我国《刑法》对干扰法官办案、冲击法庭等的规定过于笼统、原则,导致在实践中不好认定,这样让大多数侵权人免于处罚。如果加大处罚力度,细化破坏法庭秩序罪构成要件,学习美国的先进经验,设立"藐视法庭罪,"[②]将那些非难、侮辱等行为都进行处罚,让无视法庭法官训诫之人均受到法律的制约,那么自然而然地人们就会进一步尊重法庭法官。

3.侵害法庭法官要从重处罚。实践中,由于许多推法庭法官、扯烂法庭法官衣服、拍桌子,砸法庭法官的办公道具等的当事人均未进行处罚,导致后来更加不听劝阻,对法庭法官恶意人身攻击,随意辱骂,进而携带管制刀具来威胁法庭法官的人身安全。法庭法官是专业人才,对于那些素质不高的人骂几句不会介意,但是用暴力抗法等来威胁到法庭法官的生命、损害法庭法官的尊严与名誉时,一定要严惩,要从重处罚,这样才会有威慑力。

(二)条件:让法庭法官有足够的保障机制

1.物保——安装安检设备。任何法庭都无法保证本庭绝对安全,但应当尽量避免危险发生。如果物保不过关,那么有可能是在庭里发生"法槌对大刀"、"脸蛋碰硫酸"的悲剧。通过逐步健全安检设施,或者安装报警设备,对来访人员均进行登记,对敏感案件进行"预案"、风险评估,建立应急处理机制,必要时请求当地政府协助,能够有效提高处置突发事件的能力,进一步做好安保工作。

2.人保——对法庭法官特别保护。法庭法官受到陷害时,希望能够得到组织的帮助与保护。有人说"最大的腐败是司法腐败",司法队伍的不廉洁行为严重影响了

---

① 孙伟良:《我国法官权利保障研究》,吉林大学博士研究生学位论文,2012 年 7 月,第 1 页。
② 潘从武::《设立藐视法庭罪保障法官安全》,载《法制日报》2009 年 2 月 24 日第 1 版。

司法公信力,如果法庭法官滥用职权,纪检监察部门要依法处理,及时清除害群之马。但是,法庭法官若是正确履行法律的职责,对法庭法官作出处罚决定之前,应当听取其申辩意见,做到公平公正,以保证法庭法官履职安全不被恶意干扰。同时,法官的权利应受法官协会的专门保护。例如俄罗斯的《联邦法官地位法》规定,未经俄罗斯联邦总检察长或代其履行职责的人征得相应法官协会的同意,不得中止法官权力,法官享有不受侵犯的权利,受法官协会保护。[①]

3. 自保——强化法庭法官综合素质。我国有 3100 多个基层法院,其中基层法庭是高危区,如果不注意,一不小心就促发了一颗"炸弹"。法庭法官要保护好自己,首先裁判公正,加强学习,做专家型法官,不做有悖法律、道德与损法官形象之事;其次,加强自身建设,提高素质、提高警惕、增强自我保护意识,不断总结和改进执法方法;再次,及时掌握当事人不寻常的行为表现,对于重大、复杂案件要及时上报、及时预防,必要时申请法警驻庭。最后,适当配备兼职书记员的法警,身体素质好的法官在开庭时也可以兼职法警,法庭虽不配枪,但可以配备手铐、电棍等防暴设备进行应急,以保证庭审安全。同时,法庭法官要强身健体,以展示一种威武的法官形象。

(三)关键:让法治思维成为国民的意识形态

1. 传播法治思想,形成良好法治氛围。惩治暴力抗法行为不仅要多方面进行综合治理,还要切实营造良好的法治环境。[②] 如果法治思维已深入国民大脑、流进国民血液、深入国民骨髓的话,偏远地区的"二人庭",当事人也不会去攻击、欺负。如果老百姓均知法、懂法、遵纪守法,法庭办案也很方便,即便当事人不服判决也会通过正当方式进行上诉,不会走极端。对于法庭法官,只有保证人身安全与履职安全才能够公正裁判案件,其中人身权利保护是实现司法为民、司法公正最基本的保障。如果法庭法官的基本人身安全都得不到保障,那么谈"司法公正"也没多大意义。而有良好的法治氛围,法庭法官才有安全感,法庭法官的工作生活才会有价值、有尊严与荣耀。

2. 培养国民的法律素养,树立宪法法律至上信念。全面推进依法治国,不仅要培养国民的法律素养,还要树立司法权威、司法公信力,让国民敬畏法律、尊重法官。"法律不是万能的",并不能解决所有纠纷。但由于当事人对法律的误解,所以导致极端案例的屡屡发生。切实加大普法宣传力度,多做释法析理工作,加大法治影视作品传播及网络的正面宣传力度,引导人民群众遵纪守法、敬畏法律,能够有效预防攻击法庭法官事件发生。法律是人类生存发展的基本秩序,而法院是一切纠纷的终极解决者,法官则是捍卫正义的最后一道屏障。如果国民敬畏法律、尊重法律,相信法院、

---

① 李杰:《认真对待法官的权利——从法官人身安全保障角度谈起》,中国法学会审判理论研究会第一届年会论文,北京 2008 年 11 月,第 515 页。

② 林振通:《法官人身安全:如何多一道"防护墙"》,载《人民法院报》2013 年 2 月 26 日第 2 版。

法官,那么当事人便会在法律的框架内行使权利,履行义务、约束言行。

3.重视法庭法官的权利保障,弘扬社会主义法治理念。在环境差、待遇差,没安全感的法庭,往往留不住法庭法官。当前,要想让干警深扎基层,不仅要保障安全,加强法庭的现代化建设,适当提高法庭待遇,或者对职级适当高配;同时,还应当加强要与当地派出所合作,有条件的,适当增加事业编名额,或者聘请合同制书记员、司法警察等,才能有效保证法庭人员的稳定;同时,要保障经费开支,加大对偏远地区法庭的补助与支持,让法庭法官在立案接待、开庭审理、送达执行过程中均能保障人身安全,同时也能够保障弱势方当事人的安全。

结语:法庭法官的心声

"工资低、待遇差、生活苦、环境恶劣",或许能够磨砺法庭年轻法官的意志,但是"安全第一"。如果原告到法庭起诉,除了法官被攻击外,连当事人自己也被一些失去理智的人攻击的话,那么法庭法官的威信将会越来越差,法律的威严将会一次又一次地被亵渎,司法的公信力将逐渐走向边缘。总之,在司法改革的过程中,首先保障安全是法庭法官的心声,能够保障安全是对人民法庭法官最大的安慰。

第四编

人民法庭审判机制

第十七章

以司法改革要求推动
自贸区法庭建设的思考

张　斌[*]　包　蕾^{**}　吴　琦^{***}

导　言

　　中国(上海)自由贸易试验区的设立,是党中央从国内外发展大势出发,统筹国内国际两个大局,在新形势下深化改革开放的重大举措,对加快政府职能转变、积极探索管理模式创新、促进贸易和投资便利化,为全面深化改革和扩大开放探索新途径、积累新经验,具有十分重要的意义。这片虽然只有 28.78 平方公里的土地,却被寄予厚望,或将成为撬动中国新一轮改革开放的支点。自贸试验区的建设目标,除了"国际化"这一关键词外,"法治化"是另一个关键词。公平、公正、高效、权威的司法,当属"自贸试验区国际化、法治化的营商环境"的题中之意。2013 年 11 月 5 日,上海市浦东新区人民法院自由贸易区法庭应运而生,集中审理浦东新区法院管辖的涉自贸试验区改革创新民商事案件,旨在促进自贸试验区符合国际化和法治化要求的跨境投资和贸易规则体系的率先建立,护航自贸试验区改革"试验田"建设。这是上海法院、浦东法院充分认识国家战略的重大意义和自身的职责使命而实施的重要举措。

　　自贸区法庭应改革而生,更应因改革而兴。2014 年,我国的司法改革正步入新阶段。从 20 世纪 80 年代的以强化庭审功能、扩大审判公开、加强律师辩护、建设职业化法官和检察官队伍等为重点内容的审判方式改革和司法职业化改革,到 21 世纪以优化司法职权配置、加强人权保障、提高司法能力、践行司法为民为重点的推进司法体制和工作机制改革,司法改革逐渐触及根源与灵魂。随着司法改革的日益深化,

*　张斌,1962 年 9 月生,上海市浦东新区人民法院党组书记、院长。

**　包蕾,1975 年 2 月生,上海市浦东新区人民法院自贸区法庭庭长。

***　吴琦,1980 年 2 月生,上海市浦东新区人民法院自贸区法庭法官。

法院体制机制改革也进入"四五"阶段,建立符合法官职业特点和审判规律的法院人员分类管理和法官职业化建设,落实"让审理者裁判、由裁判者负责"的司法责任制,着力解决影响司法公正和影响司法能力提升的深层次问题,成为新一轮司法改革的重点,并已开始试点。上海市高级人民法院在《关于贯彻落实〈人民法院第四个五年改革纲要(2014—2018)〉的实施意见》中确定"探索自贸区法庭综合改革试点"。是挑战,也是机遇,自贸区法庭成立伊始,便面临着有力保障自贸试验区改革创新"试验田"建设和自身成为司法改革"试验田"的双重时代使命。

由此,如何建设自贸区法庭,在法庭建立运行与国际化、法治化的自贸试验区建设相适应的司法体制机制,促进司法体系和司法能力的现代化,更好地为自贸试验区建设提供强有力的司法保障,为司法改革探索积累可复制可推广的试点经验,成为迫切需要研究的课题。

一、概览:自贸区法庭的职责任务与现行组织架构

(一)自贸区法庭的四项职责任务

1.审判。审判工作是法庭、法院乃至整个司法体系最为基本的天然职能。公正高效审理好自贸试验区案件,让人民群众在每一个案件中都体会到公平正义,是自贸区法庭的第一要务,也是推进法庭建设的基础。"国际化"和"法治化"是自贸试验区建设的两大关键词,"法制环境规范"是自贸试验区建设目标之一,自贸区法庭在发挥司法保障自贸试验区建设功能上首先是通过案件审判来实现。秉持依法办事、独立审判、公开透明、程序正当、居中裁判、平等保护、司法终局的法治理念,依法审理与自贸试验区相关的各类投资、贸易、金融和知识产权等案件,准确适用法律、我国缔结或参加的国际条约和国际商事交易惯例,通过公正高效的司法裁判依法平等保护境内境外、区内区外市场主体各项合法权利,维护交易合同效力,明晰市场交易规则,规范市场交易秩序,制裁违法交易行为,促进诚实守信,并以此引导确定的市场预期,发挥好司法对投资、贸易等行为的评价、示范和导向作用,[①]营造公平竞争的法治环境。

2.研究。自贸试验区"外商投资负面清单+国民待遇管理模式"、"一线放开、二线安全高效管住"、"加强事中、事后监管"、"相关法律法规在区内暂时调整实施"等均是全新的探索和尝试,先行先试涉及的新领域、新模式、新业态、新措施有的尚缺乏可适用或者参考的法律规范,或会涉及与现行法律相协调的问题,这些法律适用问题很有可能会伴随自贸试验区建设的整个过程。研究"试验田"带来的法律的新问题和司

---

① 盛勇强:《为自贸试验区建设提供优质司法保障和服务》,载《人民法院报》2013 年 12 月 18 日第 5 版。

法的新议题,形成合理的审判规则,并发挥司法善于发现问题、预警风险的功能,也是设自贸区法庭对涉改革创新案件进行集中审理的目的之一,因而亦是自贸区法庭职责所在。

3.创新。自贸试验区的改革创新国内无先例可循,司法保障更可无经验可搬可抄。自贸区法庭应改革而生,备受瞩目,更要应改革而兴,探索创造经验。同时恰遇新一轮司法改革的"东风",自贸区法庭需要抓住地处自贸试验区改革"试验田"和上海法院司法改革试点启动的契机,率先在体制机制建设上突破与创新。使自贸区法庭的组织架构、审判资源配置、审判权运行机制、审判管理模式、审判责任制以及纠纷解决机制、诉讼服务、司法公开等方面,适应自贸试验区建设需求和司法改革的要求,探索形成可复制、可推广的创新经验。

4.培育。自贸试验区面向全球的市场体系,国际化的营商环境,高标准的投资和贸易规则,对自贸区法庭审判人员的职业素养、司法能力提出了极高的要求,需要法官既精通国内外法律、熟悉国际公约、条约、惯例及通行投资贸易规则,又要熟悉贸易、金融等非法律领域专业知识,并且还要具有国际视野、丰富的审判经验、较强的审判能力和研究能力。培育专家型、复合型的法官,亦是自贸区法庭的职责内容。

(二)自贸区法庭的现行组织架构

1.法庭的机构设置。自贸区法庭由浦东新区人民法院的设立,属于基层人民法院的派出法庭。其行政级别与浦东新区各部、委、办、局机关内设机构级别相同。

2.法庭的受案范围。根据自贸试验区改革创新的定位和特点,自贸区法庭目前的受案范围是:浦东新区人民法院管辖的与自贸试验区相关联的投资、贸易、金融、知识产权及房地产等民商事案件,并根据自贸试验区建设发展实际,适时调整其受案范围。"与自贸试验区相关联"的具体判别标准见表17-1。

表 17-1　自贸区法庭受案类型及管辖判别标准

案件类型	管辖判别标准
商事案件	当事人一方或双方企业注册地位于自贸区内
	产生、变更或者消灭民事关系的法律事实发生在自贸区内
金融案件	金融机构的注册地位于自贸区内
	企业注册地位于自贸区内
知识产权案件	当事人一方或双方企业注册地位于自贸区内
	产生、变更或者消灭民事关系的法律事实发生在自贸区内
房地产案件	系争房地产坐落于自贸区内

3.法庭的人员配备。自贸区法庭编制 25 人。现到位人员 9 名,其中法官 4 名(包括庭长 1 名、副庭长 1 名),法官助理及书记员 5 名,人员的年龄、学历具体情况见表 17-2。

表 17-2　自贸区法庭法官、书记员具体情况

人员分类	人数	学历构成	专业	工作年限		
法官	4 名	博士研究生在读 1 名硕士 3 名	国际经济法 2 名民商法 2 名	10—15 年	15—20 年	平均工作年限
				1 名	3 名	15 年
法官助理、书记员	5 名	硕士 5 名本科 1 名	国际经济法 2 名民商法 3 名	2 年以内	10 年以内	平均工作年限
				4 名	1 名	3 年

二、检视:自贸区法庭面临的挑战与制约司法功能发挥的因素

(一)自贸区法庭面临的挑战

1.案件体量增长,考验自贸区法庭的审判质效。自贸区法庭成立一年内,共受理投资、贸易、金融、知识产权及房地产案件 380 件,案件数量较法庭成立前一年内浦东法院受理的同区域同类案件数量相比,上升 31.5%,各主要类型案件数量均有不同程度的增长。其中,知识产权纠纷同比增长逾 2 倍;投资贸易商事纠纷同比增长 24.7%,金融商事纠纷同比增长 26.7%,房屋买卖合同纠纷亦显著增加。(详见图 17-1)案件体量增长,与自贸改革激发出各类市场主体的投资热情,吸引大量企业入区的集聚效应密不可分。截至今年 9 月 15 日,上海自贸试验区累计新设各类企业 12288户,超过原上海综合保税区过去 20 年的企业存量(8996 户)。新设企业注册资本(金)总量为 3459.08 亿元,户均注册资本(金)2840.98 万元。2014 年前 8 个月,自贸试验区(企业)进出口货值 5004 亿元人民币,同比增长 9.2%,其中,进口 3700.4 亿元,增长 8.9%;出口 1303.6 亿元,增长 10.1%。增速高于全国平均 8.6 个百分点,高于上海市平均 4.6 个百分点。① 企业大量涌入、规模扩大,市场活跃度增强,各类纠纷也将增多,市场主体的司法需求随之增长。如何在面对快速增长的案件数量的同时保持高质量高效率的审判,是自贸区法庭建设面临的一大挑战。

---

① 《自贸一年》,内容详见《解放日报》2014 年 9 月 26 日特刊。

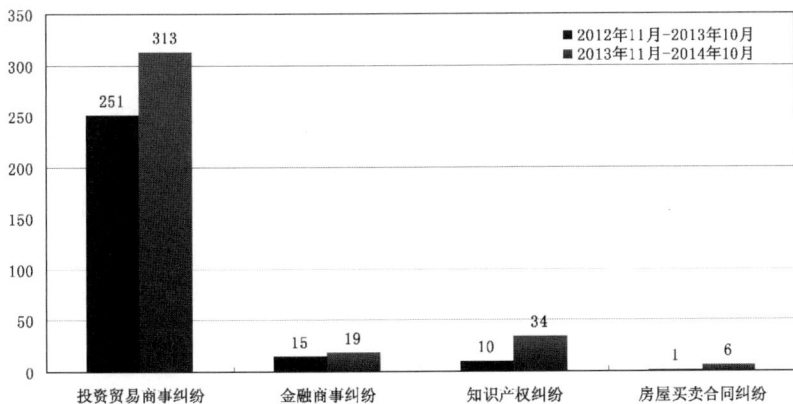

图 17-1　自贸区法庭案件受理数量增长情况

2.涉外特征突出,考验自贸区法庭审判的"国际水准"。目前落户在自贸试验区的外资项目数量达到上海全市的四成。自贸试验区离岸贸易、跨境收付融资、国际大宗商品交易、跨境电子商务、跨境人民币创新业务、建立金融面向国际的交易平台、设立境外投资股权投资母基金等创新措施,无一不体现着自贸试验区"国际化"这一关键词。2013 年 11 月至 2014 年 10 月,自贸区法庭受理的案件中,涉外案件为 18 件,占受案总数的 4.7%,占比不大,但非涉外案件中仍存在诸多涉外因素。一方面,涉诉外商投资企业占比高,受理案件中涉及区内注册或经营的企业 352 家(含不同个案中重复涉诉的企业),其中外商投资企业 254 家,占 72.6%。涉诉外商投资企业多为境外企业在国内设立的子公司,公司运营的实际控制方在境外。另一方面,交易过程涉外特征凸显,各类市场主体在合同签订及履行过程中,签署的合同文本、材料或系境外形成,或以外文形式呈现,或争议标的物为进出口货物,给证据收集及货物质量鉴定等带来一定难度。同时,随着自贸试验区开放领域扩大和各类跨境贸易、融资的发展,区内市场主体和交易过程中的涉外因素将进一步凸显,各类主体、机构,包括法院,对权威性的域外法查明需求也将进一步扩大,处理涉自贸试验区纠纷的"法源"呈现多样化、复杂化,包括我国现行法律、冲突规范、参加的国际公约和缔结的国际条约、国际惯例、通行规则、一般商事规则以及外国法等不同层面。自贸区法庭的审判应当体现司法的"国际水准"。

3.涉"新"纠纷出现,考验自贸区法庭的研究和法律适用能力。一方面,新设企业开始涉诉。涉及自贸试验区成立后新设企业的案件为 26 件,以投资贸易商事纠纷及知识产权纠纷为主,其中 25 件为 2014 年 6 月后立案受理,纠纷多因内资企业盲目入住、认缴资本制下企业实有资本少而产生。另一方面,涉改革"新政"纠纷出现。自贸试验区的制度创新涉及诸多改革内容,随着政策的不断细化落实,与自贸试验区改革创新措施相关的"新政"纠纷开始出现。① 由于自贸试验区内的"制度破茧"涉及近百项改革内容创新。《总体方案》及上海、各部委出台的一系列支持自贸试验区的规章和政策性文件,难成司法判案依据,因此司法机关面临着在改革性、政策性文件上升为法律前的"立法真空期",面临着在改革举措与现行法律存在不协调的情况下,如何依法合理解决纠纷的新问题。② 这需要自贸区法庭善于研究和破解难题。

4. 调判多撤诉少,考验自贸区法庭裁判的指引作用。自贸区法庭审结的案件判决率为47.7%,远高于浦东法院民商事案件同期38.84%的判决率;调解率为23.5%,高于浦东法院民商事案件同期19.63%的调解率;撤诉率为25.8%,远低于浦东法院民商事案件同期39.98%的撤诉率。(详见图17-2)呈现判决、调解率高,撤诉率低的特点。结案方式上的"两高一低",反映自贸试验区市场主体注重纠纷解决的权威性,更倾向于通过诉讼程序获得具有强制执行效力的权利义务判定和纠纷解决方案,希望判决对未来的交易产生示范指引作用,要求作出判决的情况较多,对自贸区法庭的司法裁判水平,提出了很高的要求。

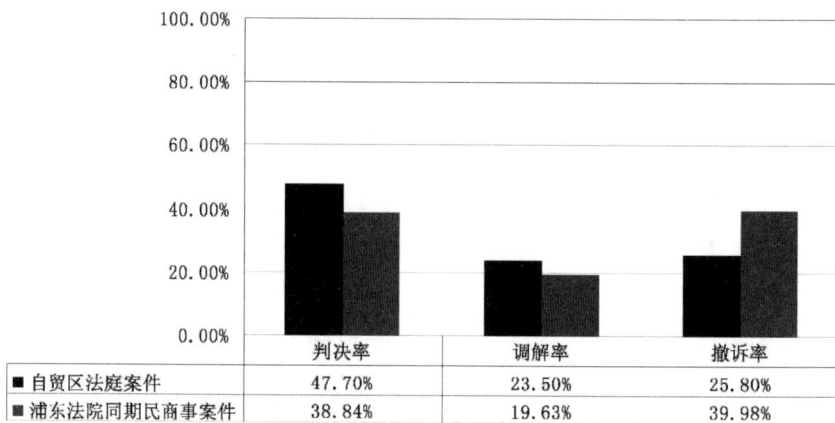

	判决率	调解率	撤诉率
■ 自贸区法庭案件	47.70%	23.50%	25.80%
■ 浦东法院同期民商事案件	38.84%	19.63%	39.98%

图 17-2　自贸区法庭判决、调解、撤诉比例

5. 企业"溢出经营",考验自贸区法庭审判的效率和效果。自贸区法庭受理案件中,因自贸区内企业下落不明,采用公告方式送达法律文书的共43件,占自贸区企业

---

① 外商投资从审批到备案管理,是负面清单管理模式和深化行政审批制度改革的重大变革。依照自贸试验区《外商投资企业变更备案告知单》,股权转让只需向自贸试验区管委会备案,无须审批就已生效。这一变化引发了一起股东知情权纠纷中,原告在自贸试验区设立前转让股权但合同未经审批尚未生效,自贸试验区设立后原股权转让合同是否生效,原告是否具有被告公司的股东身份、是否可以行使股东知情权,以及外商投资企业股权转让备案性质、备案制度溯及力等法律问题。该案经法官释明相关法律问题后,原告撤回了起诉。

② 包蕾:《涉自贸试验区民商事纠纷趋势预判及应对思考》,载《法律适用》2014年第5期。

为被告案件的 12%,高于浦东法院 2013 年判决结案的全部民商事案件公告送达 5.6%的比例和商事(含金融)案件公告送达 7.9%的比例。由于自贸试验区内经营场地的容纳量极为有限,且制度也允许"溢出经营",《总体方案》提出"试验区内企业原则上不受地域限制,可到区外再投资或开展业务",由此,企业"区内注册区外经营"或成常态,给案件法律文书送达以及企业财产的查控执行带来较大的困难。

(二)自贸区法庭建设现状的不足

1.基层法庭的机构设置能级不够。一方面,自贸试验区建设是一项国家层面的战略性举措,自贸试验区的相关主管机构均为中央驻区机构、市级机构,自贸区法庭在层级上与之并不匹配,自贸区法庭作为浦东法院这一基层法院的派出机构,在机构设置上"重量级"不够匹配,法庭与自贸试验区相关机构在工作协调上存在困难,促进自贸试验区法治环境建设的司法延伸职能难以顺畅发挥。另一方面自贸区法庭的司法改革试点也并非零敲碎打的局部性改良,而是涉及司法体制机制多个层面的系统性工程,要积累可复制、可推广的经验,必然涉及法院审判机制、管理机制的整体层面,需要在法院层面而非仅仅一个法庭的层面进行制度设计的考虑。

2.法官与辅助人员职责分工传统。虽然目前自贸区法庭配有 4 名法官和 5 名法官助理及书记员,但法官主体地位不够凸显,在审判工作实践中,法官仍被大量事务性工作所牵绊,未能实现审判人员与辅助性人员的有效分类,亦未能实现案件审理与送达、调解等工作的有效分类。书记员、法官助理职责不明,法官大包大揽,任何事都需要参与,必然摊薄法官解决案件处理纠纷的精力,必然减弱对于法律问题研究的关注度与敏感度。

3.审判权运行模式仍存行政化色彩。一些案件的裁判文书院、庭长签发制依然存在,未能实现独任法官与合议庭对案件裁判的独立性及负责制。合议庭为相对固定的建制,非主审法官参与合议庭审理亦相对固定,缺乏为专业案件要求专业人员参与的灵活性。法官对于审判权责不一、不明确,审判权监督机制不健全,院长、庭长参与行政事务、审判事务管理时权力边界不清晰。

4.司法能力与职责任务尚不匹配。虽然浦东法院在人员配备上就涉自贸试验区事务进行了倾斜,挑选本法院较为优秀或擅长相关领域的人员调入自贸区法庭,但仍在两方面存在不足。一方面,人员的先天不足显现国际化短板。现有法官、书记员基本上为法律专业出身,国际化金融、贸易专业领域的复合型人才极少,而自贸试验区系新生事物,法院在招聘人员时无法预见自贸试验区建设对其人员在知识结构、经验领域的特别要求。二是人才培养的视野不宽,基本上是"闭门造车",与一般的审判业务培训方式相同,缺乏针对性,缺乏"走出去"跨行业学习。

5.纠纷解决方式尚显单一。一方面在商事纠纷诉调对接机制运行中,虽然委托调解有调解费用比诉讼费低廉、更加灵活和便捷的优势,但仅有不到五分之一的商事纠纷主体接受了委托调解,接受度有待提高。仲裁同样面临着尴尬境地,极少数主体选择仲裁解决纠纷。另一方面在纠纷的处理中,行业协会、人民调解组织等缺乏踪影。行业协会参与调解纠纷的案例较为罕见。

6.法庭受案范围尚受局限。随着自贸试验区改革发展的深入,更多具有自贸试验区特性的纠纷不断涌现:涉自贸试验区行政案件,关系到规范政府职能边界,促进政府职能转变;涉自贸试验区刑事案件,可能与自贸试验区金融监管等"新政"相关;涉自贸试验区劳动争议案件,尤其是国际劳工纠纷,可能给法律适用带来挑战。这些案件需要通过集中审理,从而发现问题,进行研判,统一法律适用。此外,根据自贸试验区知识产权的特点、发展形势以及发展需求,更好地发挥知识产权司法保护主导作用,需要进一步健全自贸试验区知识产权审判组织。

三、规划:自贸区法庭建设的原则和目标

(一)自贸区法庭建设的三大原则

1.坚持正确方向,依法有序推进。自贸区法庭建设与综合改革试点工作,必须始终坚持党的领导,紧紧围绕让人民群众在每一个司法案件中都感受到公平正义的目标,牢牢把握司法为民公正司法工作主线,严格遵循中央关于深化司法体制改革的精神和市委、最高法院、上海高院的改革部署,密切结合自贸试验区制度创新的试验任务,确保改革试点工作始终朝着正确的政治方向和在法律的框架内有序推进,各项改革措施必须符合宪法精神和法律规定,更好地发挥中国特色社会主义司法制度的特点。

2.尊重司法规律,切实有效推进。自贸区法庭建设与综合改革试点工作,应当正确把握司法活动的客观规律,围绕权责统一、权力制约、公开公正的要求,使改革成果能充分体现审判权的独立性、中立性、程序性和终局性,同时各项改革措施要脚踏实地,从中国国情和自贸试验区建设实际出发,从有利于落实司法为民公正司法和提高司法效率出发,切实可行,讲究实效。

3.积极创新试验,科学稳妥推进。自贸区法庭建设与综合改革试点工作,应当坚持发展的眼光和国际化自贸试验区建设的开阔视野,敢于先行先试,善于用新的理念、新的思路和新的方法积极创新自贸试验区的司法体制机制,同时要统筹规划,既立足当前又着眼长远,科学地规划改革的内容、方法和步骤,遵循稳步快走的改革策略,控制好改革风险,在确保审判工作稳定性、连续性的基础上实现创新性、开拓性。

(二)自贸区法庭建设的六个目标

围绕司法改革的总体目标任务和自贸试验区法治环境建设的具体要求,积极推

进自贸区法庭审判组织建设、司法资源配置、审判权运行机制、法官职业化建设、人员分类管理、司法公开及纠纷多元解决等方面的综合改革创新,探索建立与国际化、法治化的自贸试验区建设实际相符合的司法体制机制,形成可复制、可推广的经验,为以自贸试验区司法保障所特有的模式提供试验样本。具体而言:

1. 建立一套以法官为主体,职权独立、权责一致、监督严格、更加符合审判规律和法官职业特点的审判权运行机制。建立符合司法规律的审判权力运行机制,改变案件审批制,实现主审法官、合议庭办案负责制,让审理者裁判、由裁判者负责。通过创新和规范审判职权配置,支持和保障审判权依法独立公正行使,建立权责明晰、权责一致、管理有序、监督有力、制度完备的审判组织架构体系,强化有权必有责、用权受监督、失职要问责、违法要追究的审判责任制,确保自贸试验区案件司法裁判的非行政化,从而更加适应自贸区改革发展特点。

2. 建立一套以法官为核心,法官助理、书记员等辅助人员配合,权责清晰、结构合理、运行顺畅、高度专业化的资源配置和工作模式。坚持以法官为中心,以服务审判工作为重心,通过人员分类管理,根据审判工作要求配备司法辅助人员,科学设置自贸区法庭的审判组织,优化资源配置,完善人员结构,合理界定各审判组织的职责范围,加强自贸区法庭人员的正规化、专业化、职业化建设,探索建立与自贸试验区建设司法保障任务相适应的、高度专业化的审判资源配置和工作模式。

3. 建立一套以确保公正高效廉洁司法为目的,符合审判规律和法院队伍正规化、专业化、职业化建设方向的法官及辅助人员选任、培训和考评制度。法官脱离依托行政职级的管理、晋升模式,健全法官荣誉制度,完善法官的职业保障,提升法官职业尊荣感。广开人才发现渠道,让更多领域、行业优秀人才拥有进入法官队伍的机会。完善专家库设立,推进专家陪审制度,使专业人士的专业意见能够在审判中体现,提升审判的国际化、专业化水平。

4. 建立一套符合自贸试验区纠纷特点的程序规范、高质、高效的案件立案审判执行模式。突破集约化审判的现有模式,打造民事、商事、行政、刑事案件"四位一体"立体审判模式。构建涉自贸试验区案件的立案、执行绿色通道。立案方面,通过指定管辖等方式,将更多涉自贸试验区案件纳入自贸区法庭集中审理,探索立案登记制度。执行方面,实行专项执行、专项监督、专项执行业绩评价机制,合力破解执行难题。

5. 建立一套符合自贸试验区商事纠纷便利化多元化解决需求的商事纠纷诉调对接机制。自贸试验区投资贸易的便利化,离不开相关纠纷解决便利化的保障。通过积极推进司法与人民调解、商事调解、行业调解、行政调解、仲裁等的对接互动,充分发挥替代性纠纷解决方式在自贸试验区纠纷化解中的功能,构建协调统一的"司法市场",促进自贸试验区治理体系和治理能力现代化。

6. 建立一套符合自贸试验区改革创新定位的司法公开机制和一个国际化、便利化、高透明度的司法公开 e 平台。中国特色社会主义审判权力运行体系的建立和自贸试验区国际化、法治化营商环境的培育,均对司法的透明度提出了高要求。通过依托现代信息技术,全面落实上海高院关于打造司法公开七大平台的改革部署,着力推进自贸试验区司法公开集约化平台建设,主动回应社会公众的司法期待,增进社会公众对自贸试验区司法的了解、信赖和监督,提升司法公信。

四、设计:自贸区法庭建设的具体路径和主要内容

(一)创新审判权运行机制

1.主审法官、合议庭独立行使审判权。案件根据繁简分流的规则分别由法官独任审判或合议庭审理。适用简易程序审理的案件,由主审法官对案件作出独立裁判。适用普通程序审理的案件,合议庭成员在审判长主持下平等参与案件的审理、评议,对案件的处理独立发表意见,依照合议庭评议规则对案件作出裁判。院、庭长及其他法官、审判辅助人员等非依规定不得过问本人未参加审理的案件或处理的审判事务。

2.主审法官、合议庭办案责任制。适用简易程序审理的案件,审理案件的主审法官对案件审理全程、全权负责,依法独立承担办案责任。适用普通程序审理的案件,合议庭成员共同对案件审理负责。审判长对案件在实体、程序、文书制作等各方面的审判质量、效率、效果、合法性、规范性等负有重要责任;承担案件审理主要工作任务的承办法官,对案件负有直接责任;合议庭其他法官或人民陪审员,负有与其职责相适应的责任。法官助理、书记员等审判辅助人员,对案件负有与其工作职责相适应的责任。

3.裁判文书主审法官、合议庭签署制。改革裁判文书制作审核签发程序,院、庭长不再签发本人未参加审理案件的裁判文书。法官独任审理的案件,裁判文书由法官直接签署。合议庭审理的案件,裁判文书由案件承办法官、合议庭其他成员、审判长依次签署。

4.院、庭长审判管理、监督权力清单。院长、庭长权力设置正面清单,对审判事务的管理、监督设置权力边界。审判管理权力清单的具体内容主要应包括审理流程的监控、审限的督办、程序性事项的把控、审判质效的提升、法律适用方面的统一研判等。审判监督权力清单主要应包括涉自贸试验区改革新政领域重大疑难案件提请讨论与监督指导、已生效案件的监督等。

5.权力行使全程留痕。围绕自贸区法庭审判权力运行新机制和工作新模式,配套改造和优化案件审判流程、质量监管等审判信息系统,借助现代信息化手段,对主审法官、合议庭行使审判权和院、庭长行使审判监督权的信息有据可查,全程留痕。

(二)创新审判资源配置方式

1.实行法官员额制。综合考虑自贸试验区建设发展状况、市场主体的司法需求、自贸区法庭受案范围、案件数量和特点、法官办案负荷实际承受能力、保障审判质效以及自贸区法庭功能定位等因素,以每位法官年均办理约300件审理难度一般的民商事案件量化测算,确定自贸区法庭法官员额为9名。鉴于自贸区法庭约80％案件适用简易程序,故9名法官均应为主审法官。法官员额中包括庭长、副庭长。法官员额根据相关因素变化情况动态调整,法官缺额时及时补入。

2.建立法官会议制度。改变传统的行政化管理模式,实行法官自主民主管理。法官会议由自贸区法庭全体法官组成,是法官自我管理、民主决策的组织形式。法官会议的主要职能是讨论、决定与审判相关的业务及事务工作,具体可包括:(1)规划和执行法官季度、年度办案工作计划;(2)确定和执行各类案件分案规则、合议庭组成规则及审判工作流程规则;(3)推选可担任案件合议庭审判长的主审法官;(4)就重要法律适用问题为法官提供参考意见;(5)确定和执行法官办案差错、审判辅助人员工作差错问责规则;(6)评议法官审判绩效及廉洁司法、职业纪律执行情况;(7)评价法官助理、书记员等审判辅助人员工作情况;(8)评价人民陪审员、调解员工作情况。在自贸区法庭试点的基础上,将来法院可以设置两级法官自治组织,庭法官会议和院法官委员会。

3.形成以法官为主导的审判团队配备。自贸区法庭的法官、法官助理、书记员总体上按照不低于1∶1∶1的比例配备。法庭可根据自贸试验区案件专业化审判及合议制审判模式的实际需求,在法官与审判辅助人员的配备上采用1∶n的比例进行多种模式探索。明确法官与法官助理(书记员)之间具有"直属管理"关系,法官助理(书记员)对法官负责。法官助理(书记员)在法官的授权、指导下工作,法官助理从事庭审安排、组织证据交换、庭前调解、鉴定等一系列庭前准备工作以及裁判文书起草等工作,法官助理可在法官授权下,对书记员工作进行指导和安排;书记员在法官的指示或法官助理的安排下从事诉讼材料收转、送达、庭审记录、卷宗归档等辅助性工作。建立法官助理(书记员)工作台账,对其业绩进行量化考评。将法官对法官助理工作的评价,作为法官助理晋升晋级的主要依据。

(三)创新审判队伍培育机制

1.广开渠道择优选拔法官。突破现有的通过公务员考试、司法考试、内部选拔进行的法官选任模式,尤其是内部选拔按照任职时间论资排辈的选任体制。成立法官选任委员会,按照"正规化、职业化、专业化"的标准,公开、平等、竞争、择优地进行选拔。也可以拓宽人才吸收渠道,面向社会公开选任,让优秀法律职业者进入法官队伍。法官选任委员会可以由党委、审判委员会、区人大代表、区政协委员、区委组织部等有关部门代表组成。

2.实行跨领域人才培养。探索教育培训的制度化、规范化,充分运用在职培养、联合培养、交流挂职及专题培训等形式,提升专业素养,完善知识结构,强化廉洁自律,培养一批适应自贸试验区建设国际化、法治化要求的高素质、专家型、复合型审判人才,有效担当起自贸试验区的司法保障重任。

3.完善法官职业保障。改变适用行政职级,待遇与行政级别挂钩的现状。探索法官脱离公务员管理序列的模式,设置法官等级,按照高等级法官职数较少、低等级法官职数较多的标准设置。改变晋升体系复杂、行政职级与法官级别双重晋升、一定行政级别需要担任领导职务才能晋升、考评往往由行政长官负责的现状,将法官晋升路径合并为法官等级晋升。同时探索采用司法民主的形式,由法官自治组织制定并通过考评标准与晋升规则。

4.推进专家陪审制。引入专家陪审员参与审理,探索专案专家陪审的可行性。以自贸试验区人民陪审员专家库为契机,推动基层法院与上级法院、各专门机构专家库的整合。

(四)创新立案审判执行模式

1.突破基层法庭受案范围。突破现行基层法庭一般审理民商事的管辖范围,将更多具有自贸试验区特点的民商事案件纳入自贸区法庭专项审判范围,包括尝试将劳动争议、人事争议等,并尝试突破民商事案件范畴,将涉自贸试验区的行政、刑事案件审理纳入,以促进界定公权力边界,促进政府职能转变。打造一个民事、商事、行政、刑事案件"四位一体"立体审判模式,形成自贸试验区案件集约专项审判、集中专项研究的理想格局。同时,根据自贸试验区知识产权纠纷大幅上升、涉及知名品牌较多、国际影响大的特点,顺应知识产权发展的国际战略,在自贸区法庭的基础上,进一步探索成立自贸试验区知识产权专门审判机构。

2.探索立案登记制。在立案阶段,按照十八届四中全会精神,率先探索变立案审查制为立案登记制,对人民法院依法应该受理的案件,做到有案必立、有诉必理,保障当事人诉权。[①]

3.强化专项化审判。自贸试验区的案件具有特殊性,自贸区法庭的法官应当符合专业化、国际化的要求,具有过硬的政治素质、一定的审判经验、较高的法学理论水平。为确保自贸区法庭审判工作的质效,将涉及自贸试验区改革创新措施及扩大开放领域的案件和重大、疑难、首例案件,交由法官等级为四级高级以上的法官主办,其

---

① 党的十八届四中全会《中共中央关于全面推进依法治国若干重大问题的决定》:"改革法院案件受理制度,变立案审查制为立案登记制;对人民法院依法应该受理的案件,做到有案必立、有诉必理,保障当事人诉权。"

他的涉自贸试验区的传统类型案件交由法官等级为三级以上的法官主办。从而使自贸区法庭的审判任务与法官的司法能力相匹配。

3. 创新执行专项通道。在执行阶段,实行涉自贸试验区案件的专项执行,集中发现执行中发现的新问题、新特点。形成执行工作规范化标准体系,完善执行业绩评价机制,规范执行过程,科学界定立案、审判、执行相衔接环节的职能运作,合力破解执行难题。

(五)创新阳光司法体系

1. 建立集约化司法公开网络平台。开设一个自贸区法庭的中英文双语互联网站,该网站应当具有司法公开、诉讼服务和法治传播功能,体现"全面性、直观性、及时性、便利性、互动性"的特点,对涉自贸试验区司法讯息进行主动、及时的公开。网站可集审判流程公开、裁判文书公开、执行信息公开、在线诉讼服务、旁听庭审预约、庭审直播、典型案例及工作讯息发布等为一体,实现"一网"概览自贸试验区司法环境,满足中外当事人、中外市场主体的各类司法需求,使司法对行为指引和诚信建设的促进作用,走出审判法庭,越出纸质文书,借助互联网迅速、广泛传播法治精神。①

2. 完善裁判文书检索功能。审判的功能主要以裁判文书为载体显现。法院生效裁判文书的上网已制度化固定,但网上裁判文书的检索、查询功能较为单一,不能满足社会公众的需求。自贸区法庭专网可探索建立自贸试验区裁判文书的检索、查询便利化系统。在案号、案由、结案时间、主审法官、法律依据等常规化检索项目之外,构建案件关键词细化检索体系,将纠纷所涉的不同产业领域、合同订立及履行的不同时段、企业设立经营及解散的不同阶段,以及案件涉及的核心法律问题等体现案件特点的信息作为案件检索关键词,引导和便利社会公众查询。

(六)创新纠纷解决机制

1. 架构诉调对接四层网络。在自贸区法庭设立浦东法院诉调对接分中心,在自贸试验区、与自贸试验区建设相关的街镇设立诉调对接工作站,整合各类解纷资源,构筑自贸试验区及相关街镇诉调对接工作站、浦东法院诉调对接自贸区法庭分中心、浦东法院诉调对接中心、自贸区法庭及相关审判庭共同组成的四层解纷网络,使自贸试验区民商事纠纷、刑事附带民事诉讼、刑事自诉案件及行政诉讼案件可通过诉调对接机制多元、便捷解决,实现自贸试验区相关矛盾纠纷预防和公正高效化解跨前一步,逐渐使司法真正成为维护社会公平正义的最后一道防线。

2. 建立商事纠纷非诉讼专业调解机制。借鉴国际通行的商事纠纷 ADR 解决模

---

① 2014年9月28日,自贸区法庭中英文双语网站开通,网址:www.ftzcourt.gov.cn

式,将自贸试验区相关商事调解组织、行业协会、商会等具有调解职能的组织引入自贸区法庭,建立自贸试验区商事纠纷特邀调解组织名册,对属于自贸区法庭受案范围、适宜委托调解的自贸试验区商事纠纷,开展委托调解工作,法院依照有关规定审查确认调解协议的法律效力。该机制应充分体现市场主体"在商言商"的意愿,为自贸试验区商事活动参与者提供多元、灵活、经济的纠纷解决方式,实现商事纠纷处理的高效益和高效率。同时探索调解与裁判在程序和人员方面的适度分离,促使自贸试验区的商事纠纷解决机制形成全球影响力,以增强国际辐射力和话语权。

第十八章

新一轮司法改革下
人民法庭的困境与选择

江苏省常州市中级人民法院课题组*

党的十八届三中全会对司法体制改革作出了重要部署,《关于司法体制改革试点若干问题的框架意见》《人民法院第四个五年改革纲要(2014—2018)》等文件提出了一系列推进司法体制改革的基础性、制度性措施。本轮司法改革着眼整体、谋划全局,旨在通过健全司法权运行机制,推动建设公正高效权威的社会主义司法制度。在最近召开的第三次全国人民法庭工作会议上,最高人民法院周强院长提出:"作为审判战线的排头兵,人民法庭是基础中的基础,推进司法改革要从人民法庭改起。"这意味着,人民法庭将成为此轮改革的"试验田",最高人民法院希望通过员额制、人员分类管理制度、主审法官办案机制等一系列改革,破除人民法庭职能不清、权责不明、保障不力等问题,推动人民法庭公正高效的办理案件,积极稳妥的参与基层社会治理。

然而问题在于,以员额制为代表的新一轮司法改革措施是否能有效解决司法公正和司法效率的问题? 在当前人民法庭案人案结构现状下,司法改革的两驾马车"以法官员额制为首的人员分类管理制度"和"以审判团队为核心的审判权运行机制"是否可能加剧案多人少的矛盾,进而降低整体的司法效率? 是否可能进一步加剧法官的工作负担?

这种担忧并非没有依据。就在前不久针对全市法院的饱和度调研中可以发现,2013 年全市人民法庭人均结案数 265.5 件,从事审判工作 10 年以上、经验丰富的资深法官每年的结案数则高达四、五百件。按照江苏省高级法院进行的全省饱和度测算,即便在人均结案数很高的民商事条线,这样的结案数已经远远超出了一般法官的办案数量,超过了法官工作的饱和度。如果法官的数量再因为员额制改革而大量减

---

* 课题主持人:张建文,男,1962 年 5 月生,常州市中级人民法院党组副书记、副院长。课题负责人:李银芬,女,1968 年月生,常州市中级人民法院人民法庭指导办公室副主任。卢云云,女,1981 年 11 月生,常州市中级人民法院民一庭副庭长。课题组成员:陆一君,女,1982 年 4 月生,常州市中级人民法院研究室审判员。

少,那么每个法官将办理的案件数无疑将更多,这一问题若不能很好解决,将会成为司法改革深入推进的阻力。

本次调研试图通过定量分析,测算员额制改革后法庭人案矛盾的具体程度,分析影响案件办理效率的因素以及审判团队模式可能存在的问题,进而提出适合人民法庭的改革建议。

一、常州地区人民法庭的人案结构现状

(一)常州地区人民法庭人案结构现状情况

常州市位于江苏省南部,是长江三角洲重要城市,辖金坛、溧阳两个县级市和武进、新北、天宁、钟楼、戚墅堰五个市辖区。常州现有人民法庭 11 个,其中金坛市有 2 个法庭,溧阳市有 4 个人民法庭,武进区设有 4 个人民法庭,新北区有 1 个人民法庭。由于历史原因,常州市所辖的市、区面积、人口和经济发展差异较大,其中人口数量最多、经济最发达的是武进区,经济结构以工业和第三产业为主;金坛和溧阳两个县级市虽然地域面积很大,但人口数量却少于武进区,而且经济结构以农业为主;新北区是高新区,虽然面积较小,但人口密集,近年来经济发展迅速。由此可见,常州地区的11 个人民法庭所在的外部环境具有一定的差异性,既有传统农村环境,也有高度工业化、城镇化发展下的新型农村环境,这使常州地区人民法庭的人案结构具有一定的代表性。

经过对全市人民法庭人员结构、案件办理情况的调研和统计,可以发现常州地区人民法庭人案结构情况如下。

1. 法官队伍人员结构

全市法庭共有具备办案资格的法官 60 名,其中不包括以法官名义招录但尚未独立办案的人员。在分析和考察人员结构上,课题组主要考虑了法官的年龄、学历及审判职称三个因素。从统计数据来看,法庭法官在学历上并没有多大差别。尽管第一学历有所不同,但经过在职学习,96.7％的法官已经达到本科及本科以上学历(表 18-1)。从审判职称来看,全市法庭法官具有审判员职称的占总人数 61.7％,具有助理审判员称职的占 31.7％,各法庭的情况基本类似(表 18-2)。差异较大的是年龄结构,全市各人民法庭 30 岁以下的青年法官占总人数的 26.7％,30～35 岁的占 21.7％,35～40 岁的占 15％,40 岁以上占 36.7％(40 岁以上的 22 名法官中包括 11 名庭长)。其中,溧阳法院因为人员断层,全院缺少 30～40 岁法官,因此法庭中 40 岁以上法官占比高达 71％(表 18-3)。从以往的审判职称的任命情况看,一般基层法院的法官在工作一年后会进行初任法官培训,培训结束后有 1 年的见习助理法官期,期间会办理少量案件。见习助理法官期满,就任命助理审判员。从助理审判员到审判员一般经历 3～5 年。因此,审判职称与法官年龄存在很大程度相关性,30 岁以下基本上是助理审判员和见习助理审判员,35 岁以上基本为审判员,30～35 岁之间审判员和助理审判员各半。(30 岁以下的审判员只有 2 名,35 岁以上的助理审判员只有 1 名,在 30～35 岁之间的 13 人中助理审判员 5 人,审判员 7 人,见习助理审判员 1 人。)

法庭法官主要办理损害赔偿类、婚姻家庭类、民间借贷类、劳务纠纷类、农村承包合同类案件占法庭收案总数 80% 以上,这类案件数量多,而且需具备一定的生活经验、熟悉当地风俗习惯、善做群众工作等能力才能办好。从理论上讲,法庭法官的数量与工作年限应当呈抛物线关系,因为年轻法官法律理论知识较强,工作积极性高,但审判实践经验不足,特别是深入基层做群众工作的能力不强;年龄较大的法官体力精力下降、家庭负担较重、工作积极性有限,不能长时间、高强度的办案。但从实际情况看,这一抛物线却呈现出相反的趋势,办案时间短的青年法官和 40 岁以上的法官数量多,35～40 岁年富力强的办案法官少,法庭的审判队伍出现"青黄不接"的现象。

表 18-1　人民法庭办案法官的学历结构(2014 年 1 月)

法院	学历＼法庭	研究生	本科	大专	大专以下
新北法院	孟河	4	2		
金坛法院	水北	2	2		
	朱林	4	2		
溧阳法院	埭头	1	2		
	南渡	4	1		
	天目湖	2	1		
	竹箦	1	2		
武进法院	前黄	2	5	1	
	横林	3	3		1
	横山桥	3	4		
	邹区	4	4		
总　　计		30	28	1	1

表 18-2　人民法庭办案法官的法律职称结构

（2014 年 1 月）

法院	年龄＼法庭	审判员	助理审判员	见习助理审判院
新北法院	孟河	3	3	
金坛法院	水北	2	1	1
	朱林	3	2	1
溧阳法院	埭头	3		
	南渡	3	2	
	天目湖	2	1	
	竹簀	2	1	
武进法院	前黄	6	2	
	横林	4	2	1
	横山桥	4	2	1
	邹区	5	3	
总　计		37	19	4

表 18-3　人民法庭办案法官的年龄结构

（2014 年 1 月）

法院	年龄＼法庭	30 岁以下	30－35 岁	35 岁－40 岁	40 岁以上
新北法院	孟河	1	3	1	1
金坛法院	水北	1	1	1	1
	朱林	2	1	2	1
溧阳法院	埭头				3
	南渡	2			3
	天目湖	1			2
	竹簀		1		2
武进法院	前黄	2	1	2	3
	横林	3	1	1	2
	横山桥	2	2	1	2
	邹区	2	3	1	2
总计		16	13	9	22

2. 法官人均结案数

人民法庭法官的人均结案数多,而且每年都在增长。从 2011 年至 2013 年,法庭的案件受理数量大幅增加,但法官人数反而有所减少,导致法庭法官的人均结案数从 181.1 件上升至 265.5 件,上升了 46.6%,增幅迅速。从法庭与院部办案数量相比,法庭的人均办案数量也高于院部。从各个法庭之间的比较看,由于各法庭的案件受理数量和人员配备情况不同,人均结案数有较大差距,但到 2013 年,除金坛法院的两个法庭略少外,其他法庭的人均结案数都在 200 件以上,法官的办案压力非常大。(表 18-4)

表 18-4 人民法庭法官人均结案数

法院	年份 法庭	2011 年	2012 年	2013 年
新北法院	孟河	322	297	327
金坛法院	水北	218	210.3	171.6
	朱林	144.9	188.7	182
溧阳法院	埭头(杨庄)	261.1	310.7	328.7
	南渡	222.6	224	310.6
	天目湖	——	——	235.33
	竹箦	——	——	227.67
武进法院	前黄	123.6	168.9	267.8
	横林	170.7	190.8	292.3
	横山桥	151.0	169.7	267
	邹区	148.1	165.7	305.7
全市法庭人均结案数		181.1	212.5	265.5

3. 书记员的情况

法院的书记员情况比较复杂,一般而言有以下三类人员组成:(1)以法官或法官助理名义招录但处在试用期的人员,他们暂时担负书记员工作;(2)聘任制书记员;(3)合同制速录员。虽然从审判员和书记员的配比看,大部分能达到一审一书,少数为二审一书,但是大部分法官仍感觉到事物性工作多,辅助人员紧缺。其原因之一,是因为书记员队伍的结构决定了其人员的稳定性较差:因为第一类人员一旦满年限就会转成法官,不再从事书记员工作,而第三类合同制速录员待遇低、人员流动性很强。原因之二,是因为书记员的日常工作中仅仅从事审判记录、卷宗装订和排期开庭三项任务,例如送达、保全等大量程序性、事务性活动还需法官亲自处理。原因之三,是书记员的技能有待提高,很多书记员没有经过速录等培训、打字速度较慢,致使庭审效率低下。

(二)人民法庭法官工作饱和度情况

案件饱和度是指在一定时间内(一年)一名法官能够审结案件的最大值。案件饱和度受到很多因素的影响,例如法官主体、案件课题、法院组织、外部环境、司法辅助力量等等。因此,案件饱和度本身应当具有差异性。但从另一方面而言,从全体角度进行平均考察时,如果有大量的样本,即使案件难易程度和法官个人能力存在差别,其整体趋势也是可以测算的。因此,结合常州法院民商事条线和全省法院民商事条线的案件饱和度调研的方法和结论,我们可以判断出人民法庭法官的工作饱和度。

在测算方法上,饱和度计算公式为:饱和度=年度办案时间数÷单位案件所需时间数。根据劳动和社会保障部 2008 年 1 月 2 日发布的《关于职工全年月平均工作时间和工资折算问题的通知》,我国当前职工年工作日为 365 天-104 天(休息日)-11 天(法定节假日)=250 天。如果每天工作时间以 8 小时计,2000 小时为法官正常工作时间的峰值。单位案件所需时间数则可以采取资料分析法和问卷调查法对样本进行统计。

常州地区的饱和度调研以基层法院民商事条线 50 名法官作为分析样本,结合了工作量测算法和座谈、访谈的情况,得出基层民商事条线法官的案件饱和度为 160～172 件/年。[①] 江苏省高级人民法院通过对民事条线 10 名抽样法官和 13 个抽样法庭的测量数据分析,认为基层民事法官在保证一审一书的配置下,不考虑案件类型和难易程度等变量因素,案件饱和区间值应在 150～180 件。[②] 常州市中院张屹院长的饱和度调研报告中,对夏慧法官和武进区横林法庭案件饱和度进行测算,提出了 172～197 件的饱和值。三份调查报告尽管是从三个样本群体出发,但其最后得出的饱和度区间是非常相近的:一名基层的办理民商事案件的法官,在一审一书的配置下,需要每天 8 小时充分利用时间专门从事案件审理工作,才能办理 150～197 件案件。事实上,法庭还承担着县域治理的一些工作,法庭法官的实际工作任务更加繁重。

从法庭法官的实际人案比和基层民商事法官的案件饱和度值比较可以看出,法庭法官已经处于工作严重超负荷的状态。为了保证案件能在正常审限里办结,"白+黑"、"7+2"的工作模式已经成为常态。持续的超负荷工作,不仅影响法官的身心健康,更可能对案件质量造成负面影响。因此人案矛盾已经成为了制约法庭发展的一

[①] 数据来源:《常州法院关于案件饱和度的调研报告》(2014.5)

[②] 数据来源:《关于全省法院民事条线及人民法庭的案件饱和度调研分析报告(上篇)》,载《省法院案件饱和度调研情况通报》第 12 期。

个瓶颈。

二、司法改革下人民法庭的可能困境及其原因分析

(一)理论困境

为了解决包括人案矛盾在内的司法难题,最高法院在"四五纲要"中提出了一系列改革举措,其中包括过人员分类管理、法官员额制等人事管理改革也包括主审法官责任制、审判团队建设等审判权运行机制改革。在这之中,法官员额制又被普遍认为是改革中最为核心的问题。这项制度包含两个方面,一是法官怎么选,二是选多少法官。这两个方面都很重要,但本文将着重讨论第二个方面,因为不管怎么选,法官的总数还是会减少,有可能会加剧法庭的人案矛盾。

1. 法官员额制可能带来的问题

从文件解读来看,"四五纲要"对法官员额制没有提出具体的员额比例,《纲要》认为:"根据法院辖区经济社会发展状况、人口数量、案件数量等基础数据,结合法院审级职能、法官工作量、审判辅助人员配备、办案保障条件等因素,科学确定四级法院的法官员额,对法官在编制限额内实行员额管理"。但是,纲要所倡导的"法官精英化"理念已经决定了法官数量会因此减少。从试点的情况来看,上海的法官、法官助理(司法辅助人员)、行政管理人员在队伍总数的比例分别为 33%、52% 和 15%。现在没有数据显示上海在实施改革前这三类人员的比例,无从得知上海在实施员额制上减少的法官比例。但是从常州地区乃至江苏地区的人员结构来看,要达到上海的人员结构比,还是需要做出很大的人员调整,也将会有为数不少的法官专任法官助理。根据统计,常州目前没设法官助理,所谓司法辅助人员就是书记员,行政管理人员则主要包括法警和驾驶员。如果计算编制内人员,常州基层法庭的法官、司法辅助人员、行政管理人员的比例平均为 63.8%、25.5%、10.6%,法官比例比上海高出 30%。按照上海改革经验可复制、可推广的要求,假设常州地区法官员额比例有所提高,为 40%,那么法官人数也要减少 23%,落实到具体人数,就要从原有的 60 人减少为 38 人。如果以法庭法官人均办案数 265 件计算,在员额制内的法官将办理 60 人×265 件÷38=418.4 件

当然在实际过程中,因为有些法庭只有 3 名法官,为了保证能组成一个合议庭,已经不可能再减少法官,有些法院在改革的过程中会将法官员额向办案数量多的法庭倾斜,所以法庭的法官数会高于理论假设,法官的人均办案数量也会略低于 418 件。如果考虑案件数每年都在增长,几乎可以预见的是,员额制后法官办案数量将会激增。这可能是本来已经人案矛盾非常突出的人民法庭在司法改革后将要面临的

困境。

2. 为什么审判团队模式不能当然解决案多人少的问题

几乎一定会有人提出,最高法院提出的员额制不是单一的改革举措,一部分法官转为法官助理后可以与法官形成"法官＋助理＋书记员"的团队模式,这将大大提高案件审理的效率,法官助理协助法官完成审判事务性工作,可以提升自身的经验和司法专业水平;法官可以从繁重的事务性工作中脱离出来,高度集中于案件的审理、裁判,以达到"双赢"的效果。可是,如果对一些试点法院进行审判团队改革的报道进行梳理与仔细分析,就可以发现事实并非如此简单。

表 18-5　试点的审判团队改革模式和改革效果

法院	改革模式	改革效果
深圳福田区法院[①]	1.打破庭科室建制,全院选任 35 名审判长,按照"1+2+3+4"的模式,即审判长(1)普通法官(2)法官助理(3)其他司法辅助人员(4)组建新型审判团队。 2.审判长有相对完整、独立的审判职权,包括分配权、人员调度管理权、裁判文书签发权、业务监督权等,进行扁平化管理。 3.改革分两步,第一步是审判长负责制,下一步则是寻求在法官职业化和法院工作人员分类管理上的突破。	审判效率提高三成,2012 年全年比上一年,实际结案增加 9849 件,信访投诉率降至全市最低的 0.8% 为全市基层法院最低。
无锡江阴法院[②]	1.以独任法官为团队核心,带领法官助理、书记员进行团队作业,逐步实现审判组合法官助理"一高一低"配置,高级法官助理可在法官指导下审理简单案件。共选任 26 名法官担任审判团队独任法官,选任 11 名初级法官助理,12 名高级法官助理,招录 7 名速录员。接受短期法官助理。 2.法官有团队内案件分配权、裁判决定权、文书签发权,对案件要终身负责。 3.类案审理、繁简分流、工作集约化	1.7 个人民法庭在收案数同比增长 11.86% 的情况下,结案数同比增长 18.37%,结收案同比上升 5.34 个百分点。 2.法庭 12 个审判组合中,有 4 个审判组合结案 400 件以上,5 个审判组合结案 300 件以上(半年)。

法院	改革模式	改革效果
徐州贾汪区法院③	1.两种团队模式:一种是各业务庭和人民法庭各组成以庭长为核心的审判长团队,组成模式为1名审判长+若干名普通法官+若干名书记员(1+N+N)。一种是,部分任务重的业务部门,在正常团队外,组建一定数量的以主审法官为核心的主审法官审判团队,组成模式为1名主审法官+1名法官助理+1名书记员(1+1+1)模式。选任7名主审法官、新招录10名法官助理。 2.主审法官从优秀的中层副职和工作业绩突出的审判业务骨干中公开遴选。 3.明确各层级的审判权限、监督权限和庭长以上的领导的行政事务管理权限。 4.建立考评机制、完善激励机制。	效果不详
南京栖霞区法院	1.公开遴选6名主审法官,并按照"一审一助一书"模式,由主审法官考核、选任自己需要的法官助理和书记员,形成团队。法官助理向社会公开招聘。 2.明确区分法官助理、和书记员的职责。 3.规定院庭长"职责清单"和"负面清单"。	1月-7月,6名主审法官办理案件817件,以占所在业务庭27.3%的审判资源办理了40.4%的案件。

注:①《深圳福田审判长负责制改革:不审案的人,不能判案了——像职业法官那样办案》,载《南方周末》2013年3月14日。

②《无锡江阴市人民法院的改革情况》,载《江苏法院简报》第66期。

③《徐州市贾汪区人民法院的改革情况》,载《江苏法院报》2014年7月24日。

通过梳理,可以发现目前已经试点的审判团队改革有如下特点:

(1)改革模式较多,大部分处于试验阶段。除了深圳福田区法院是全院实行审判团队办案以外,大部分法院同时实行原有办案模式和审判团队模式。各个法院的审判团队构建也不一样,既有传统业务庭的"转型",即以庭长为核心的"1+N+N"模式,有以审判长为核心的"1+2+3+4"模式,也有以独任法官为核心的"1+1+1"模式。各种模式之间的优劣还暂时无法看出。

(2)在推进审判团队改革的同时,没有启动法官员额制。在人事改革和审判权运行机制改革上,试点法院都是首先进行审判权运行机制改革,其中包括探索审判团队改革,没有同时或者先行启动法官员额制改革。福田法院副院长王德军在谈及改革方案时说到,按照方案福田法院的改革分两步走,第一步是审判长负责制,下一步,则是寻求在法官职业化和法院工作人员分类管理上的突破。这两步其实是颠倒的,从理论上说,后者是前者的保障。但为了更稳妥的推进改革,福田其实是先探索了"职业化法官如何工作",然后再考虑"用制度保障法官的职业化"。

(3)绝大部分改革增加了法院的辅助人员。除深圳福田区法院对外选调了3名主审法官外,其他法院的审判团队构建均是通过选任部分法官成为主审法官,增加辅助人员的方法组建审判团队。司法辅助人员的增加既包括助理法官,也包括书记员,来源一是从法院原有的人员中挑选,二是从社会上公开招聘,三是通过与律所、高校合作接收短期的助理法官。

(4)审判团队改革需要很多配套改革措施。试点法院的改革显示,审判团队改革不是简单的人员重新组合,它至少包括主审法官的合理选择、审判团队内部的职责分配、各层级审判权限及监督权限的设定、完善的考评和激励机制。

(5)审判团队改革对审判效率的提升效果不明显。从试点法院的报道看,尽管审判团队的办案数量有所增加,但是由于统计方法的问题,究竟是审判团队化模式优化带来的效率提升,还是增加办案人员以后的案件数量增加还不能肯定。例如无锡江阴法院的人民法庭,在试行审判团队改革后,结案数有所上升,但尚没有数据显示法庭是否增加了人员,增加了多少人员;另外审判团队中的高级助理以前可能就是一名能独立办案的法官,所以审判团队等于是有2名法官再加辅助人员,现在的数据不能证明团队的办案数量超过2名法官单独办案的数量之和。再如南京栖霞法院,其报道的效果是"选出的6名法官以占所在业务庭27.3%的审判资源办理了40.4%的案件。"但这是建立在审判团队的人员和其他审判资源都有所增加的基础上得出的结论,而且选出的法官本身就是法官中的业务精英,办案数量就多,所以这样的数据仍然不能证明审判团队的效率有明显提升。

(二)影响审判效率的因素

基于上述分析,我们认为,改革有可能给法院带来焕然一新的面貌,也有可能对法院,尤其是人民法庭的审判效率造成一定的冲击,对于试点法院的改革效果应当持谨慎的乐观态度,对于改革后影响案件审判效率的因素应当作全面细致的分析。从试点法院的改革实践和管理学理论来看,课题组认为以下因素对于改革后的审判效率具有一定影响。

1. 主体因素

司法改革的关键在于"人",审判团队的成败与否也在于此。因此,选什么样的人、怎样选人、人与人怎样分工和协调对于审判团队能否焕发活力,最大限度地提高效率起着重要的作用。

(1)如何选择法官

按照最高法院设定的框架,审判团队可以理解为两个层次,一个是由合议庭转化而来的以审判长为核心的审判团队,一个是由独任法官转化而来的以主审法官为核心的审判团队。在审判团队中,法官是核心,所以法官的素质将会决定整个团队的工作水平。从最高院开展的试点情况看,一种是院、庭长以及审判员职务以上的法官不参加选拔即可任命为法官,另一种是通过笔试、面试公开选拔法官。第一种任命法官的方式主要以法官的行政职务和法律职称,而第二种则是考察法官的法律知识和业务能力。事实上如何判断法官司法能力高低是比较困难的,会考试的法官不一定是办案能力强的法官,长期不在一线办案的法官也不一定能胜任高强度的办案,因此上述两种方式在选择优秀法官上各有利弊。最高法院司法改革办公室主任贺小荣在接受采访时强调:"法官员额制不应当是简单的论资排辈。"因此,我们应当更加警惕"论资排辈"这种简单操作可能给未来的法官队伍带来的负面影响:一是部分年轻的业务精英被排除在法官队伍之外,没有实际办案能力的,却要办大量案件,想干的干不了,不想干的硬要干;二是带有行政色彩的任命会降低法官在团队内权威,影响团队的协调与整合。

当然选拔法官也会存在不足,其中一种可能性就是谁也不愿意当法官。人都是具有利己性的,如果法官的待遇没有增加,业务量和责任却要大大增加,那么大家当然会逃避当法官。在这种情况下,除了加强教育与引导,增强法官的信心外,为法官提高报酬和设置合理的工作强度也是改革的过渡阶段所必需的。

此外,选拔到法庭工作的法官,还需要考虑基层司法的特殊性:即从案件类型看民商事案件多,从数量看案件数量多,从解纷方式看需要调解和做工作的多,因此在法官配备上应当对法庭有所倾斜,保证一定数量的法官,同时应当尽量选择一些了解社情民意、具有一定经验的法官到法庭工作。

(2)如何选择司法辅助人员

法官助理和书记员的选择也同样重要,好的司法辅助人员可以大量减轻主审法官的事务性工作,提高工作效率。可问题是,司法辅助人员能力参差不齐,工作责任心强、能力强的人谁都想要,那么主审法官和司法辅助人员之间应该如何配备呢?从部分试点法院的做法来看,首先应当尊重主审法官在审判团队中的主导权,摒弃运用行政手段"拉郎配"的做法。主审法官有权选择他认为合适的人来担任自己的助手。其次,尊重司法辅助人员的选择权,这样有利于发挥辅助人员的主观积极性。再次,应当加强司法辅助人员的技能培训,普遍提高司法辅助人员的能力。

(3)分工与协作

司法审判工作不同于标准化的工厂劳动,不可能简单套用劳动分工理论来划分和研究法官和司法辅助人员的工作,也不可能像分析运动员的训练和动作一样分析法官的办案程序,进而总结出一套最优的操作步骤。所以,从某种程度上说,事务性工作和司法判断性的工作并不是可以完全割裂的,也不是划分法官工作和司法辅助人员工作内容的唯一标准。从"四五改革"的精神和某些法院的试点看,法官助理可以从事包括事实调查、调解、制作简单的法律文书等工作,已经超出了事务性工作的范畴,对主审法官判断案情起着重要的作用。因此,在法官和司法辅助人员的工作上,我们不应该强调分工,而应该更强调协作。强调协作一方面要赋予主审法官在审判团队内部的事务分配权和人事管理权,保障主审法官的审判权上的权威性,另一方面赋予司法辅助人员一定的异议权,但这种异议权只能在审判团队重新组合的时候使用,在审判团队建构成功后,则应服从主审法官的管理。这样做既能尽可能地避免法官助理消极怠工,又能避免法官压榨助理。

2. 审判权运行机制

(1)打破行政权力制约体系

主审法官或审判长作为"法官中的法官"因享有完整的审判权,包括组合案件分配权、裁判决定权、文书签发权等。院、庭长不得主动过问未参与合议审理的案件。以往院、庭长"层层把关、层层审批"的行政权力制约体系需要被打破。庭长的部分职权应逐步过渡给主审法官和审判长。这样可以遏制多方干预、暗箱操作情况的发生,院、庭长也可以把工作重心重新回归到审判一线上来。

(2)减少审判权运行过程中定案把关的节点

法官办案周期长的另一个原因是疑难复杂案件往往需要层层汇报,从庭务会到分管院领导到审委会。因为需要汇报的案件多、领导工作忙,需要案件因为汇报就要等待很长的时间。而且在合议庭与庭务会、分管院领导意见不一致时,需要按照后者的意见办理,这种惯常做法即缺乏法律依据,也削弱了法官的审判权。因此减少案件流转结点,按照"由审理者裁判,由裁判者负责"的理念,建立合理的定案把关机制是很有必要的。一些试点法院取消审判长联席会议、庭务会等具有行政色彩会议,改为设立由专业法官成立的专业法官会议就为我们提供了很好的借鉴。还有一些试点法院开始改革审委会,减少审委会讨论具体案件的数量,也是值得我们探索的一条路径。(详见下图)

既往定案机制节点:

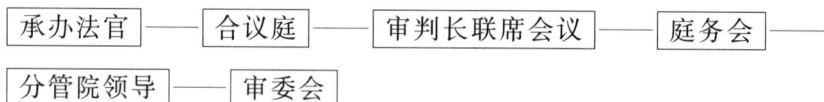

| 承办法官 | —— | 合议庭 | —— | 审判长联席会议 | —— | 庭务会 | —— |

| 分管院领导 | —— | 审委会 |

改革后定案机制节点:

| 承办法官 | —— | 合议庭 | —— | 审委会 |

(3)繁简分流

对案件进行繁简分流,其目的在于以合乎理性的规范缓解司法资源和司法需求的剧烈冲突,从而使不同案件获得不同的程序保障。司法改革过程中,强调法官精英化有可能带来司法资源的进一步稀缺,因此通过推广适用简易程序、小额诉讼程序等简化的程序,有利于提高效率,取得"公正和效率的平衡"。对于人民法庭来说,对案件进行"繁简分流",有着更重要的意义:满足当事人多元化的诉讼需求。因为很多法庭的当事人的程序要求低,更加关注案件的实体结果,审限短、结果合理的审判才是他们最需要的。同时,人民法庭的适用简易程序的案件多,简易程序与普通程序的比例高达8:2,也为繁简分流的适用带来更大的操作空间。

3. 激励机制

司法的过程是充满法官自由裁量的过程,公正、廉洁、高效的司法结果的实现,离不开法官的主观作用。因此,如何通过激励措施,发挥法官的积极能动性,是司法改革过程中绕不开的一个环节。从表面上看,目前有关法官的激励,从法律到实务上均有一定体现,但其发挥的作用却不尽然,存在对激励措施不重视、将法官仅仅看作"物化"管理对象的问题,出现政治待遇不高、物质激励有限等不足。激励措施无法缓解法官工作量大、工作责任重、生活紧张等压力,已成为一种现实。因此,加强外部保障,探索有效的法官激励机制是缓解法官长期在高压力下负面情绪增多的一项重要举措。在审判团队内部,法官助理、书记员都是审判团队中重要的成员,其工作状态将直接影响团队的工作效率,因此,也要构建合理的激励机制。

四、探寻人民法庭司法改革的理性进路

(一)关于司法改革的"两步走"设想

最高人民法院在"四五改革"中提到人民法院深化司法改革应当遵循一定基本原则,其中即包括即包括依法推进改革,确保改革稳妥有序,也包括坚持整体推进,强调重点领域突破。新一轮改革尤其强调破解体制性、机制性、保障性障碍,牢牢牵住建立符合司法职业特点的法院人员管理制度这个"牛鼻子",紧紧抓住健全审判责任制这一关键点,以点带面,确保改革整体推进。由此可见,法院人事管理改革和健全审判权运行机制是本轮改革的两个核心点。但是从法院面临的案多人少的现状来看,首先启动法院人员分类管理、法官员额制等人事改革,将会加剧人案矛盾;如果没有职业法官高效的工作作为保障,法院在改革过程中的阵痛将会更加明显。越是复杂的改革,越要稳妥有序地推进。深圳市福田区法院首先"探索审判长负责制,通过审判团队的磨合,了解职业化法官应当如何工作",然后再考虑"人事改革,用制度保障职业化",这种"两步走"的改革思路是值得借鉴的[①]。

---

① 《深圳福田审判长负责制改革:不审案的人,不能判案了 像职业法官那样办案》,载《南方周末》2013年3月14日。

如果我们以人民法庭作为司法改革的试点，更要贯彻"两步走"的思路，首先启动以主审法官为中心的审判团队改革，建立"一审＋一助＋一书"的审判团队，探索职业法官的工作模式，总结经验；其次以院为单位启动人事改革，在考虑成熟的审判团队工作效率后，确定符合法官工作饱和度的法官数量。

（二）完善符合人民法庭的工作机制

1. 完善以法官为中心的审判团队构建模式

（1）公开选拔——人民法庭主审法官的产生方式

现行世界各国法官选任形式不同，但基本上分为两种：选举制和任命制。在我国，法官的选任采取的是选举和任命制度，法院院长即首先法官采取选举制度，副院长以下法官产生则由本院院长提名，由本级人大常委会决定任命。在一些法院内部，也会采取内部竞聘的方式选拔法官，尤其是法院的中层。这些法官的产生方式各有利弊。但是，在当前法院内部去行政化的改革思潮下，在缺乏法官选任委员会的前提下，以公开选拔为基础，产生主审法官，将会赢得被改革群体内部更多的认同。这种心理认同，将有利于减少改革的阻力，持续推进改革。

（2）多渠道补充——人民法庭司法辅助人员的来源

司法辅助人员的缺乏是制约审判团队建立的重要因素。对常州地区来说，几乎没有法官助理，书记员的数量也不能满足"一审一书"的要求，因此必须考虑从多种渠道补充人民法庭的司法辅助人员。

在法院内部，对有志从事法官助理工作的人员不应限制过多，对长期在综合部门工作有法律职称的人，应鼓励其选择到法庭做法官助理；对法律素质高、综合能力强的书记员也可允许其担任法官助理。

司法辅助人员的拓展不仅限于法院内部，鉴于司法人员的紧张，法院可以向社会公开招录法官助理和书记员。招录的法官助理应当具备较高的法律素养，应保证在大学接受过专业的法科学习，以通过司法考试的人员为先。书记员应具备电脑速录、文字记录等专业能力，掌握一定的法律知识。

法院还可以设置短期的法官助理。一些法院尝试了法院与高校联合的法官助理项目，一方面为高校培养具有司法实务能力的法律人才，一方面也缓解了法院法官助理短缺的现状。

（3）双向选择——法官与法官助理的认同与匹配

良好合作以团队成员之间的互为信任的前提。司法审判的特殊性，决定了法官与法官助理之间的分工不可能划分的非常清晰，因此相互的信任是非常重要的。这种信任关系的构建需要从团队组建之初就予以充分重视。因此，课题组提倡在组建团队时，让法官与法官助理进行双向选择，每个参与者可以预设第一、第二、第三人选,按照双向选择的匹配程度构建审判团队。

（4）确立核心——明确法官的地位

在审判团队内部,要建立以法官为核心的运转模式。因此要赋予法官在团队内部具有事务的分配权、裁判决定权、文书签发权、人员的管理和考核决定权。法官首先是审判事务的管理人和决定人,案件到法官手里以后,如何分配庭前会议、事实调查、调解、文书撰写等事务都由法官来决定。法官对案件的判决结果具有决定权,有权进行文书签发。其次,法官也是团队内人员管理的决定人。在法官助理和书记员的考核、奖励、惩戒上,法官应当具有 70% 的决定权。

2. 完善以法官为中心的扁平化的审判权运行模式

（1）职能转化——健全院、庭长审判管理和审判监督机制

建立以法官为中心的审判权运行机制,一方面需要确立法官在审判团队内部的核心地位,另一方面需要弱化院、庭在案件审理上的决定权,回归"让审理者裁判,由裁判者负责"。这也意味着院、庭长的主要工作职能将从对案件"定案把关"转化为审判管理和审判监督。法院应当明确院、庭长审判管理和审判监督的内容与权限,规范院、庭长对重大、疑难、复杂案件的监督机制。依托现代信息化手段,建立主审法官、合议庭行使审判权与院、庭长行使监督权的全程留痕、相互监督、相互制约机制,确保监督不缺位、监督不越位、监督必留痕、失职必担责。

（2）流程简化——促进简易程序、小额诉讼程序的运用

人民法庭面对的大部分是法律关系比较简单的案件,从统计数据来看本身适用简易程序的比例也较高。针对人民法庭案件类型及特点,课题组认为进一步推进繁简分流,扩大简易程序、小额诉讼程序的运用应当是法庭改革的方向。其一,在审判团队的受理案件类型上,可以进行区分,由一个审判团队负责审理较为疑难、复杂的案件,其他审判团队处理数量庞多的简易案件。其二,适用简易程序的,诉讼过程不应过于"程式化",可以从有利于纠纷解决的角度出发,弱化庭审程序,强化调解。其三,推进小额诉讼程序的使用。对于符合条件的案件,法官应大胆适用小额诉讼程序,节约司法资源。

3. 完善以法官为中心的激励机制

司法的过程有赖于法官人力资本的运用,证据的查实、法律的适用、逻辑的推理、判决的作出等,无不与法官的注意力、勤勉度和严谨性相关。而人力资本的运用最好用激励,法官也是这样。长期以来,我国对法官采取数字化审判绩效考核制度,产生了诸多问题。司法体制的改革必须建立有效的以法官为中心的激励机制,使司法的效率以及质量由外部控制转变为法官的内在驱动。

法官激励是否有效,涉及许多相互关联的因素,如兴趣、价值观、职业认同、薪金、

社会地位、声誉、个人成就感等,既有物质利益,也有非物质利益。改革者需要认真研究这些激励因素,对当前法官群体的偏好进行界分与评估,进而进行选择。应当改变目前激励手段贫乏、激励程度偏低的现状,有效增强物质激励,善于利用非物质激励,激发法官的内在动力。

第十九章

人民法庭工作机制改革的数据化分析

——以北京市法院人民法庭为蓝本

李　扬[*]

"……一种现代化的社会,它能够将整个的社会以数目字管理。"

——黄仁宇

"没有数据,无论是学术研究,还是政策制定,都寸步难行。"

——涂子沛

"当今社会所独有的一种新型能力:以一种前所未有的方式,通过对海量数据进行分析,获得巨大价值的产品和服务,或深刻的洞见。"

——[英]维克托·迈尔-舍恩伯格

　　第三次全国人民法庭工作会议提出,要把人民法庭作为司法改革试验田。这对于人民法庭工作研究提出了新的任务和要求。已有的研究大多着眼于人民法庭设立的意义及其功能,还缺少一种从实践中人民法庭有关的司法数据统计基础上的分析,为在人民法庭率先进行改革提供基础性支撑和前瞻性预判。对于本轮司法改革,在总体框架设计下,根据不同地区案件数量、经济发展水平等不同情况采取不同的具体措施已是共识。本文在探讨的方法上,选择了数据化分析的路径,以北京市法院系统人民法庭为蓝本,[①]挖掘数据之间的内在联系,结合全市司法实际,提出工作机制改

---

　　*　李扬,1979年4月出生,北京市平谷区人民法院审判管理办公室负责人兼民四庭副庭长。

　　①　北京作为首都,虽为全国政治经济文化中心,但城乡发展差距较为明显,并且各区县也根据发展程度进行了不同的功能定位,大致可以划分为城中央的核心功能区、城郊城市辅助功能区和生态涵养区;从地理位置上看,市区为城市中心、近郊城乡接合部、远郊农村地区的区别较为明显;从经济社会发展程度上,市区发达、近郊较发达、远郊欠发达的层次也较为清晰,因此,不同地区的人民法庭在反映不同发展程度地区的特点上,也具有一定的代表性。另,本文中所选取的数据,如无特殊交代,均取自北京市法院数据收集处理系统"信息球",因信息球自2013年正式上线,故为尽量保证数据准确,本文虽仅选取了2013年及2014年1—11月份的数据,但司法改革面临的就是当前的司法实践,选取的数据已能说明问题。

革的建议。

一、人民法庭审判情况的实证考察

人民法庭作为法院的重要组成部分，承载着法院必须要承载的功能，但也有其自身的特殊性。要改变人民法庭的模样，首先应该知道它原来的模样。

"人民法庭审理的案件大多是案情相对比较简单的一审民事、刑事自诉案件，办案的方式主要是独任审理和调解，适用的程序主要是简易程序"。这是对当前人民法庭审理案件基本情况的判断，那么，实际是否如此呢？ 如果实际情况真是如此，那究竟到何种程度呢？ 我们将通过数据来印证和分析。

为了使数据更加具有可比性，反映出的情况更加客观，在操作过程中，本文将全市法院中设有人民法庭的法院，根据所处地域分为三个层次：一是地处农村的远郊区县法院，共 5 家法院 17 个人民法庭；二是地处城乡接合部的近郊区法院，共 5 家法院 26 个法庭；三是地处城市中心的城区法院，共 4 家法院 18 个法庭。

(一)简易程序适用情况

表 19-1　远郊区县法院情况

法院	2013 年		2014 年(至 11 月份)	
	法庭简易率％	同期全院值％	法庭简易率％	同期全院值％
平谷区法院	79.67	73.84	79.76	74.01
怀柔区法院	86.43	80.66	76.74	78.99
延庆县法院	90.77	92	88.81	90.80
门头沟区法院	88.72	91.71	88.97	92.04
密云县法院	93.85	91.01	95.50	92.03

表 19-2　近郊区法院情况

法院	2013 年		2014 年(至 11 月份)	
	法庭简易率％	同期全院值％	法庭简易率％	同期全院值％
昌平区法院	83.17	78.08	82.43	76.35
顺义区法院	89.16	83.97	84	81.43
大兴区法院	81.97	74.44	82.53	75.19
通州区法院	90.88	89.37	92.38	90.33
房山区法院	92.74	86.97	88.91	84.13

表 19-3　城区法院情况

法院	2013 年		2014 年(至 11 月份)	
	法庭简易率%	同期全院值%	法庭简易率%	同期全院值%
朝阳区法院	74.68	71.54	81.72	75.06
海淀区法院	78.95	77.23	82.97	80.07
丰台区法院	81.33	74.34	76.73	71.63
石景山区法院	仅设有一个法庭,数据无可比性,故未做采用。			

表 19-4　三类地区法庭 2013 年简易程序适用率极值对比

地区	简易适用率 ≥90%法庭	简易适用率 ≥85%法庭	简易适用率 ≥80%法庭	最高值	最低值
远郊 17 个法庭	8 个	4 个	3 个	98.73%	72.16%
近郊 26 个法庭	12 个	6 个	6 个	96.6%	70%
城区 18 个法庭	0	3 个	5 个	88.12%	56.9%

从以数据可以看出,全北京市人民法庭审理中简易程序适用率普遍较高,其中尤以地处农村的远郊和城乡接合部的近郊地区法庭最为明显,不但绝大部分法庭简易程序适用率都在八成以上(远郊 17 个法庭中 15 个法庭简易程序适用率高出 80%;近郊 26 个法庭中 24 个法庭简易程序适用率高出 80%),并且最高值分别接近 99%和 97%,最低值也在 70%以上,简易程序适用率之高几乎超出预想。同时,这些法庭所在的法院简易程序适用率也呈现出较高比率。而相比之下,地处发达地区的城区法庭简易程序适用率则偏低,但即便如此,简易程序适用率也大多在 70%以上。所以,从全市情况来看,人民法庭审理案件主要适用简易程序符合客观事实。

(二)案件调解和撤诉情况

此情况,主要通过三类地区人民法庭 2013 年调解和撤诉案件在各法庭当年所审结案件中所占的比值来判断(表 19-5)。

表 19-5　三类地区人民法庭 2013 年调解和撤诉案件适用率极值对比

地　区	调撤比率 ≥80%法庭	调撤比率 ≥70%法庭	调撤比率 ≥60%法庭	调撤比率 <50%法庭	最高值	最低值
远郊 17 个法庭	2 个	5 个	3 个	0	84.37%	52.85%
近郊 26 个法庭	1 个	3 个	11 个	3 个	82.99%	46.49%
城区 18 个法庭	0	1 个	5 个	2 个	74.52%	45.45%

从该数据可以看出,全北京市人民法庭中,大多数法庭调解或者撤诉的案件比率都在六成以上,其中,尤以远郊和近郊地区人民法庭最为明显,调撤比率最高都超出了八成,以判决方式审结的案件数量只占不足两成;特别是远郊地区人民法庭,以调撤方式审结的案件最少的也在半数以上。相比之下,城区人民法庭调撤结案数量虽相对较少,但大多数法庭调撤案件比率也在55%以上,接近全市法院九年来的平均调撤比率。① 即便去除在强调调解率导致个别案件可能存在反复调解所人为拉升调解比率的情况下,这样的比率也是不低的。

二、对人民法庭相关审判数据的分析

数据虽然摆在面前,但目前为止,也还只是在重复印证对人民法庭已有的判断,除此之外还有什么价值呢?要使数据发挥为决策提供参考的作用,还需要我们进一步分析数据背后的东西。"在大多数情况下,一旦我们完成了对大数据的相关关系分析,而又不再满足于仅仅知道是什么时,我们就会继续向更深层次研究因果关系,找出背后的为什么"。②

结合人民法庭审判实践,笔者认为要从人民法庭审理案件以简易程序独任审理为主,调解和撤诉案件多为前提,得出适宜率先在人民法庭进行审判权运行机制改革的结论,进而采取改革措施,还需要从其他相关情况的数据入手,做全面的分析。

(一)简易程序适用率和调撤率高受多种因素影响

1. 基层法院大多数案件适用简易程序。2012 年《民事诉讼法》第 157 条规定,基层人民法院和派出法庭审理事实清楚,权利义务关系明确,争议不大的简单民事案件,适用简易程序审理。在实践中,除部分刑事案件、审判监督程序案件、发回重审案件等案件外,几乎绝大多数案件立案时均为简易程序,只是在审理过程中出现某种情形、简易程序不能审结时,才转为普通程序。在对审判效率要求高过以往的情况下,大多数法官都追求案件在简易程序中审结。

2. 考核指标导向作用。在对基层法院进行考评考核的指标体系中,简易程序适用率、调解率、撤诉率均在其中,占不同的权重,北京法院还将调解率作为重点考核指标进行二次加权,更加促使法官加大调解工作力度。同时,调解和撤诉自身还存在其

---

① 2005 至 2013 年的 9 年间,全市人民法庭共调撤案件 440 081 件,调撤率达到 56.7%。来自北京市高级人民法院党组副书记、副院长王明达 2014 年 8 月在全市法院人民法庭工作会上的讲话。

② [英]维克托·迈尔-舍恩伯格、肯尼思·库克耶著,盛杨燕、周涛译:《大数据时代——生活、工作与思维的大变革》,浙江人民出版社 2013 年版,第 89 页。

他多数人看来有利的因素:如案件调撤则当事人不会上诉,不但能够提升服判息诉率,还能有效防止案件被发回重审或者改判,当事人选择调解或撤诉也不会上访,这对于基层法官具有很强的价值导向作用。

所以,通过前面的数据我们可以发现,不但人民法庭这两项数据值较高,而且同时期其所在的法院这两项数值也较高,这就不难理解刚才所述这两方面因素的刺激作用了。也正因为如此,可以说,在基层法院,特别是远郊农村地区法院,人民法庭和法院在工作机制上内在同理性非常高,法庭很多的改革举措和经验,可以直接用在相应的法院中。

(二)数据反映不同地区人民法庭的不同特点

应该说,不同社会环境、不同区位的法院,虽在维护和谐稳定、促进社会发展方面存在功能一致性,但在程度和区位功能上,还是存在些许差异,这同时也影响着不同地区法院和法庭改革措施的细微差别。

1. 数据的差异反映人民法庭所处地区的经济社会发展状况不同。

通过前面数据可以看出,远郊和近郊地区人民法庭两项数率普遍高于城区人民法庭,这表面上直观反映出,在案件的事实复杂程度、权利义务争议、涉案标的上,后者应高于前者,这种情况也反映在相应地区法院受理案件上。通过进一步梳理,我们发现,三类地区简易程序适用率高的案件类型均有差别,且相应地与本法庭所审结的各种案件类型有极高的重合度。本文从不同地区法院的法庭中选择代表加以分析。(见表 19-6)

表 19-6　2013 年度部分法庭简易程序适用率高的案件类型

(按所占比例由高到低排序)

地区	法院	法庭	适用率较高的案件类型	同期审结数量较多的案件类型
远郊	密云法院	太师屯法庭	离婚纠纷、侵权纠纷、劳务合同纠纷、赡养纠纷	离婚纠纷、侵权纠纷、劳务合同纠纷、赡养纠纷
		溪翁庄法庭	离婚纠纷、侵权纠纷、排除妨害纠纷、劳务合同纠纷	离婚纠纷、侵权纠纷、排除妨害纠纷、劳务合同纠纷
	延庆法院	沈家营法庭	劳务合同纠纷、离婚纠纷、侵权纠纷、排除妨害纠纷	劳务合同纠纷、离婚纠纷、侵权纠纷、排除妨害纠纷
		八达岭法庭	供热合同纠纷、劳务合同纠纷、离婚纠纷、侵权纠纷	供热合同纠纷、劳务合同纠纷、离婚纠纷、侵权纠纷

续表

地区	法院	法庭	适用率较高的案件类型	同期审结数量较多的案件类型
近郊	大兴法院	安定法庭	分家析产纠纷、交通侵权纠纷、离婚纠纷、继承纠纷	分家析产纠纷、交通侵权纠纷、离婚纠纷、继承纠纷
		榆垡法庭	交通侵权纠纷、离婚纠纷、分家析产纠纷、物业纠纷	交通侵权纠纷、离婚纠纷、分家析产纠纷、物业纠纷
	昌平法院	小汤山法庭	离婚纠纷、侵权纠纷、劳务合同纠纷、租赁合同纠纷	离婚纠纷、侵权纠纷、劳务合同纠纷、租赁合同纠纷
		东小口法庭	房屋租赁纠纷、离婚纠纷、商品房买卖纠纷、劳务合同	房屋租赁纠纷、离婚纠纷、商品房买卖纠纷、劳务合同
城区	朝阳	王四营法庭	交通侵权纠纷、供热合同纠纷、离婚纠纷、物业纠纷	交通侵权纠纷、供热合同纠纷、离婚纠纷、物业纠纷
	海淀	东升法庭	物业纠纷、离婚纠纷、供热纠纷、房屋租赁纠纷	物业纠纷、离婚纠纷、供热纠纷、房屋租赁纠纷

我们可以发现,除离婚纠纷在所有地区法院法庭无论审结案件数量还是简易程序适用率都普遍较高外,远郊地区法庭更多的是传统民事权益的纠纷,如排除妨害、赡养、侵权纠纷;近郊地区法庭则除此之外,多了租赁、房屋买卖、物业等与经济活动密切相关的纠纷;而城区法庭除了与经济活动有关的合同纠纷外,分家析产、继承、赡养、排除妨害等传统民事纠纷则相对较少了。所以,不同地区的经济社会发展程序,直接影响到该地区法院和法庭受理的案件类型和数量。

2.不同地区法庭司法成本输出的路径不同。

通过上面的数据可以得出,城区法庭地处人口密集、经济发达的城市中心区,案件数量大,类型多,疑难复杂程度高,牵涉经济利益更加复杂、数额更高,这使得该地区法院和法庭在应对庞大数量的案件上需要花费的时间、人力物力成本较高。

地处远郊农村,特别是偏远山区的法庭,案件数量虽然不多,标的数额相对较小,但辖区面积大,交通相对不便,群众诉讼能力弱,在现场勘查、释明和诉讼指引、指导基层组织调解等方面需要花费的精力较大。

同时,还有中关村法庭、亦庄经济开发区法庭等专业化审判要求较高的人民法庭,在专业知识的要求上相对更高。

上述两种情形是否对人民法庭审判工作机制和审判权运行机制改革产生影响,下文将结合其他因素进行深入分析。

三、人民法庭工作机制的实践探索与反思

既然前面的数据可以反映出,当前乃至之前一段时期,人民法庭工作的效率是高的,调撤案件多,效果也应是较好的。尽管如此,在当前司法改革的形势要求下,人民法庭的工作机制仍存在着不相适应的环节。

(一)法庭布局是否科学合理尚无实践考证

1954 年的《中华人民共和国人民法院组织法》规定:基层人民法院根据地区、人口和案件情况,可以设立若干人民法庭,从此,人民法庭第一次以法律规定的形式正式确立。此后,1963 年最高人民法院制定《人民法庭工作试行办法(草稿)》,规定了人民法庭的设置应根据辖区大小、人口多少等情况确定。经过"文革"期间的低潮后,到 20 世纪 80、90 年代,人民法庭建设迎来热潮,数量大量增加。直到 20 世纪 90 年代末以来,人民法庭才按照规范化、规模化的要求,通过撤并或者新建的形式,进行了重新设置和布局。① 1999 年,最高人民法院在《关于人民法庭若干问题的规定》(法发〔1999〕20 号)中第三条规定:"人民法庭根据地区大小、人口多少、案件数量和经济发展状况等情况设置,不受行政区划的限制"。落实到实践中,人民法庭的设置和布局到底如何,并无实践考证。本文选取北京市三类地区部分人民法庭的布局进行分析。② (表 19-7 至表 19-9)

表 19-7 远郊地区部分法院人民法庭管辖范围及案件数量

法院	人民法庭	管辖范围	结案数(件)	
			2013 年	2014 年
平谷法院	金海湖法庭	金海湖、南独乐河镇、黄松峪乡	639	617
	大华山法庭	大华山镇、镇罗营镇、熊儿寨乡、刘家店镇	355	371

---

① 参见胡夏冰、陈春梅:《人民法功制度改革:回顾与展望》,载《法律适用》2011 年第 8 期。
② 相关资料来自北京法院审判信息网。

续表

法院	人民法庭	管辖范围	结案数（件）	
			2013 年	2014 年
怀柔法院	庙城法庭	怀柔镇南环路以南地区（6 村）、九渡河镇、桥梓镇、杨宋镇、北房镇、庙城镇	1572	1914
	雁栖法庭	雁栖镇、渤海镇、怀北镇	702	590
	汤河口法庭	琉璃庙镇、汤河口镇、宝山镇、长哨营乡、喇叭沟门乡	342	346

表 19-8　近郊地区部分法院人民法庭管辖范围及案件数量

法院	人民法庭	管辖范围	结案数（件）	
			2013 年	2014 年
昌平法院	小汤山法庭	小汤山镇（24 村 3 个居委会）、崔村镇、兴寿镇（21 村）、延寿镇部分（8 村）北七家镇部分（5 村 1 社区）	1038	1081
	东小口法庭	东小口镇部分（9 村）、北七家镇部分（16 村）	1652	1504
顺义法院	后沙峪法庭	后沙峪镇、高丽营镇、南法信镇天竺镇、李桥镇、空港街道办事处	2424	1871
	李遂法庭	李遂镇、北务镇、南彩镇	799	994
通州法院	张家湾	张家湾镇、西集镇、梨园地区"城铁以南区域"	3116	2538
	潞县法庭	于家务回族乡、潞县镇、永乐店镇	1347	1680
大兴法院	黄村法庭	黄村镇（包括大兴工业开发区、芦城乡）、原孙村乡、团河农场	2347	1927
	红星法庭	西红门镇、旧宫镇、瀛海镇、京津塘高速北京段十八公里至七公里区域内	1430	1068
	庞各庄法庭	庞各庄镇、北臧村镇、天堂河农场	637	618
	榆垡法庭	榆垡镇、礼贤镇	635	561

法院	人民法庭	管辖范围	结案数（件）	
			2013 年	2014 年
房山法院	长阳法庭	长阳镇、良乡镇、拱辰街道、西潞街道	2587	2183
	长沟	长沟镇、张坊镇、十渡镇、大石窝镇、蒲洼乡、韩村河镇	1226	1185
	河北	青龙湖镇、河北镇、史家营乡、霞云岭乡、大安山乡、佛子庄乡、南窖乡	456	456

表 19-9 近郊地区部分法院人民法庭管辖范围及案件数量

法院	人民法庭	管辖范围	结案数（件）	
			2013 年	2014 年
朝阳法院	南磨房法庭	劲松街道、双井街道、潘家园街道、南磨房地区、建外街道	3780	3272
	王四营法庭	王四营、豆各庄区、黑庄户、十八里店、堡头、小红门地区	2496	2292
海淀法院	东升法庭	学院路街道、清河街道、西三旗街道、东升乡、清华园街道、燕园街道	2406	2080
	上地法庭	温泉镇、西北旺镇、苏家坨镇、上庄镇、马连洼街道、上地街道、清河街道、西三旗街道	961	770

从以上三种数据可以发现,全市人民法庭总体上是按照地域范围,从人口、交通情况、经济发展程度上划分法庭管辖范围;距离城市中心越近的法庭,审结的案件数量越多,全市人民法庭总体布局基本符合各地域特点。但我们同时可以发现,同样类型地区、甚至统一法院,不同法庭的管辖范围有的差别较大,审判任务差别也较大,如大兴法院不同法庭之间管辖范围、审结案件数量差别十分明显,远郊地区的怀柔法院法庭也存在同样情况。这从某个侧面反映,人民法庭布局需要调整和整合。

之所以分析这个问题,是法庭的管辖范围和案件数量,与法庭的工作开展、人力资源配置有着直接的关系,不了解这些情况即进行改革是仓促的。

(二)人力资源配置是否合理亦无实践考证

不仅在人民法庭,在整个法院工作中,这方面的分析也存在不足,不进行细致梳理,也将成为下一步改革中的盲点。

至少从笔者所在法院的实际情况看,什么类型的法官到人民法庭工作,依据是不明朗的;新招录的法官助理也与聘任制书记员,同样被视为审判辅助人员,与法官一样,按照各自法庭的案件数量被分配到人民法庭。

表 19-10　2014 年近郊地区部分法庭人员配备情况 *

法院	法庭	结案(件)	总人数	法官(人/次)	其他人员(人)
顺义法院	后沙峪法庭	1871	21	9	12
	牛栏山法庭	1557	17	11	6
大兴法院	庞各庄法庭	618	10	5	5
	采育法庭	561	8	5	3
通州法院	宋庄法庭	2598	23	10	13
	潞县法庭	1680	18	8	10
房山法院	燕山法庭	643	16	4	12
	长阳法庭	2183	18	13	5

* 因人员调动因素,数据显示的法官人数可能不同期间在同一个法庭。但可以显示,在这段时间内,全庭案件有多少法官审理,在此,以"人/次"做单位予以统计和说明。

数据反映,不同法院的法庭人员配备基本上也是按照案件数量多少来分配,但哪个法官应该到法庭,依据是什么无从考证。但从案件和人员的配比上,并不十分均衡,如顺义法院后沙峪法庭法官人均办理案件超过 200 件,而同样是一个法院的牛栏山法庭,法官人均结案尚不足 150 件;法官和其他辅助人员的比例上,也并不协调,如房山法院燕山法庭其他人员远多于法官人数,而同一法院的长阳法庭,法官人员却大大超出其他人员数量。这种局面不但导致审判任务轻重不一,也为人员分类和层级管理带来难题,同时,进一步还可能影响案件繁简分流机制的实施。

(三)审判工作机制还停留在较为粗放的阶段

事实上,单纯或者主要按照案件数量多少来分配审判资源,就是一种粗放式的管理方式,没能根据法庭所在地区特点,以及案件类型、法官能力等因素,做精细化地分析。同时,传统工作习惯的惯性,也使法庭工作机制存在以下问题:

1.简易程序普通审。从审判过程上看,民事诉讼法和司法解释对简易程序作出规定,初衷是简化庭审程序,提高庭审效率,减少群众诉累。但实际中,却远未落实,一般情况是,案件适用简易程序审理,但实际审理过程在法庭调查、法庭辩论上却与普通程序无异,法庭与法院案件审理程序无异。

2.简单案件复杂审。一般来讲,人民法庭受理的案件属于标的相对较小、案情相对简单,[1]适宜实行繁简分流、小额速裁程序审理,但在实践中,情况并不理想。

这些问题,既与法庭工作所处客观环境有关,更与顶层设计有关,不根据形势做出调整,恐怕在司法改革实施过程中将产生诸多内耗和不适应。

四、人民法庭审判工作机制的重新构建

根据报道,一些地方已经开始在人民法庭中进行审判权运行机制的改革,有的也取得了初步成效。但这些改革的前提是否都已厘清,是否已经形成在其他地方可复制、可推广的经验,都尚待验证。笔者认为,人民法庭的改革应纳入法院改革的整体布局中,不应单独谋划和实施。而且,要与各自的实际相结合,在详细了解本地法庭相关情况的前提下,制定切实可行的改革措施,尽管有观点提出,法庭小,改革可掉头,成本和风险可控,但从全国法院系统来看,有的法庭并不"小",而且在法庭的法官人数众多,对于每一个法官来说,改革影响一生,还是应该尽量做到"不回头"、把成本和风险降到最低。笔者结合自身实践,提出以下构想。

(一)调整人民法庭布局

《最高人民法院关于全面加强人民法庭工作的决定》(法发[2005]16号)规定:"设置人民法庭,应当坚持'两便'原则。应当根据案件数量、区域大小、人口分布、交通条件、经济社会发展状况和有利于审判资源的合理配置等情况,决定人民法庭的具体设置、选址和案件管辖范围。人民法庭应当主要设置在农村或者城乡接合部。人民法庭的设置不受乡镇行政区划的限制。"这给出了人民法庭设置的基本框架,如果改革前,对人民法庭的布局调整已经来不及,那么,在改革过程中,还是应该拿出相应的时间和精力,对与法庭各项工作息息相关的这些因素,做深入调研,将法庭布局的改革与法庭审判运行机制的改革同步进行,进一步整合资源,通过案件数量调整法庭管辖范围和规模,在不同法庭之间适当"减肥增瘦",或者干脆取消某些法庭。

(二)优化法庭人力资源配置

人民法庭的改革也必须要纳入整体改革的范畴来考量。如法官员额化的实施,人民法庭的法官如何配备才能既与员额化的整体推进相一致,又有利于法庭工作职

---

① 如有的法院以诉讼标的来界定法庭和法院受理案件的类型,如北京市大兴区法院法庭受理标的在500万元以下的民事案件;有的法庭把疑难复杂或社会影响较大的案件统一收归法院民事审判庭审理,如北京市房山区法院将医疗损害、建设工程、涉外纠纷等相对疑难复杂案件统一由民一庭审理,其他法院也大多如此。

能的提升。笔者认为,第一,应对法庭工作任务做出类型化和定量分析,确定需要人员的基本数额。第二,应认真分析法官和辅助人员的特点、经历、能力、绩效,为搭配合理、数额科学提供支撑。第三,是否应采取组件审判团队的模式,应因地制宜进行考量。根据报道,在已经进行的改革中,有的地区人民法庭建立由主审法官、法官助理和书记员组成"1＋N＋N"审判团队。[①] 通过上述对北京市三种地域范围内人民法庭案件数量、类型和人员配备的分析出发,笔者认为,当前,人民法庭审判权运行机制改革要区分不同情况,不能"一刀切"。目前,全市人民法庭的人员配置基本上按照"1＋1"的模式,即一名法官加一名书记员或者法官助理。通常都是法官负责案件审理,法官助理或者书记员负责事务性工作,法官确定裁判结果。[②] 从运行情况看,三类地区的人民法庭情况不同,应分别采取不同措施:对于像农村远郊地区的法庭而言,现有模式能够满足案件审判的需要,但与城区法庭相比,结案数量差距较大。从表面上看,需要减少法庭法官和辅助人员数量,但需要考虑的是,农村特别是山区法庭,交通不便,相互距离较远,如果单纯减少法官数量,难以抵消这些不利因素产生的成本;而单纯组件所谓审判团队,无形当中还要增加人员配置,有扩大法庭人员规模的可能性。所以,当务之急是应想办法解放庭长,由庭长带领一名法官助理或者书记员,审理相应数量的案件,特别是疑难复杂案件,同时通过案件审理起到传帮带作用。对于城区法庭而言,案件数量多、一般没有山区、交通发达,适合组件审判团队的模式,但目前的问题是,法官助理的审判辅助地位、从事审判辅助工作,与书记员的从事诉讼事务性工作尚未做到界限分明。所以,前提或者改革过程中需解决的问题是,明确各类别、各层级主体责任:如审判辅助人员如何定义将影响如何划分、如何配置、如何管理;法官助理和书记员如何区分,应从事哪些工作,有没有清晰的界限等等。

(三)找准症结、综合施治,进行审判运行机制改革

实际上,改革的前提应有两个:要么是实际运行中存在问题,需要通过改革加以解决;要么是虽尚未显现存在问题,但顶层设计上工作模式要发生改变,现有的模式要跟着作出改革。前一种情形下,进行改革的前提是首先要明确,实践中到底存在哪些问题,这些问题在哪些方面或何种程度上影响了工作质量效力,对要达到的工作目标产生哪些负面影响。后一种情形下,进行改革的前提是要明确新的机制是否适合

---

① 《江苏74家人民法庭推行审判权运行机制改革》,报道见新华网,http://www.js.xinhuanet.com/2014-10/15/c_1112836538.htm,于2014年11月8日访问。

② 尽管市高院每年会从应届法律专业大学毕业生中招录法官助理,但实践中,分配到基层法院的法官助理,从事的工作与书记员的工作基本相同,而且,在干部管理上,大多是第一年为行政见习,第二年如能按期转正,则被任命为书记员。所以说,实践中,法官助理和书记员甚至是聘任制书记员的角色和功能上产生了很大混同,法官助理的角色如何定位、职责如何确定、作用如何发挥是亟待解决的问题。

法庭工作实际。

在有关试点法院改革措施的报道中这样写,"改革前,法官判一个案子,往往需要副庭长、庭长、副院长、院长层层审批"。[①] 其实,贴近法庭乃至法院工作的实际,稍加思索,就会发现,这样的论断与事实并不相符。试想,一个法院的案件少则数千件,动辄过万件,多则达数万件,如果都按报道中所说的程序,怎么能审理得完?院庭领导的行政事务都处理不完,哪里还有时间、精力和心情听这么多案件的汇报?事实上,在司法实践中,庭长签发裁判文书的做法已经范围很小了,至少在北京法院系统,这种情况基本上不存在。即使部分案件上存在指导把关的现象,但也要区分情况对待。实践中,除了重大疑难复杂、影响较大或者存在信访或不稳定因素的案件,庭长会给予关注并主动询问法官的审理进度、审理情况和裁判思路外,更多的情况是法官在审理过程中遇到困难和问题主动"按求助键"向庭长"求助",尤其是在人民法庭,这种情况有其存在的必要性和合理性。同时在裁判文书上签字的,如果是简易程序独任审判的,就由法官和书记员签字;如果普通程序合议庭审理的,就由合议庭成员和书记员签字,都没有经过院庭长签字审批的程序性做法,事实上,这种做法在历史上存在过,但早已随着案件数量的增多和多年改革措施的实施不复存在了。

当然,如果存在上面报道中所述情况,毫无疑问应果断地进行改革,还权于法官或合议庭。如果已经不存在这样的情况,笔者认为,在人民法庭开展审判权运行机制改革应从以下方面着力:

1.尽快建立法官责任追究机制。如果不考虑审判资源配置的优化,那么,当前人民法庭,或者说远郊农村地区人民法庭"一审一书"的模式,基本可以确定对案件承担责任的主体,即追责对象问题已经解决。问题是,何种情况下应该追责,应该如何追责。所以,在改革的过程中,单纯进行所谓审判团队的组建,并不能一蹴而就地解决实践中的问题,达到改革的目的。法官责任追究机制必须同时配套进行,要通过制度构建,全方位建立起对法官追责的前提、情形、追责的程序、主体、责任承担形式及后果等,尤其注意的是,应对法官主观故意和过失导致案件质量问题作出区分,主观故意必将受到追究,过失中还应区分过失的情形和程度;同时,要建立科学的程序,赋予法官为自己申辩的权利。

2.尽快建立法官职业保障机制。在法院工作的人都清楚,人民法庭处于机关外围,与城市中心距离远,工作条件艰苦,各种条件较院机关落后;与主流群体接触少,在尽职晋级上处于劣势;法庭的安保力量相对较弱,法庭工作人员的安全缺乏有力保障;大多案件需要到现场勘查,而法庭案件的现场有的在山区,大量占用工作时间;除了审判任务外,法定的任务还有巡回审判,指导人民调解,参与大调解格局,开展法治

---

① 《江苏74家人民法庭推行审判权运行机制改革》,报道见新华网 http://www.js.xinhuanet.com/2014－10/15/c_1112836538.htm,于2014年11月8日访问。

宣传,要么多于院机关,要么要求高于院机关,在日益复杂的社会环境下,下乡调查和巡回审判还存在较高的人身安全风险,尚无有效对策;案件审理受乡镇的干扰和制约较大,如何通过提高法庭和法官的地位加以解决,等等都是在改革中应予同样重视和考量的。

孟建柱书记在第三次全国人民法庭工作会议上指出,"在农村地区和部分城乡接合部设立人民法庭,就地审理案件,是社会主义司法制度的一大创造。特别是人民法庭天天与人民群众打交道,在方便当事人诉讼、服务人民群众等方面具有特殊优势和作用"。相信在司法改革的总体设计下,在所有人民法庭法官的努力下,人民法庭一定会完成"继承和发扬优良传统基础上,进一步探索符合审判规律、简单易行、便民为民的审判方式,真正当好司法为民的排头兵"的历史任务。

第二十章

人民法庭改革的进路选择

——以东莞第一法院人民法庭工作实践为视角

陈　斯[*]

一、改革背景与契机

　　人民法庭制度由 1954 年《人民法院组织法》确立,其设置的主要目的是便民。改革开放后,随着社会主义市场经济的确立,人民法庭受理的案件类型和数量不断增加,其承担的任务也越来越重。受审判方式改革和司法改革的推动,人民法庭经历了大举扩张,大规模撤并使立审执一体,大立案、大执行,强调实体正义,强调程序合法等变迁。客观上讲,司法改革在认识和实践上的每一次突破和每一方面的创造与积累,都无法脱离基层审判一线的实践和智慧。作为改革的基础,人民法庭是人民法院的基础单元,根植基层且身处矛盾纠纷化解的第一线,其改革的成败具有至关重要的价值,对于维护基层社会稳定,依法保障和促进经济社会健康发展具有重要意义。

　　党的十八届三中全会审议通过的《中共中央关于全面深化改革若干重大问题的决定》,对深化司法体制改革作了全面部署。为贯彻党的十八届三中全会精神,进一步深化司法体制改革,最高人民法院结合法院工作实际,出台了"四五改革纲要"。作为指导未来五年法院改革工作的重要纲领性文件,"四五改革纲要"针对八个重点领域,提出了 45 项改革举措,重点包括人员分类管理改革、审判权力运行机制改革、司法行政事务保障机制改革等方面。十八届三中全会与"四五改革纲要"为人民法庭改革指明了前进方向。在不久前结束的第三次全国人民法庭工作会议上,中共中央政治局委员、中央政法委书记孟建柱明确指出:司法体制改革的各项部署最终要落实到基层。人民法庭是人民法院的最基层单位……要按照中央关于司法体制改革的统一部署,可以让人民法庭在完善司法人员分类管理制度、健全司法人员职业保障制度方

---

　　* 陈斯,广东兴宁人,1967 年 10 月出生,法学博士,广东省东莞市第一人民法院院长。

面先行先试,为在全国逐步推开积累经验、创造条件。最高人民法院院长周强也强调:要充分认识人民法庭在基层政权建设和基层治理中的重要意义,注重通过司法体制改革进一步调动广大法庭干警的工作积极性,在试点过程中不搞"一刀切",让扎根基层的法官有舞台、有干劲、有奔头。全国人民法庭工作会议则为基层人民法庭改革先行先试提供了充分的政策指引与空间保障。

二、运行现状——东莞第一法院法庭工作实践

东莞法院一直高度重视人民法庭工作,坚持"三个面向"和"两便"原则的指导,在司法为民、公正司法、队伍建设、物质保障、司法体制和工作机制改革等领域均取得一定成绩,人民法庭建设工作在珠三角地区乃至全国沿海发达地区人民法庭工作中具有典型性。据此调研将主要以东莞市第一人民法院(以下简称"东莞一院")人民法庭建设作为重要样本,进行实证分析。

目前东莞一院在所辖的 17 个镇区(园区),设置有 11 个人民法庭,其中东城法庭管辖东城区、莞城区,南城法庭管辖南城区、万江区,石排法庭管辖石排镇、企石镇,道滘法庭管辖道滘镇、洪梅镇、望牛墩,石碣法庭管辖石碣镇、高埗镇,其余 6 个人民法庭均管辖一个镇区。据统计,近三年来,由辖区法庭受理的案件量分别占到法院案件总量的 57.92%、65.83%、72.99%。东莞一院人民法庭无论是审判执行工作抑或队伍建设情况在全市乃至全省范围内都具有突出代表性。除审判执行工作之外,人民法庭还是社区法官助理、快速处理中心等一系列创新工作的重要依托,是积累审判经验和助推法庭全面发展的智力储备基地。

(一)法庭设置低职高配,队伍年轻素质高

目前东莞人民法庭级别均为副科级设置,但全市 20 名人民法庭庭长全部高配为正科级,32 名副庭长配备为副科级,15 名法官为副科级,科级以上法官占法庭法官总数的 37.43%。2009 年以来,基层法院新招录 218 名大学生,50%分派到人民法庭工作,当前人民法庭法官占基层法官的 40.8%,法庭队伍年轻且素质高。其中,东莞一院辖区法庭所有在编干警均为本科以上文化程度,其中研究生以上学历的占 18.5%,是一支高素质、充满活力的年轻队伍。(情况如表 20-1 所示)

表 20-1　东莞一院人民法庭队伍建设情况统计表

组织＼项目	人员情况（公务员）			人员情况（非公务员）			学历情况（公务员）		
	法官	书记员及法官助理	法警	书记员及法官助理	法警	其他	研究生以上	大学本科	大专以下
东城法庭	16	2	1	23	1	2	4	15	0
南城法庭	14	3	0	18	3	2	4	13	0
石龙法庭	5	0	0	7	1	1	1	4	0
石碣法庭	7	2	0	6	1	1	1	8	0
石排法庭	8	1	0	6	1	1	1	8	0
松山湖法庭	9	1	0	9	0	2	3	7	0
麻涌法庭	4	0	1	5	0	1	1	5	0
道滘法庭	6	1	0	9	2	1	2	5	0
寮步法庭	11	1	2	9	0	2	2	12	0
中堂法庭	7	0	0	7	0	1	0	7	0
茶山法庭	5	0	0	7	0	1	0	5	0
总计	92	11	4	106	9	15	18	89	0

（二）坚持以案配人，倾斜法庭人员配置

目前，在法庭人员配备方面东莞法院基本上都实行以案配人原则，将主要审判力量下沉到人民法庭，如在东莞一院辖区，案件量较多的东城法庭、南城法庭，人员配置分别有 45、40 人，法官分别为 16 人，14 人，合议庭数量分别为 6 个、5 个（人员配备情况如表 20-2）；而案件数量较少的茶山法庭、麻涌法庭，人员配置分别只有 13 人、11 人，法官分别为 4 人、5 人，合议庭数量为 2 个、1 个，基本满足工作需要。同时，东莞中级人民法院正在大力推进"法官摇篮工程"，实行"3－2－1"的人才培养计划，即各基层法院新招录的干警规定要在法庭工作 3 年以上，新任命的法官应到人民法庭工作 2 年以上。中级人民法院新任命的法官规定要到人民法庭挂职锻炼 1 年以上；各基层法院选拔领导干部时，同等条件下优先考虑有法庭工作经验的法官；中院从基层院选任法官时，优先考虑有法庭工作经验的法官等，这些措施对稳定人民法庭队伍起到了一定的积极作用。

表 20-2　人员配置及近两年收结案情况表

项目 组织	现有人员数量 （包括聘员）	法官数量 （名）	2012 年案件量	2013 年案件量
全院	519	200	42663	41822
茶山法庭	13	5	989	1144
东城法庭	45	16	6209	6515
道滘法庭	19	6	1948	2065
寮步法庭	26	11	3601	3626
麻涌法庭	11	4	610	618
南城法庭	40	14	4389	5028
石碣法庭	17	7	1875	2815
石龙法庭	14	5	1051	1182
石排法庭	17	8	2961	2324
松山湖法庭	21	9	4056	4283
中堂法庭	15	7	932	1304

(三)案件占比高且类型多样,专业法庭特色明显

2012 年东莞一院全年受理案件 42663 宗,2013 年受理案件 41822 宗(详见上表 20-2),人民法庭受理的案件量分别占到全院的 65.83%、72.99%,其中简易案件较多,简易程序适用率约为 70%～80%。各人民法庭审理的案件类型各有不同,例如东城法庭(图 20-1、表 20-3)、南城法庭因处于市区范围,其审理的案件集中在劳动争议、房地产买卖合同、租赁合同、物业服务合同、民间借贷等类型,新类型案件较多。其他法庭则主要以传统民商事纠纷为主。松山湖法庭因实行专业化审判,主要以金融信用卡类案件为主,且审判特色日趋突出。

表 20-3　东城法庭 2013 年各类案件数量与上一年度对比

诉讼案件类型对比	2011 年 10 月 1 日— 2012 年 9 月 30 日	2012 年 10 月 1 日— 2013 年 9 月 30 日	同比
劳动争议纠纷	455 宗	200 宗	−56.04%
民间借贷\借款纠纷	560 宗	727 宗	+29.82%
买卖合同纠纷	389 宗	341 宗	−12.34%
商品房销\预售合同\房屋买卖纠纷	169 宗	204 宗	+20.71%
租赁合同纠纷	130 宗	125 宗	−3.85%

诉讼案件类型对比	2011 年 10 月 1 日— 2012 年 9 月 30 日	2012 年 10 月 1 日— 2013 年 9 月 30 日	同比
离婚纠纷	199 宗	243 宗	+22.11%
抚养纠纷	24 宗	35 宗	+45.83%
居间合同纠纷	32 宗	24 宗	−25%
承揽合同纠纷	20 宗	20 宗	持平
物业服务合同	33 宗	97 宗	+194%
追索劳动报酬	1564 宗	679 宗	−56.59%
司法确认	105 宗	59 宗	−43.8
追偿权	15 宗	23 宗	+53.33%
保险类	25 宗	22 宗	−12%
借记、信用卡	23 宗	17 宗	−26.09%

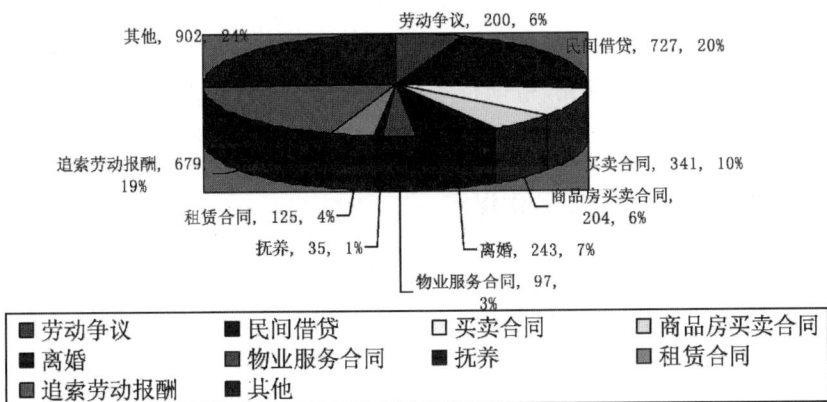

图 20-1　东城法庭 2013 年案件类型

（四）进行改革探索，输出司法经验

东莞一院将人民法庭作为司法改革试验田，发挥法庭"船小好调头"的优势，以问题为导向，根据不同法庭实际情况，探索不同的改革措施，积累丰富经验。一是探索案件快速处理机制建设。据统计，基层法院案件呈现"二八定律"，即约 80% 属于简易民商事案件，约 20% 案件属于疑难复杂的案件。根据人民法庭工作特点及实践情况，在人民法庭内部强化案件繁简分流力度，例如东城法庭设置案件快速处理中心，专门负责对简单案件的调解、审判工作；南城法庭将审判人员分为快速处理组和疑难案件处理组,提高案件处置效率。二是创设社区法官助理制度。根据基层社会治理特点,创设社区法官及社区法官助理制度,引入社区干部进入人民法庭培训并授予社区法官助理身份,再派回社区开展纠纷调处、法治宣传以及协助社区法官开展巡回审判、执行送达等辅助工作,化解纠纷于基层一线。三是建立审判专家制度。由院内外专业人士组成评审委员会,设置审判经验、理论研究成果等多项考核,在资深法官中评选。审判专家可参与案件督导评查、疑难案件会诊、列席审判委员会、担任青年法官导师、参与法院重大调研和决策等,为人才发展开辟了第二条道路。四是加强巡回审判工作。包括建立交通事故巡回法庭,将审判力量派驻到交警部门事故处理大厅,第一时间为交通事故当事人提供司法支持;建立劳动争议巡回法庭,将解决劳资纠纷与政府的信访挂钩,通过部门联动实现"多赢",将司法与政府、社会组织整合到纠纷化解体系当中,有效降低司法成本、提高矛盾处置效率;加强走进社区、高校等常态化巡回审判工作,提升基层民众的法治意识。五是探索审判权运行机制改革。制定《关于民商事、行政案件审批权限的规定》,明确规定除法律规定应当由院长或院长授权的分管领导签发法律文书外,其他法律文书原则上由独任法官、合议庭的审判长签发,还权于法官,保障独任法官、合议庭的审判长独立行使审判权。同时,赋予庭长审判管理与监督权。六是发挥专业优势推动地方法治。如东城法庭与行政庭合作,依托地处城区的区位优势运行"法治东莞实践基地"(市第一法院与市委党校共建),对政府部门依法行政课题进行研究,根据行政审判实践向政府提出司法建议、组织旁听行政诉讼、定期召开依法行政研讨会等,为地方依法治理贡献智慧。

(五)财政基建市镇两级统筹,强化保障

截至目前,在东莞一院现有 11 个人民法庭中,有 7 个法庭拥有独立的办公场所,建筑面积及基础设施均已达标,4 个法庭仍与其他部门合用办公楼。在物资装备方面,根据案件量差异配备法庭办案车辆,其中法庭自行出资购买车辆约 21 辆,同时每个法庭均配备相应的安检门及安检设备,保障庭审安全。在信息化建设方面,目前东莞一院有数字法庭 37 个,覆盖率为 80%,建成有 12 个视频会议系统,实现了大院和各人民法庭和中院、省院、最高院的四级联网。2013 年底完成各人民法庭电子签章系统部署,各法庭可以自行打印裁判文书并盖章。东莞的人民法庭除市财政按照人均 5.2 万元/年的标准给予的公用经费补助外,2007 年 9 月市政府专门发文,明确规定法庭所辖镇(街)财政每年向人民法庭给予人均不低于 4.5 万元的一般项目经费补助,用于法庭的日常办公、办案开销及资产购买,充分保障了法庭审判执行工作的正常开展。

三、存在问题与困境分析

作为改革的基础,基层人民法庭是人民法院的基础单元,也被称为基层法院中的基层法院,它根植基层且身处矛盾纠纷化解的第一线,是基层治理不可或缺的重要部分。客观上讲,当前东莞的人民法庭建设无论是硬件建设还是软实力均处于全省乃至全国的前列,也涌现出全国十佳法庭东城人民法庭等先进典型,然而与司法改革的总要求相比,东莞的人民法庭工作仍存在一些问题亟待梳理解决:

(一)法官职业期待与实践角色存在差距

法官的职责是:当法律运用到个案场合时,根据他对法律的诚挚的理解来适用法律。法官正是通过对具体争议或纠纷的法律处理,实现人们所追求的公平正义,使法律所确认、预期的社会秩序得以维护。现实中,人民法庭的法官从事的工作不仅是适用法律审理案件,在审理案件中还要扮演多重角色,承担与审理相关的事务性工作,甚至还要承担其他与案件审理无关工作等,不仅使本就不足的司法资源被极大浪费,也造成法官职业尊荣感缺失。

一是职责定位与法官角色的落差。目前,人民法庭主要采取以"便民"为基本价值取向的司法方式,从人民群众的司法需求出发、司法为民已成为一种司法理念。"调解优先"淡化了"司法正规化","法官专业化"似乎被"法官大众化"取代,"能动司法"要求"法官多做调解工作,做到案结事了,实现法律效果和社会效果的统一",这些职责定位都难以符合现代司法的固有逻辑。在此种意义下,人民法庭成为社会运行体制中矛盾化解的主场所和工具,而非纠纷解决的权威。法官没有得到应有的尊重与重视,在国家法治发展中的主体地位没有得到彰显。

二是事务性工作或边缘性工作繁杂。由于没有建立法院人员分类管理制度,法官身份的吸引力与员额管理的缺失致使法院内部的辅助人员、行政人员向法官身份聚集,使法官人数日渐庞大,审判辅助人员相对不足,大量审判辅助工作需要法官亲自处理。人民法庭则如同基层法院中的基层法院,在审判工作之余,还有大量其他繁杂的工作。如庭长作为法庭负责人要参加上各种审判或行政性会议;不定期参与当地党委政府纠纷的协调;完成上级法院和镇街党委政府组织的各类活动;接待立案和咨询的群众,指导法庭立案、诉讼与执行;统筹法庭信息宣传及调研工作等。副庭长要协助庭长负责部分行政管理与协调工作,普通法官在审判执行之外也要积极参与镇街维稳、指导人民调解、社区法官助理、信息宣传等工作。

三是远离基层法院的风险。目前,东莞一院法警配备普遍不足,法庭安保多依靠物业保安负责,由于人员不足,且缺乏相应的安保培训,致使安保设施使用效率低下,安保隐患颇多。如2013年9月23日11时许,东莞一院石碣法庭突然闯入一名携带凶器的不明身份男子。保安上前制止,要求其登记身份时,该名男子情绪开始出现剧烈波动,从短裤口袋掏出扳手和水果刀,在法庭外携匕首等凶器持续毁坏法庭公共设施,直到特警赶到后终于将其制服,一名特警还被其用刀具划伤。事后经检查,法庭内外12扇门窗、安检设备、两幅公示栏均遭到严重损坏。此次事件虽未造成法官人身伤害,但凸显了法庭安全保卫的薄弱,影响甚至破坏了人民法庭法官在基层群众中的威信和地位。同时,由于法庭多为在乡镇上,远离中心城区,致使年轻干警业余生活多有不便,无法享受城市的生活便利。

(二)审判工作繁重与职业保障偏低的冲突

随着经济社会的转型,疑难复杂和新型案件不断增多,群众对司法解决纠纷的期待越来越高,审判执行工作的压力和困难不断增加。截至目前,东莞一院现有在编干警287人,法官200人,其中院领导9人,从事政工、办公、监察、党务、信访等非审判岗位的有12人,研究室、审管办等审判综合部门9人,庭室一线法官约170人,连续五年收案4万宗以上,2010年达到5万宗以上,约占全市两级法院40%,案多人少矛盾突出,法官延迟下班、节假日加班成为常态。与之相对应,基层法官尤其是人民法庭的职业保障却是极不适应。表现为:一是政治待遇低。东莞"市辖镇"的管理体制,使人民法庭行政职级较低且职位少。相对于镇街党政部门而言,法庭法官在职务提升的空间和机会太少。二是经济收入低。目前,法官工资待遇由地方财政按公务员套改,与其他党政部门收入相比仍有差距。法官准入门槛高、素质要求强、执业要求严,与经济待遇差的落差使得投入和产出不成正比,造成法官心理失衡,职业吸引力不高。三是办案风险大。人民法庭法官处于审判执行工作最基层,直接面对当事人需要承受更多的压力和风险。案多人少的矛盾在基层法院特别是人民法庭尤为突出,法官人才流失严重,辞职、转调人数增多。据统计,2009年至2013年,东莞一院新招录公务员干警90人,调入公务员16人,流失公务员干警24名,新进人员与流失人员的比例为4.42:1。人民法庭的审判力量稳定问题必然面临较为严峻的形势。

(三)司法管理行政化与审判执行专业化的不适应

当前,法院及法官管理主要按照行政化架构来设置,内部管理也是参照行政管理模式进行,这种违背司法规律的管理模式一直被司法实务与理论界所诟病。就人民法庭而言,其内部管理仍实行庭长负责制,由庭长对审判执行工作、内部行政管理及党务等工作"一肩挑",作为资深法官的庭室领导被行政事务缠身,无暇专注审判;案件请示与审批制度虽然逐步弱化,但在发改率等考核指标驱动下仍在一定范围存在;法官经济待遇的提升与行政级别挂钩,须通过职级晋升来实现,与一般公务员无异,下级服从上级的行政化管理模式与"除了法律,法官没有别的上司"的司法要求相冲突,不仅导致司法的个性长期没有得到应有的尊重与保障,也限制了人民法庭法官的成长空间。同时,人民法庭法官的工作质效管理仍然以下达绩效考核指标的方式来进行,结案率、上诉率、发改率、调撤率等绩效指标时刻困扰着法官,这种类似企业化的考核方法无形加剧人民法庭案多人少的压力,致使法官为了所谓率数疲于奔命,沦为"办案机器",与人民法院队伍建设的正规化、专业化、职业化的要求明显不符。

(四)法庭布局设置与诉讼规模匹配失衡

随着东莞经济社会化的发展和城镇化进程的推进,以乡村社会为主体的传统社会结构发生了根本的变化。基层社会结构的变化,导致不同地区人民法庭在功能上分化,人民法庭的设置和布局不均衡性逐步呈现,法庭设置与纠纷解决诉求之间的匹配问题突出,以案配人、便利诉讼、功能调整等角度需要全面优化提升。如东莞一院东城法庭、南城法庭年收案达到 5000 件以上,无论人员规模还是案件数量远远超出一般人民法庭的承受范围,亟待根据需要做出优化调整。另外,在人民法庭发展定位上同质化现象普遍存在,如在东莞一院辖区 11 个人民法庭中,除松山湖法庭明确定位金融法庭外,其他法院的发展定位没有区别化,个性特色较弱,与东莞区域司法诉求的契合度不强。

(五)物质保障地方化与司法角色的冲突

东莞人民法庭人员的工资福利经费由市财政负担,法庭所辖镇(街)财政每年向人民法庭给予人均不低于 4.5 万元的一般项目经费补助,保障了法庭审判执行工作的正常开展。然而"食君之禄,忠君之事"的传统思维也导致人民法庭工作要主动服务镇街党委政府中心工作,致使法庭对于镇街日常工作参与度较多,尤其在一些群体性案件处置中,常常作为群体性事件工作组成员的法庭法官有时不得不冲在第一线,负责释法解惑与纠纷调处,这在增加了人民法庭在基层镇街党委政府的话语权的同时,也引来了社会民众及学界对法庭工作中立性的质疑。同时,部分人民法庭尚无独立的办公场所,与镇街综治维稳中心或者其他单位合用场所,导致民众甚至部分行政官员对人民法庭及法官角色认识与镇街行政部门混同,也弱化了人民法庭的司法地位。

四、改革进路与建议

如何实现让人民群众在每一宗案件中感受到公平正义的改革目标,需要寻找实现这一目标的具体路径。习近平总书记在 2014 年 1 月 7 日的中央政法工作会议上指出:一个国家实行什么样的司法制度,归根到底是由这个国家的国情决定,评价一个国家的司法制度,关键看是否符合国情,能否解决本国实际问题。具体到人民法庭改革亦是如此,法庭改革需要立足我国国情和区域实际,遵循司法运行规律,兼顾人民法庭工作特殊性,坚持去行政化与地方化的总体要求,以提升审判质量与效率为根本出发点,不断满足基层群众的司法诉求。

(一)优化人民法庭布局与规模,实行差异化发展

人民法庭建设要按照就地解决纠纷与工作重心下移的思路,坚持科学、务实、效能原则,综合辖区案件数量、地域特点、人口基数、交通条件、经济发展状况,从有效满足民众司法需求和当地审判实际出发,戒除贪大求多脱离实际的观念,实现司法资源科学合理配置,合理调整人民法庭的区域布局与定位。就东莞而言,建议为:

1. 发展专业化人民法庭。人民法庭设立之初,方便偏远地区群众诉讼是法庭设立的重要考量因素。随着时代发展,特别是交通运输状况的持续改善,在城区中的人民法庭方便诉讼的作用正在弱化,取而代之的是群众对于诉讼专业化的要求,以及法学学科类型化、专业化发展趋势下专业法庭建设的需求。建议在充分调研的基础上,根据区域发展实际及规划,对辖区人民法庭进行功能再定位:一是将处于主城区范围内的人民法庭,参考类似松山湖金融法庭的创建思路,将其打造为审理特定类型民事案件为主的专业化法庭;二是对处于较为偏远镇街的人民法庭仍坚持其传统发展定位,以"两便"原则界定其案件受理范围与类型。

2. 根据实际增设人民法庭。从统计数据上看,目前东莞一院部分人民法庭案件总量过大,如东城法庭、南城法庭年受案均超过 5000 件,"一庭独大"造成审判执行工作以及法庭管理难度不断加大,制约了司法为民水平的提升。建议科学界定人民法庭的发展规模,坚持两便原则,对于案件较多的人民法庭进行合理拆分,根据司法实际依法申报并增设人民法庭。

(二)明确职能定位,兼顾专业化与基层诉求

人民法庭的职能定位是法庭改革的关键因素,决定着法庭中心工作的具体内容与发展方向。经过调研,课题组认为人民法庭的职能定位应有别于法院内设庭局,包括如下内容。

1. 审判执行核心工作。作为基层法院的派出机构,人民法庭工作首先应立足审判执行核心职能,通过具体案件的裁判与执行,促进社会公平正义。根据人民法庭的差异化发展需要,在专业化人民法庭建设之外,部分离主城区较远的人民法庭仍应秉承传统发展定位,以快速化解纠纷为第一要务,将案件范围主要侧重于辖区内相对简易的民商事案件纠纷与较为简单的刑事自诉案件,将疑难复杂案件上收至大院专业庭办理,满足民众的效率诉求,充分发挥司法裁判的教育、评价、指引与示范功能,促进基层社会公德,职业道德、家庭美德,弘扬社会主义核心价值。

2. 推进基层社会治理。"推行法治"是人民法庭的职业追求。党的十八届三中

全会作出的《中共中央关于全面深化改革若干重大问题的决定》专门将推进法治中国建设作为一个专题,指出,"建设法治中国,必须坚持依法治国、依法执政、依法行政共同推进,坚持法治国家、法治政府、法治社会一体建设。"人民法庭不能局限于就案办案,而是要着眼长远,通过巡回审判、社区法官助理、司法建议等机制创新,加大对基层非讼事务的专业化法律指导,提升基层干部群众的法治意识和法律水平,增强群众依法办事的能力,提高基层干部运用法治思维管理社会事务、化解矛盾纠纷的水平,并将基层社会事务纳入依法治理的轨道。同时,对于与人民法庭审判职能无关的土地征收、房屋拆迁、联合执法等行政事务,把好职能边界关口,做到不缺位,不越位。

3. 贴近基层司法。人民法庭要在法律允许的范围内,以更加主动的姿态,贴近基层群众需求,在立案、审判、执行及其他环节,因人因案制宜,提供最实用的法律指导和导诉服务,方便群众诉讼,以最低成本解决矛盾纠纷。要大胆适用简易程序审理案件,使争议不大、事实清楚、法律关系简单的案件快速审结,提高当庭裁判率;积极指导当事人举证、质证,必要时深入实地调查取证,努力还原案件事实,确保有理的当事人打得赢官司,败诉的当事人输得明明白白等。

基于对上述问题的认知,人民法庭的职能定位应在回归诉讼事务与非诉讼事务兼重职能的基础上,向前推进司法服务,实现人民法庭职能定位的深化。

(三)实行审判与行政的相对分离,让庭长回归法官角色

本轮司法改革将破除审判权运行的行政化作为改革的价值取向,但同时又恪守了必要的理性与冷静。具体到法庭改革,可在法庭内部去行政化方面先行先试,实行审判与行政的相对双轨制,推进法庭庭长(包括副庭长)向司法角色的逐步回归。

1. 明确庭长审判角色。(1)以办案为中心工作。法庭庭长、副庭长主要定位主审法官角色,编入具体合议庭并担任审判长参与办案。(2)兼顾部分的行政管理。鉴于人民法庭相较法院内设庭室的相对独立性及发展实际,为确保行政工作始终服务于审判中心,庭长要适度保留法庭发展及重大事务的管理权,但其他一般性行政事务改由庭长助理完成,对于庭长的审判工作量予以适度扣减。(3)做好审判统筹与审判监督。法庭庭长要统筹好审判事务,包括法官会议召集与主持;协助将疑难案件向审委会提交讨论;协调好团队运转,加强内部学习;担任年轻法官导师,协助青年法官培养等。同时,对各合议庭所办理案件进行监督,并落实在监督中形成的文书入卷存档等制度。

2.设置法官会议。为了确保法庭行政管理为司法审判提供高效保障和充分支持,在各人民法庭内设置法官会议,成员由全体法官组成,决议重要审判事务与讨论疑难案件,具体职责包括是决定关于审判事务分配、考核事项、监督建议及其他与法官权利义务有重要影响的事项等,及对各合议庭提交的疑难案件的法律适用问题进行讨论,提出意见供合议庭参考。

3. 增设庭务办公室。内设庭长助理一名与行政人员若干(根据需要确定),参照行政机关公务员进行管理,其中一般行政人员可由政府聘员担任,实现行政管理的专职化,辅助做好人民法庭行政管理、党务与后勤保障工作,将优质办案资源集中于审判执行一线。同时,探索人民法庭购买社会服务的工作机制,凡属事务性管理服务,原则上可以引入竞争机制,通过合同、委托等方式向社会购买,减少行政管理成本。

(四)立足现行法官体系,推动审判权运行机制改革

中共中央政治局委员、中央政法委书记孟建柱在第三次全国人民法庭工作会议上指出,要根据人民法庭审理的案件大多是案情简单的一审民事、刑事自诉案件这一特点,首先在人民法庭探索建立主审法官办案责任制,做到谁审理、谁裁判、谁负责,确保权责统一。人民法庭受理的案件以适用简易案件程序、独任审判为主,在人民法院推行主审判官责任制,具有天然优势,改革成本最低、司法效果最明显。作为人民法庭工作最具特色的地区,东莞在该领域改革具有先天优势。

1. 以现行法官构架对接改革。(1)依托当前审判长构架,对接主审法官选任。根据司法改革要求,选任的主审法官要担任合议庭的审判长,统筹合议庭审判事务以及担任独任法官。一般而言,当前人民法庭中担任审判长的法官多为庭长、副庭长和资深审判员,他们多从政治素质好、办案能力强、专业水平高、司法经验丰富的审判人员中竞争性选任,与主审法官的任职条件极为重叠,因此两者具有对接可行性。考虑到办案实际需要,可增加资深审判员担任主审法官的数量,以承担数量庞大的简易案件的办案任务。(2)梳理审判员与助理审判员的关系,对接法官员额制。"助理审判员",是审判员的"助理",即助手,之前定位不属于法官序列之内。1983年《人民法院组织法》对此亦予以明确,其第三十七条第二款规定:"助理审判员协助审判员进行工作。助理审判员,由本院院长提出,经审判委员会通过,可以临时代行审判员职务。"在实际运行中,助理审判员成为了可以完整地、独立地行使审判权的审判职位称谓,与"审判员"一样,出现在裁判文书的署名栏中。现行《法官法》迫于全国法院一直以来的人事现状,于第二条规定:"法官是依法行使国家审判权的审判人员,包括最高人民法院、地方各级人民法院和军事法院等专门人民法院的院长、副院长、审判委员会委员、庭长、副庭长、审判员和助理审判员。"将助理审判员纳入法官序列。因此,可将本轮司法改革的法官员额制与审判职位改革相结合,规定所有法官均通过人大任命产生,根据确定的员额比例将符合审判员任职资格且具备办案能力的助理审判员统一任命为审判员,作为员额内的法官,享有完全的审判权利,保障法官平等同权,逐步取消任命助理审判员保证法官任命权主体的统一性。

2. 以主审法官为主,组建审判团队。区分案件类型探索审判权运行机制及办案责任制。(1)组建独任审判团队。对于简易案件的审判,采取"1(主审法官)+1(法官助理)+1(书记员)"的团队模式,由主审法官独任审判,自行签发裁判文书,独立承担

办案责任。(2)组建合议庭审判团队。对于普通案件的审理,组建"1(主审法官)+2(法官)+3(法官助理)+3(书记员)"的相对固定化审判团队,可搭档人民陪审员临时拆分为"1(主审法官)+2(陪审员)+1(法官助理)+1(书记员)"或者"1(主审法官)+2(1名法官和1名陪审员)+2(法官助理)+2(书记员)",由主审法官担任审判长,合议庭内各成员权利平等,共同对事实认定与法律适用负责,裁判结果坚持少数服从多数,裁判文书由承办法官、合议庭其他法官、审判长依次签署且对其合议意见负责,审判长(主审法官)签发。(3)配套疑难案件处理机制。对于特别疑难复杂案件,以及合议分歧较大的案件,主审法官可建议将其提交给法官会议讨论,也可提请审委会讨论,案件讨论时,所有合议庭成员均需参会,上述会议讨论意见仅作为裁判参考而非结果。

3. 明确案件签发的法律性质。裁判文书的签发应定位为一种程序性的工作事项,不是案件的审批权与决定权,合议庭成员分别对其合议意见承担责任,签发人仅对裁判文书是否符合合议庭决议或者审委会决议负责,不能仅仅因为签发文书而承担额外的审判责任。同时,人民陪审员承担违法违纪审判的责任。

4. 实行以案配人,兼顾发展实际。"以案配人"中的"案",不但是指案件数量,还指审理案件所需要的工作量。正确统计法官的核心审判工作量,要确保法官数量与案件数量相匹配,避免案多人少、忙闲不均,要确保审判辅助人员数量与法官数量相对应,减少法官事务性工作负担,要确保优秀法官集中在审判一线,压缩"不办案的法官"比例。推动建立以法官为中心、以服务审判工作为重心的人员配置模式。在充分调研的基础上,考虑到我市人民法庭历史结案数、收案预期、案件难易程度等因素折算后,各人民法庭法官的年度工作量以承办200件案件为宜,以东莞一院人民法庭2012、2013年的年均案件量29762件为标准,辖区法庭所需法官约为149人,可此为标准来调配主审法官、普通法官以及审判辅助人员的数量,以实现司法资源的有效利用。

(五)建立符合职业特点的等级晋升制度,让优秀法官扎根基层

司法裁判是根据现有证据推测已发生的未知事实并选择适用法律的过程,它对法官的教育背景、知识体系、法律素养、实践履历有着比普通公务员更高的要求,同时,司法裁判是依法确认与分配当事人之间权利义务的过程,也是社会公平正义的最后一道防线,它对法官独立性与职业品质有着近似苛刻的要求,任何可能影响法官独立裁判的因素都应当在制度上予以消解,尤其事关法官职业发展前景的重要事项。

具体到人民法庭,当前法官晋升不仅面临行政职数限制,也受到法官等级的压制,致使基层法官存在行政级别不高,经济待遇低,法官等级不高,专业化程度低的情形,职业发展天花板效应明显。司法改革应主动打破法官等级"天花板",取消基层法官最高只能评定到四级高级法官的限制,将法官的专业能力和工作业绩作为评定等

级的主要依据,让人民法庭法官也能通过业绩考核评定较高的法官等级,获得相应的职业待遇,让法庭法官比同年龄阶段、相同级别的政府机关的工作人员的待遇高,充分体现法官的地位及职业尊荣,使法官感到在基层人民法庭工作有盼头、有奔头,乐于扎根基层。

(六)健全审判质效评估机制,推进考评科学化

根据人民法庭工作特点,紧密结合法庭工作实际,进一步改革人民法庭工作的考评机制,建议废止没有实际效果的考评指标和措施,取消排名排序做法,探索建立以人为本、体现职业特点的审判质效评估机制,侧重从审判质量、审判效率、庭审能力、文书撰写等多方面综合考评,通过分析审判态势和影响审判质量、效率的多种因素,全面客观评价人民法庭与法官的工作,为司法决策和完善审判管理提供科学依据。评估目的从根本上讲是为了运用,而非仅仅作出评价,评估结果应成为改善人民法庭审判管理及法官自我检讨提升的重要途径。

(七)肯定优秀的实践经验,纳入改革予以推广

要尊重基层法院、人民法庭的首创精神,对于被实践证明有价值的司法探索或优秀经验要善于在改革中予以继承并发展。近年来,在人民法庭法官培养及工作机制方面,东莞一院勇于探索并积累了丰富经验。如为人才发展开辟第二条路径的审判专家制度,目前已被确立为广东省法院试点,2013年省法院党组曾向东莞市委发函商请支持改革;东莞一院首创的社区法官助理机制,创新了基层社会管理方式,受到了基层社区的欢迎和党委政府的支持,2012年东莞市委市政府联合发文,要求"2013年全市村居100%设置社区法官助理";立足本职工作开展的巡回审判工作,提升基层民众的法治意识;基于基层法院案件呈现"二八定律"开展的快速处理中心制建设,提升了基层司法效率。此外,还包括审判权运行机制改革、法治东莞实践基地建设等方面的经验探索等。

(八)落实增量改革,加强经费保障与基础建设

司法权作为判断权,其判断结果的公正性取决于主体的独立性。如果判断主体的物质装备、经费保障、职级晋升、住房医疗等没有独立性及充分保障,甚至受制于被裁判的对象,其裁判结果的公正性无疑会打折扣。客观上讲,东莞法庭的基础设施建设与经费保障水平在全省法院中应处于较高水平,很大程度上取决于镇街党委政府的财政支持,在探索法庭改革的经费保障统筹方面,如何落实增量改革与推动去地方化,并以此为契机解决困扰法庭发展的短板问题是问题关键。

1. 加强基础设施建设。人民法庭是法院的派出机构,根据《宪法》的规定,依法独立行使审判权,审判法庭是行使审判职权的法定场所,是开展审判工作的基本工作

条件。然而,目前东莞一院辖区的法庭中,尚有南城、寮步、茶山、麻涌四个法庭无独立办公场所,无法体现法庭独立性的要求、安全设施建设要求和人民法庭的房屋建筑功能用房的要求,也导致法庭安全保障工作无法正常开展或者形同虚设,存在较大隐患。建议在上级法院统筹下尽快解决,在确保功能用房设备齐全的基础上,科学确定法庭的建设规模,杜绝贪大浪费现象。同时,尽可能在政策上对法庭基础建设与物质保障予以倾斜,特别是在办公车辆、信息化建设等方面,切实提高物质保障力度。

2.提高经费保障力度。一是在人财物省级统筹后,要确保增量改革落实到位,对人民法庭的实际经费保障不降低。二是配合人员分类管理改革,与法官负责制改革相配套,提升法官及审判辅助人员的经济待遇,保障审判队伍的稳定性与吸引力,减少改革阻力,吸引优秀人才进驻并扎根法庭。

3.把握好去地方化的渐进性。人民法庭根植于基层,与地方联系紧密。如法庭日常运行经费多数由所在地政府支持,法庭办公用物业设施产权归属地方政府,法庭开展社区法官助理等制度探索过程中需要由地方政府提供人力支持等。实践中人民法庭改革面临"紧则矮化,松则失基"的困境:与党政机关联系过于紧密,容易丧失独立性,矮化成为地方政府的一个部门;与党政机关联系松散,又难以获得政府支持,工作无法开展。因此,在法庭改革过程中"去行政化和去地方化"具有一定特殊性,不应"一刀切",应始终把握适度原则与渐进性。